Haase

Das Wettbewerbsverbot

In Liebe und Dankbarkeit
meinen Eltern
Helga und Günter

Karsten Haase

Das Wettbewerbsverbot

Kompaktwissen für die Praxis

Verlag Personal, Recht, Management Ltd.

Bibliographische Information der deutschen Nationalbibliothek
Die Deutsche Nationalbibliothek verzeichnet diese Publikation in der Deutschen Nationalbibliographie; detaillierte bibliographische Daten sind im Internet über http://dnb.d-nb.de abrufbar.

Niederlassung Deutschland: Lindlaustr. 2a, 53842 Troisdorf

Umschlagskonzeption: Verlag Personal, Recht, Management Ltd.
Titelbild: © www.fotolia.de
Satz: Verlag Personal, Recht, Management Ltd.
Druck: Books on Demand GmbH, Norderstedt
Printed in Germany, Juni 2009

ISBN 978-3-941388-09-3

Vorwort

Das Wettbewerbsverbot dient dem Ausgleich widerstreitender Interessen, insbesondere zwischen Arbeitnehmern und Arbeitgebern. Arbeitnehmer erlangen während ihres Arbeitsverhältnisses oftmals tiefe Einblicke in das Unternehmen bzw. den Betrieb ihrer Arbeitgeber. Häufig sind sie bestrebt, hieraus gewonnene Informationen für eine eigene Konkurrenztätigkeit oder zur Unterstützung eines Wettbewerbers ihres Arbeitgebers zu nutzen. Arbeitgeber hingegen sind bestrebt, gerade dies durch Wettbewerbsverbote zu verhindern, um Nachteile vom eigenen Unternehmen fernzuhalten. Hierzu dienen Wettbewerbsverbote sowohl für die Zeit eines andauernden Arbeitsverhältnisses als auch für die Zeit nach seiner Beendigung.

Wettbewerbsverbote haben aber nicht nur für den Bereich des Arbeitsrechts erhebliche Bedeutung, sondern auch für den des Dienstvertragsrechts und somit für Organe juristischer Personen. Auch in Dienstverhältnissen existieren vergleichbare widerstreitende Interessenlagen wie in Arbeitsverhältnissen.

Um diesen widerstreitenden Interessenlagen Rechnung zu tragen, hatte bereits der kaiserliche Gesetzgeber im HGB vom 10. Mai 1897 Regelungen getroffen, die Wettbewerbshandlungen während eines andauernden Arbeitsverhältnisses grundsätzlich verbieten und solche nach der Beendigung eines Arbeitsverhältnisses privatautonomen Vereinbarungen der beteiligten Personen überlassen. Vertypt hat er diese Regelungen in den Vorschriften der §§ 60 f., 74 ff. HGB.

Mehr als 100 Jahre später beruht das Recht des Wettbewerbsverbots nach wie vor ganz maßgeblich auf diesen mittlerweile überkommenen Vorschriften. Das Wirtschafts- und Arbeitsleben hat sich in dieser Zeit allerdings dramatisch geändert, ohne dass diesem Umstand seitens des Gesetzgebers in genügendem Maße Rechnung getragen worden wäre. Nur vereinzelt hat der Bundesgesetzgeber Hand angelegt und hier und da gesetzliche Regelungen nachgeschoben bzw. -gebessert, um das Recht des Wettbewerbsverbots dem immer schneller und komplexer werdenden Wirtschafts- und Arbeitsleben anzupassen.

Dieses Nachschieben und –bessern ist nicht immer gut gelungen. Das heutige Recht des Wettbewerbsverbots ist von seiner Anlage her lückenhaft. Das BVerfG hat zudem einzelne Vorschriften der §§ 60 f., 74 ff. HGB für verfassungswidrig erklärt. Die Rechtsprechung ist ersichtlich bemüht diese Lücken durch sog. Analogieschlüsse zu schließen, die nicht immer überzeugen. Die Vielschichtigkeit von Verstößen gegen Wettbewerbsverbote hat zudem zu einer kaum noch überschaubaren Vielzahl von Einzelfallentscheidungen geführt.

Aufgrund dessen ist das Recht des Wettbewerbsverbots, obgleich es nur auf wenigen gesetzlichen Vorschriften beruht, längst zerstückelt, zerfranst und unübersichtlich geworden. Für jemanden, der hiermit nicht täglich konfrontiert wird, ist diese ohnehin sehr komplexe und dichte Materie daher nur sehr schwer greifbar und durchaus auch sperrig – in unserem heutigen Wirtschafts- und Arbeitsleben aber von einer nicht nur nicht zu unterschätzender Bedeutung, sondern in unserer „Wissensgesellschaft" auch von einer immer existentieller werdenden Bedeutung.

Da das Recht des Wettbewerbsverbots richterrechtlich geprägt und dominiert ist, sind die maßgeblichen gerichtlichen Entscheidungen in das vorliegende Werk eingearbeitet und in Fußnoten erwähnt. Auf die Darstellung von Literaturmeinungen und wissenschaftlichen Diskussionen wurde verzichtet. Dies geschah zum einen der besseren Übersichtlichkeit wegen, zum anderen aber auch, um den Zugang zur Thematik nicht zu erschweren.

Das vorliegende Werk wendet sich sowohl an Studierende als auch an Arbeitnehmer, Arbeitgeber, Betriebsräte, Organe juristischer Personen und betriebliche Praktiker im Personalwesen.

Für Anregungen, Hinweise und Verbesserungsvorschläge ist der Autor jederzeit dankbar.

Inhaltsverzeichnis

1	**Einleitung**	1
2	**Wettbewerbsverbote während des Arbeitsverhältnisses**	2
2.1	Rechtsquellen	2
2.1.1	Kaufmännische Angestellte	2
2.1.2	Sonstige Arbeitnehmer	2
2.1.3	Einzelvertragliche Vereinbarungen	3
2.2	Persönlicher Geltungsbereich des Wettbewerbsverbots nach § 60 HGB	3
2.2.1	Abhängig Beschäftigte	3
2.2.2	Nicht abhängig Beschäftigte	6
2.2.3	Arbeitgeber	6
2.3	Zeitlicher Geltungsbereich des Wettbewerbsverbots nach § 60 HGB	7
2.3.1	Arbeitgeberseitige Kündigung	7
2.3.2	Arbeitnehmerseitige Kündigung	9
2.3.3	Aufhebungsvertrag	10
2.3.4	Freistellung	10
2.3.5	Weiterbeschäftigung	10
2.3.6	Teilzeit	11
2.3.7	Ruhen des Arbeitsverhältnisses	11
2.3.8	Ruhestandsverhältnis	12
2.4	Inhaltlicher Geltungsbereich des Wettbewerbsverbots nach § 60 HGB	12
2.4.1	Konkurrenz nach § 60 Abs. 1 HGB	12
2.4.2	Betreiben eines Handelsgewerbes nach § 60 Abs. 1 Var. 1 HGB	14
2.4.3	Geschäfte machen im Handelszweig des Arbeitgebers nach § 60 Abs. 1 Var. 2 HGB	19
2.4.4	Abänderung des Wettbewerbsverbotes nach § 60 HGB	23
2.5	Zeitpunkt für die Bestimmung des Umfangs des Wettbewerbsverbots nach § 60 HGB	24
2.6	Betriebsübergang nach § 613 a BGB	25
2.6.1	Übergang des Arbeitsverhältnisses	26
2.6.2	Widerspruch des Arbeitnehmers	27
2.7	Einwilligung des Arbeitgebers in Wettbewerbshandlungen des Arbeitnehmers	27
2.7.1	Ausdrückliche oder konkludente Einwilligung nach § 60 Abs. 1 HGB	28
2.7.2	Fiktion der Einwilligung nach § 60 Abs. 2 HGB	29

2.7.3 Rücknahme der Einwilligung 30
2.7.4 Nachträgliche Genehmigung 31
2.7.5 Beweislast 31

2.8 Verletzung des Wettbewerbsverbots nach § 60 HGB 31
2.8.1 Geltungsbereich des § 61 HGB 32
2.8.2 Schuldhaftes Handeln des Arbeitnehmers 32
2.8.3 Wirksamkeit der auf unzulässigem Wettbewerb beruhenden Geschäfte des Arbeitnehmers 35
2.8.4 Wahlrecht nach § 61 Abs. 1 HGB 35
2.8.5 Schadensersatz nach § 61 Abs. 1 Halbsatz 1 HGB 37
2.8.6 Eintrittsrecht des Arbeitgebers nach § 61 Abs. 1 Halbsatz 2 HGB 42
2.8.7 Unterlassung des Wettbewerbs 46
2.8.8 Ansprüche des Arbeitgebers auf Auskunft und Rechnungslegung 47
2.8.9 Kürzung der Vergütung des Arbeitnehmers 49
2.8.10 Vertragsstrafe des Arbeitnehmers 50
2.8.11 Kündigung des Arbeitsverhältnisses 50
2.8.12 Verjährung nach § 61 Abs. 2 HGB 52

3 Wettbewerbsverbote nach Beendigung des Arbeitsverhältnisses 59

3.1 Allgemeines 59
3.1.1 Grundsätzliche nachvertragliche Wettbewerbsfreiheit des ausgeschiedenen Arbeitnehmers 59
3.1.2 Gesetzliche Verbote nachvertraglichen Wettbewerbs 60
3.1.3 Beweggründe des Arbeitgebers für ein nachvertragliches Wettbewerbsverbot 60
3.1.4 Zulässigkeit nachvertraglicher Wettbewerbsverbote ausgeschiedener Arbeitnehmer 61

3.2 Rechtsquellen 62
3.2.1 §§ 74 ff. HGB 62
3.2.2 § 110 GewO 62
3.2.3 § 12 Abs. 1 BBiG 67
3.2.4 Regelungen in Tarifverträgen 68
3.2.5 Regelungen in Betriebsvereinbarungen 69
3.2.6 Regelungen in Richtlinien nach § 28 Abs. 2 SprAuG 69

3.3 Rechtswahl 69

3.4 Persönlicher Geltungsbereich des Wettbewerbsverbots nach § 74 HGB 70
3.4.1 Arbeitnehmer 70
3.4.2 Freie Mitarbeiter und sonstige Dienstnehmer 71
3.4.3 Arbeitnehmerähnliche Personen 71
3.4.4 Handelsvertreter 72

3.4.5 Auszubildende 72
3.4.6 Praktikanten und Volontäre 73
3.4.7 Heimarbeiter 73
3.4.8 Arbeitgeber 74
3.4.9 Organmitglieder juristischer Personen 74

3.5 Zeitlicher Geltungsbereich des Wettbewerbsverbots nach § 74 HGB 76
3.5.1 Kündigung des Arbeitsverhältnisses vor seinem Beginn 77
3.5.2 Ordentliche arbeitgeberseitige Kündigung 78
3.5.3 Außerordentliche arbeitgeberseitige Kündigung 81
3.5.4 Ordentliche arbeitnehmerseitige Kündigung 86
3.5.5 Außerordentliche arbeitnehmerseitige Kündigung 86
3.5.6 Befristetes Arbeitsverhältnis 91
3.5.7 Vertragliche Modifizierung von Lossagungsrechten 91
3.5.8 Verzicht des Arbeitgebers auf das Wettbewerbsverbot 92
3.5.9 Aufhebung des nachvertraglichen Wettbewerbsverbots 97
3.5.10 Ruhestandsverhältnis 102

3.6 Räumlicher Geltungsbereich des Wettbewerbsverbots nach § 74 HGB 103
3.6.1 Tätigkeitsbezogenes nachvertragliches Wettbewerbsverbot 103
3.6.2 Unternehmensbezogenes nachvertragliches Wettbewerbsverbot 104

3.7 Abschluss der Wettbewerbsabrede nach § 74 HGB 105
3.7.1 Rechtsnatur des nachvertraglichen Wettbewerbsverbots 105
3.7.2 Nachvertragliches Wettbewerbsverbot als Allgemeine Geschäftsbedingung 105
3.7.3 Nachvertragliches Wettbewerbsverbot und bestehendes Arbeitsverhältnis 107
3.7.4 Zeitpunkt des Abschlusses eines nachvertraglichen Wettbewerbsverbots 108
3.7.5 Form des nachvertraglichen Wettbewerbsverbots 113

3.8 Inhaltlicher Geltungsbereich des Wettbewerbsverbots nach § 74 HGB 124
3.8.1 Parteivereinbarung 124
3.8.2 Inhaltlicher Geltungsbereich und AGB-Kontrolle 125
3.8.3 Gewerbliche bzw. berufliche Tätigkeit 125
3.8.4 Selbständige oder unselbständige Tätigkeit 127
3.8.5 Unmittelbare oder mittelbare Tätigkeit 128
3.8.6 Tätigkeits- oder unternehmensbezogene nachvertragliche Wettbewerbsverbote 129
3.8.7 Konzernunternehmen 131
3.8.8 Kunden- bzw. Mandantenschutzklauseln 133
3.8.9 Kapitalmäßige Beteiligungen an Wettbewerbsunternehmen 134
3.8.10 Nachvertragliche Schweige- bzw. Geheimhaltungspflicht 136

3.8.11 Kunden- bzw. Lieferantenanschriften und –daten 136
3.8.12 Forschungsergebnisse und Erfindungen 137
3.8.13 Dauer nachvertraglicher Wettbewerbsverbote 137
3.8.14 Räumlicher Geltungsbereich nachvertraglicher Wettbewerbsverbote 139

3.9 Karenzentschädigung nach § 74 Abs. 2 HGB 139
3.9.1 Rechtsnatur einer Karenzentschädigung 139
3.9.2 Zusage einer Karenzentschädigung 140
3.9.3 Höhe der Karenzentschädigung 141
3.9.4 Anrechnung anderweitigen Erwerbs 150
3.9.5 Abgeltung der Karenzentschädigung durch andere Bezüge 172
3.9.6 Fälligkeit der Karenzentschädigung 173
3.9.7 Verjährung und Ausschluss / Verfall der Karenzentschädigung 174
3.9.8 Fehlende oder unzureichende Karenzentschädigung 176

3.10 Mängel nachvertraglicher Wettbewerbsverbote nach § 74 HGB 178
3.10.1 Mängel mit Nichtigkeitsfolge 178
3.10.2 Mängel mit der Folge einer Gesamtunverbindlichkeit 181
3.10.3 Mängel mit der Folge einer Teilunverbindlichkeit 185

3.11 Unabdingbarkeit der §§ 74 ff. HGB 190

3.12 Rechtsfolgen einer Verletzung eines nachvertraglichen Wettbewerbsverbots nach § 74 HGB 190
3.12.1 Verletzung des nachvertraglichen Wettbewerbsverbots durch den Arbeitnehmer 190
3.12.2 Verletzung des nachvertraglichen Wettbewerbsverbots durch den Arbeitgeber 198

4 Nachvertragliche Wettbewerbsverbote in der Insolvenz 200

4.1 Fortgeltung nachvertraglicher Wettbewerbsverbote 200

4.2 Karenzentschädigung 200

4.3 Nachvertragliche Wettbewerbsverbote und Insolvenzgeld 200

4.4 Lossagungsrecht in der Insolvenz 201
4.4.1 Lossagungsrecht 201
4.4.2 Wahlrecht des Insolvenzverwalters 202

5 Nachvertragliche Wettbewerbsverbote im Betriebsübergang 204

5.1 Betriebsübergang während eines andauernden Arbeitsverhältnisses 204
5.1.1 Übergang des nachvertraglichen Wettbewerbsverbots 204
5.1.2 Inhalt des nachvertraglichen Wettbewerbsverbots nach Übergang des Betriebs 205
5.1.3 Widerspruch des Arbeitnehmers 206

5.2 Betriebsübergang nach beendetem Arbeitsverhältnis 206

5.3 Übergang des nachvertraglichen Wettbewerbsverbots und dreiseitiger Vertrag 207
5.3.1 Beendetes Arbeitsverhältnis 207
5.3.2 Andauerndes Arbeitsverhältnis 208

6 Nachvertragliche Wettbewerbsverbote im Umwandlungsrecht 210

6.1 Formwechselnde Umwandlung 210

6.2 Umwandlung in Form einer Verschmelzung, Spaltung oder Vermögensübertragung 210

7 Nachvertragliche Wettbewerbsverbote im Sozialversicherungsrecht 212

7.1 Arbeitslosenversicherung 212
7.1.1 Arbeitslosengeld 212
7.1.2 Erstattungspflicht des Arbeitgebers 214

7.2 Karenzentschädigung 216
7.2.1 Keine Sozialversicherungspflichtigkeit einer Karenzentschädigung 216
7.2.2 Keine Anrechnung einer Karenzentschädigung auf das Arbeitslosengeld 216
7.2.3 Anrechenbarkeit einer Karenzentschädigung bei vorgezogener Altersrente 217

8 Nachvertragliche Wettbewerbsverbote im Steuerrecht 218

8.1 Karenzentschädigung 218
8.1.1 Karenzentschädigung und Lohnsteuer 218
8.1.2 Karenzentschädigung und Umsatzsteuer 219
8.1.3 Ermäßigter Steuersatz nach §§ 24, 34 EStG 219

8.2 Vertragsstrafe 220

Stichwortverzeichnis 221

Abkürzungsverzeichnis

a. A.	andere (-r) Ansicht
A.A.	andere (-r) Ansicht
Abs.	Absatz
ADAC	Allgemeiner Deutscher Automobil-Club e. V.
AE	Arbeitsrechtliche Entscheidung (Zeitschrift)
a. F.	alte (-r) Fassung
AFG	Arbeitsförderungsgesetz
AG	Aktiengesellschaft
AGB	Allgemeine Geschäftsbedingung
AGBG	Gesetz zur Regelung des Rechts der Allgemeinen Geschäftsbedingungen, AGB-Gesetz
Alt.	Alternative
AnVNG	Angestelltenversicherungsneuregelungsgesetz
AP	Arbeitsrechtliche Praxis, Nachschlagewerk des Bundesarbeitsgerichts
ArbGG	Arbeitsgerichtsgesetz
ArbNErfG	Gesetz über Arbeitnehmererfindungen
AR-Blattei	Arbeitsrecht-Blattei
ARS	Arbeitsrechtssammlung mit Entscheidungen des Reichsarbeitsgerichts, der Landesarbeitsgerichte und der Arbeitsgerichte
Art.	Artikel
AÜG	Gesetz zur Regelung der gewerbsmäßigen Arbeitnehmerüberlassung (Arbeitnehmerüberlassungsgesetz)
BAG	Bundesarbeitsgericht
BAGE	Amtliche Sammlung der Entscheidungen des BAG
BB	Betriebs-Berater (Zeitschrift)
BBiG	Berufsbildungsgesetz
BEEG	Gesetz zum Elterngeld und zur Elternzeit
Bsp.	Beispiel
bspw.	beispielsweise
BUrlG	Bundesurlaubsgesetz
BVerfG	Bundesverfassungsgericht
BetrAVG	Gesetz zur Verbesserung der betrieblichen Altersversorgung
BetrVG	Betriebsverfassungsgesetz
BeurkG	Beurkundungsgesetz
BFH	Bundesfinanzhof
BGB	Bürgerliches Gesetzbuch
BGBl.	Bundesgesetzblatt
BGH	Bundesgerichtshof
BSG	Bundessozialgericht

BT-Drucks.	Drucksache des Deutschen Bundestags
bzw.	beziehungsweise
DB	Der Betrieb (Zeitschrift)
BStBl	Bundessteuerblatt (Zeitschrift)
etc.	etcetera
EFG	Entscheidungen der Finanzgerichte
EGBGB	Einführungsgesetz zum Bürgerlichen Gesetzbuch
EStG	Einkommensteuergesetz
EWiR	Entscheidungen zum Wirtschaftsrecht (Zeitschrift)
EzA	Entscheidungssammlung zum Arbeitsrecht
EzA-SD	Entscheidungssammlung zum Arbeitsrecht - Schnelldienst
EzAÜG	Entscheidungssammlung zum Arbeitnehmerüberlassungsgesetz und zum sonstigen drittbezogenen Personaleinsatz
f.	folgende (-r)
ff.	fortfolgende (-r)
FG	Finanzgericht
GewO	Gewerbeordnung
GG	Grundgesetz
ggfs.	gegebenenfalls
GmbH	Gesellschaft mit beschränkter Haftung
GmbHR	GmbH-Rundschau (Zeitschrift)
GWB	Gesetz gegen Wettbewerbsbeschränkungen
HAG	Heimarbeitsgesetz
HGB	Handelsgesetzbuch
HS	Halbsatz
InsO	Insolvenzordnung
InsG-DA	Durchführungsanweisung der Bundesagentur für Arbeit zum Insolvenzgeld
i.S.d.	im Sinne des / der
JW	Juritische Wochenschrift (Zeitschrift)
KG	Kommanditgesellschaft
KO	Konkursordnung
KSchG	Kündigungsschutzgesetz
LAG	Landesarbeitsgericht
LAGE	Entscheidungssammlung der Landesarbeitsgerichte
LStDV	Lohnsteuerdurchführungsverordnung
MuSchG	Mutterschutzgesetz
n. F.	neue (-r) Fassung
NJW	Neue Juristische Wochenschrift (Zeitschrift)
NJW-RR	Neue Juristische Wochenschrift - Rechtssprechungsreport (Zeitschrift)
NJW-Spezial	Neue Juristische Wochenschrift – Spezial (Zeitschrift)
Nr.	Nummer
n. v.	nicht veröffentlicht

NZA	Neue Zeitschrift für Arbeitsrecht (Zeitschrift)
NZA-RR	Neue Zeitschrift für Arbeitsrecht - Rechtsprechungsreport (Zeitschrift)
NZG	Neue Zeitschrift für Gesellschaftsrecht (Zeitschrift)
NZS	Neue Zeitschrift für Sozialrecht (Zeitschrift)
OHG	Offene Handelsgesellschaft
OLG	Oberlandesgericht
OLGZ	Entscheidungen der Oberlandesgerichte in Zivilsachen (Entscheidungssammlung)
RG	Reichsgericht
RGZ	Entscheidungssammlung des Reichgerichts in Zivilsachen
SGb	Die Sozialgerichtsbarkeit (Zeitschrift)
SGB III	Sozialgesetzbuch Drittes (III) Buch (Arbeitsförderung)
SGB VI	Sozialgesetzbuch Sechstes (VI) Buch (Rentenversicherung)
SGB X	Sozialgesetzbuch Zehntes (X) Buch (Verwaltungsverfahren)
sog.	so genannt (-e, -er)
StGB	Strafgesetzbuch
u. a.	unter anderem
UmwG	Umwandlungsgesetz
UStG	Umsatzsteuergesetz
UWG	Gesetz gegen den unlauteren Wettbewerb
u. U.	unter Umständen
Var.	Variante
vgl.	vergleiche
WIB	Wirtschaftsrechtliche Beratung (Zeitschrift)
WM	Wertpapiermitteilungen (Zeitschrift)
z. B.	zum Beispiel
Ziff.	Ziffer
ZIP	Zeitschrift für die gesamte Insolvenzpraxis (Zeitschrift)
ZPO	Zivilprozessordnung

1 Einleitung

Ein Mitarbeiter, der während seiner arbeits- oder dienstvertraglichen Tätigkeiten für ein Unternehmen Einblicke in dessen kaufmännische, personelle, organisatorische und technische Angelegenheiten und Zusammenhänge gewonnen hat, ist hierdurch in der Lage, diesem Unternehmen durch eine eigene selbständige oder abhängige Konkurrenztätigkeit erhebliche Nachteile zuzufügen, insbesondere in wirtschaftlicher Hinsicht.

Hieraus resultiert das nicht unerhebliche Interesse des betreffenden Unternehmens, die Wettbewerbstätigkeit solcher Mitarbeiter im Rahmen eines Wettbewerbsverbots einzuschränken oder gar zu verbieten.

Diesem Interesse des Unternehmens steht hingegen das des jeweiligen Mitarbeiters an der ungehinderten Verwertung seiner Fähigkeiten, Kenntnisse und Erfahrungen gegenüber. Dieses Interesse findet insbesondere in Art. 12 GG Berücksichtigung, der die Berufsfreiheit in Form sowohl der Berufswahl- als auch ausübungsfreiheit schützt.

Die Rechtsordnung regelt diese widerstreitenden Interessen insbesondere danach, für welchen Zeitraum ein solches Wettbewerbsverbot abgeschlossen wird. Man differenziert hierbei zwischen Wettbewerbsverboten, die während eines andauernden Arbeits- oder Dienstverhältnisses gelten, und solchen, die für die Zeit nach Beendigung eines Arbeits- oder Dienstverhältnisses den Wettbewerb einschränken oder verhindern sollen.

Besonders verbreitet sind nachvertragliche Wettbewerbsverbote insbesondere bei Organmitgliedern juristischer Personen, bei leitenden Angestellten, bei Vertriebsmitarbeitern sowie bei Mitarbeitern in Forschung und Entwicklung. Wirtschaftlich wenig sinnvoll und daher in der Praxis auch kaum anzutreffen sind hingegen nachvertragliche Wettbewerbsverbote mit Mitarbeitern, die – oftmals geringer entlohnt – keine Schlüsselpositionen innehaben.

2 Wettbewerbsverbote während des Arbeitsverhältnisses

Während eines bestehenden Arbeitsverhältnisses ist es Arbeitnehmern nach § 60 HGB grundsätzlich gesetzlich verboten, in Konkurrenz zu ihrem Arbeitgeber zu treten. Da es sich bei einem Wettbewerbsverbot nach § 60 HGB um ein gesetzliches handelt, bedarf es keiner entsprechenden Regelungen im Arbeitsvertrag, es gilt vielmehr „automatisch" kraft Gesetzes.

Der Arbeitnehmer hat sich daher während seines Arbeitsverhältnisses gemäß §§ 60, 61 HGB jeglichen Wettbewerbs gegenüber seinem Arbeitgeber zu enthalten.

2.1 Rechtsquellen

Hinsichtlich der Rechtsquellen für ein während eines Arbeitsverhältnisses bestehendes Wettbewerbsverbot ist zu unterscheiden:

2.1.1 Kaufmännische Angestellte

Für den Handlungsgehilfen i.S.d. § 59 HGB, also für kaufmännische Angestellte, ergibt sich das Wettbewerbsverbot unmittelbar aus § 60 HGB. Die Folgen eines Verstoßes gegen das Wettbewerbsverbot sind in § 61 HGB geregelt.

2.1.2 Sonstige Arbeitnehmer

Andere Arbeitnehmer als der kaufmännische Angestellte werden in §§ 60, 61 HGB wörtlich nicht genannt. § 110 GewO, der Wettbewerbsverbote für die Zeit nach der Beendigung eines Arbeitsverhältnisses gemäß § 6 Abs. 1 GewO für sämtliche Arbeitnehmer durch einen Verweis auf die §§ 74 bis 75 f HGB regelt, erwähnt § 60 HGB nicht. Ganz offensichtlich handelt es sich hierbei um ein Versehen des Gesetzgebers.

Gleichwohl besteht Einigkeit, dass jeder Arbeitnehmer unabhängig vom persönlichen Anwendungsbereich des § 60 HGB einem gesetzlichen Wettbewerbsverbot während des bestehenden Arbeitsverhältnisses unterliegt. Dies folgt aus der sich aus §§ 611, 242 BGB ergebenden Treuepflicht des Arbeitnehmers gegenüber seinem Arbeitgeber, wobei §§ 60, 61 HGB diese konkretisieren.[1] Mittlerweile ist in § 241 Abs. 2 BGB auch

[1] BAG vom 26.9.2007, AP § 61 HGB Nr. 4.

gesetzlich geregelt, dass ein Schuldverhältnis nach seinem Inhalt jeden Teil zur Rücksicht auf die Rechte, Rechtsgüter und Interessen des anderen Teils verpflichten.

Die Rechtsprechung wendet daher die Vorschriften der §§ 60, 61 HGB inhaltlich auf alle Arbeitnehmer an, ohne dabei jedoch §§ 60, 61 HGB analog heranzuziehen. Entsprechende Grundsätze werden vielmehr aus der arbeitvertraglichen Treuepflicht und entsprechenden Nebenpflichten hergeleitet.[2]

2.1.3 Einzelvertragliche Vereinbarungen

Darüber hinaus ist es statthaft, Wettbewerbsverbote für die Dauer eines bestehenden Arbeitsverhältnisses einzelvertraglich kraft der Vertragsfreiheit der Vertragsparteien zu gestalten. Auf diesem Wege kann das gesetzliche Wettbewerbsverbot nach §§ 60, 61 HGB erweitert oder aber auch eingeschränkt werden.[3] Dabei ist jedoch das Recht der Allgemeinen Geschäftsbedingungen nach §§ 305 ff. BGB zu beachten, sofern eine solche einzelvertragliche Gestaltung eines Wettbewerbsverbots eine Allgemeine Geschäftsbedingung darstellt.

2.2 Persönlicher Geltungsbereich des Wettbewerbsverbots nach § 60 HGB

Hinsichtlich des persönlichen Geltungsbereichs von § 60 HGB ist zu unterscheiden:

2.2.1 Abhängig Beschäftigte

Was den persönlichen Geltungsbereich der §§ 60, 61 HGB anbelangt, so ist für abhängig Beschäftigte wie folgt zu differenzieren:

2.2.1.1 Kaufmännische Angestellte

Von seinem ausdrücklichen Wortlaut erfasst das gesetzliche Wettbewerbsverbot des § 60 HGB nur den Handlungsgehilfen i.S.d. § 59 HGB. Gemäß § 59 HGB ist ein Handlungsgehilfe derjenige, der in einem Handelsgewerbe zur Leistung kaufmännischer Dienste gegen Entgelt anges-

---

[2] BAG vom 20.9.2006, AP § 60 HGB Nr. 13; BAG vom 16.8.1990 – 2 AZR 113/90, AP § 611 BGB Treuepflicht Nr. 10; BAG vom 21.10.1970, § 242 BGB Treuepflicht Nr. 13; BAG vom 17.10.1969, AP § 611 BGB Treuepflicht Nr. 7.

[3] BAG vom 26.8.1976, AP § 626 BGB Nr. 68.

tellt ist. Der Begriff des Handlungsgehilfen beschreibt daher in altmodischer Weise den kaufmännischen Angestellten. Das Wettbewerbsverbot nach § 60 HGB gilt für kaufmännische Angestellte unabhängig davon, ob sie in Voll- oder in den verschiedenen Formen der Teilzeit beschäftigt sind.

2.2.1.2 Sonstige Arbeitnehmer

Darüber hinaus sind auch sämtliche andere Arbeitnehmer während ihres bestehenden Arbeitsverhältnisses gemäß §§ 611, 242 BGB verpflichtet, sich jeglichen Wettbewerbs zu ihren Arbeitgebern zu enthalten. §§ 60, 61 HGB sind auf solche Arbeitnehmer weder unmittelbar noch analog anwendbar.

So gilt z. B. für Prokuristen nach §§ 48 ff. HGB oder für Handlungsbevollmächtigte nach § 54 HGB während ihres Arbeitsverhältnisses ein gesetzliches Wettbewerbsverbot. Gleiches gilt für gewerbliche Arbeitnehmer oder Mitarbeiter in freien Berufen.

Wettbewerbsverbot nach § 60 HGB

Die Rechtsprechung leitet dies jedoch nicht aus § 60 HGB her, sondern aus §§ 611, 242, 241 Abs. 2 BGB und der dem Arbeitnehmer gegenüber seinem Arbeitgeber hiernach treffenden Treuepflicht. Dass das Wettbewerbsverbot während eines andauernden Arbeitsverhältnisses dogmatisch aus der Treuepflicht des Arbeitnehmers gegenüber seinem Arbeitgeber nach §§ 611, 242, 241 Abs. 2 BGB herzuleiten ist, kann nicht ernstlich bestritten werden. Ein Wettbewerbsverbot für Arbeitnehmer, die nicht Handlungsgehilfen – also kaufmännische Angestellte – sind, leitet sich daher zutreffenderweise aus der Treuepflicht des Arbeitnehmers gegenüber seinem Arbeitgeber nach §§ 611, 242, 241 Abs. 2 BGB her. § 60 HGB stellt vielmehr lediglich eine Konkretisierung der §§ 611, 242, 241 Abs. 1 BGB dar.[4]

Dass §§ 6 Abs. 1, 110 GewO die Vorschrift des § 60 HGB nicht erwähnt, dürfte ein Versehen des Gesetzgebers darstellen.

Rechtsfolgen eines Verstoßes gegen ein Wettbewerbsverbot nach § 61 HGB

---

[4] BAG vom 16.8.1990, AP § 611 BGB Treuepflicht Nr. 10; BAG vom 16.6.1976, AP § 611 BGB Treuepflicht Nr. 8; BAG vom 16.1.1975, AP § 60 HGB Nr. 8; ArbG Göttingen vom 11.3.1974, DB 1974, 632; BAG vom 17.1.1969, AP § 611 BGB Treuepflicht NR. 7.

Zwischenzeitlich geht die Rechtsprechung zutreffenderweise davon aus, dass die in § 61 HGB geregelten Rechtsfolgen eines Verstoßes gegen ein Wettbewerbsverbot nach § 60 HGB für alle Arbeitnehmer, also nicht nur für kaufmännische Angestellte, gelten.[5] Auch dies wird aus der arbeitsvertraglichen Treuepflicht des Arbeitnehmers gegenüber seinem Arbeitgeber und aus entsprechenden Nebenpflichten gemäß §§ 611, 242, 241 Abs. 2 BGB hergeleitet.

Zuvor hatte die Rechtsprechung noch die Ansicht vertreten, dass dem Arbeitgeber gegenüber anderen Arbeitnehmern als kaufmännischen Angestellten kein Eintrittsrecht nach § 61 HGB zustehe.[6] Ebenso wurde von der Rechtsprechung bislang eine entsprechende Anwendung der Verjährungsfrist nach § 61 Abs. 2 HGB auf Herausgabe- und Schadensersatzansprüche gegen nichtkaufmännische Arbeitnehmer abgelehnt.[7]

2.2.1.3 Auszubildende

Auch Personen, die zu ihrer Berufsausbildung beschäftigt sind, ist während der Dauer ihres Ausbildungsverhältnisses jeglicher Wettbewerb zu ihrem Ausbilder untersagt. Dies folgt zunächst aus den Rücksichts- und Interessenwahrungspflichten des Auszubildenden gegenüber seinem Ausbilder gemäß §§ 242, 241 Abs. 2 BGB. Zwar sind Auszubildende keine Arbeitnehmer, da deren Ausbildung und nicht die Erbringung von Arbeit vordringlich und charakteristisch für ihr Ausbildungsverhältnis ist. Nach § 10 Abs. 2 BBiG sind jedoch auch für ein Ausbildungsverhältnis die für einen Arbeitsvertrag geltenden Rechtsvorschriften und Rechtsgrundsätze anzuwenden, also somit auch §§ 611, 242, 241 Abs. 2 BGB bzw. §§ 60, 61 HGB.[8] Ein Berufsausbildungsverhältnis bildet daher keinen wettbewerbsfreien Raum.

2.2.1.4 Volontäre und Praktikanten

Nach § 26 BBiG gelten für Personen, die eingestellt werden, um berufliche Fertigkeiten, Kenntnisse, Fähigkeiten oder berufliche Erfahrungen zu

[5] BAG vom 26.9.2007 – 10 AZR 511/06 n. v.

[6] BAG vom 16.6.1976, AP § 611 BGB Treuepflicht Nr. 8; BAG vom 21.10.1970, AP § 242 BGB Auskunftspflicht Nr. 13; LAG Berlin vom 17.2.1970, BB 1970, 1215.

[7] BAG vom 16.1.1975, AP § 60 HGB Nr. 8.

[8] BAG vom 20.9.2006, AP § 60 HGB Nr. 13.

erwerben, ohne dass es sich um eine Berufsausbildung nach dem BBiG handelt, u. a. § 10 BBiG und somit hierüber auch §§ 611, 242, 241 Abs. 2 BGB bzw. §§ 60, 61 HGB. Somit gilt auch für Praktikanten, Volontäre etc. während ihres Tätigkeitsverhältnisses ein gesetzliches Wettbewerbsverbot. Auch solche Tätigkeitsverhältnisse stellen mithin keinen wettbewerbsfreien Raum dar.

2.2.2 Nicht abhängig Beschäftigte

§§ 60, 61 HGB gelten hingegen nicht für Personen, die nicht abhängig beschäftigt sind, also in keinem Arbeitsverhältnis stehen. So gelten §§ 60, 61 HGB weder unmittelbar noch entsprechend für freie Dienstnehmer, Vertretungsorgane von Handels- oder Kapitalgesellschaften oder selbständige Handels- oder Versicherungsvertreter i.S.d. HGB, die ihre Tätigkeiten aufgrund eines Dienstvertrages in einem Dienstverhältnis und nicht aufgrund eines Arbeitsverhältnisses in einem Arbeitsverhältnis erbringen.[9] Denn diese Personen stehen zu ihren Dienstherren – anders als Arbeitnehmer ihren Arbeitgebern – nicht in einer persönlichen Abhängigkeit.

Für sie kann sich ein Wettbewerbsverbot während ihres Dienstverhältnisses aber aus der Treue- bzw. Interessenwahrungspflicht gemäß §§ 242, 241 Abs. 2 BGB als Ausfluss aus ihrem Dienstverhältnis herleiten, sofern ihre wettbewerblichen Tätigkeiten den Interessen ihrs Vertragspartners zuwiderlaufen oder beeinträchtigen.

Unabhängig hiervon können wettbewerbliche Tätigkeiten nicht abhängig Beschäftigter gegen das UWG verstoßen und hiernach verboten sein.

2.2.3 Arbeitgeber

Der Wortlaut des § 60 HGB spricht von einem Prinzipal, der ein Handelsgewerbe in einem bestimmten Handelszweig betreibt. Prinzipal ist eine aus dem 19. Jahrhundert stammende altmodische Bezeichnung für einen Arbeitgeber.

Dies besagt jedoch nicht, dass der Arbeitgeber immer auch ein Handelsgewerbe betreiben muss, damit die §§ 60, 61 HGB zur Anwendung gelangen. Denn §§ 60, 61 HGB schützen auch diejenigen Arbeitgeber, die kein Handelsgewerbe i.S.d. §§ 1 ff. HGB betreiben. Von ihrem Schutz sind

---

[9] BAG vom 23.1.1964, NJW 1964, 817.

daher auch Arbeitgeber geschützt, die einen freien Beruf ausüben, so z. B. Rechtsanwälte, Steuerberater, Wirtschaftsprüfer, Architekten oder Ärzte.[10]

2.3 Zeitlicher Geltungsbereich des Wettbewerbsverbots nach § 60 HGB

Das gesetzliche Wettbewerbsverbots gemäß § 60 HGB gilt lediglich während des rechtlichen Bestands des Arbeitsverhältnisses. Der tatsächliche Bestand des Arbeitsverhältnisses ist für die Anwendbarkeit von § 60 HGB unbeachtlich.[11]

2.3.1 Arbeitgeberseitige Kündigung

Eine Möglichkeit der Beendigung eines Arbeitsverhältnisses durch den Arbeitgeber stellt dessen Kündigung dar. Dabei ist zwischen der ordentlichen und der außerordentlichen arbeitgeberseitigen Kündigung zu unterscheiden.

2.3.1.1 Ordentliche arbeitgeberseitige Kündigung

Wird das Arbeitsverhältnis vom Arbeitgeber wirksam ordentlich gekündigt, so endet das Arbeitsverhältnis wie auch das Wettbewerbsverbot nach § 60 HGB mit Ablauf der ordentlichen Kündigungsfrist.

Ist die ordentliche Kündigung des Arbeitgebers hingegen unwirksam, hat der Arbeitgeber also unberechtigterweise gekündigt, so führt dies nicht zur Beendigung des Arbeitsverhältnisses. Dies besteht vielmehr ungeändert fort, was zur Folge hat, dass auch das Wettbewerbsverbot nach § 60 HGB ungeändert fortbesteht.

2.3.1.2 Außerordentliche arbeitgeberseitige Kündigung

Hat der Arbeitgeber das Arbeitsverhältnis mit dem Arbeitnehmer außerordentlich gekündigt, so ist wie folgt zu unterscheiden:

Wirksame außerordentliche Kündigung

Kündigt der Arbeitgeber das Arbeitsverhältnis berechtigtermaßen außerordentlich fristlos, so endet das Arbeitsverhältnis mit sofortiger Wirkung und somit auch das Wettbewerbsverbot nach § 60 HGB. Erfolgt seitens des

---

[10] BAG vom 26.9.2007, AP § 61 HGB Nr. 4.

[11] BAG vom 17.1.1969, AP § 611 BGB Treuepflicht Nr. 7; BAG vom 26.3.1965, AP § 306 BGB Nr. 1; LAG Stuttgart vom 24.7.1969, BB 1969, 1176.

Arbeitgebers eine berechtigte außerordentliche Kündigung mit sozialer Auslauffrist, so endet das Arbeitsverhältnis und somit auch das Wettbewerbsverbot nach § 60 HGB mit Ablauf dieser Auslauffrist.

Trotz einer solchen Beendigung des Arbeitsverhältnisses darf ein Arbeitnehmer im Zeitraum zwischen dem Zugang einer außerordentlichen arbeitgeberseitigen Kündigung und dem nächst zulässigen ordentlichen Kündigungstermin nicht ohne für ihn nachteilige Folgen zu seinem Arbeitgeber in Konkurrenz treten. Begründet werden kann dieses sog. „quasi-nachvertragliche Wettbewerbsverbot" sowohl mit dem Rechtsgedanken des § 628 Abs. 2 BGB[12] als auch mit einem Verstoß des Arbeitnehmers gegen die ihn treffende Treuepflicht zu seinem Arbeitgeber. Diese wird dadurch verletzt, dass der Arbeitnehmer durch ein arbeitsvertragswidriges Verhalten einen Kündigungsgrund verwirklicht hat, der den Arbeitgeber zulässigerweise zu einer außerordentlichen Kündigung berechtigt. Der Arbeitnehmer soll daher nicht auch noch für ein solches arbeitsvertragswidriges Verhalten dadurch „belohnt" werden, dass er unverzüglich nach Beendigung des Arbeitsverhältnisses zu seinem ehemaligen Arbeitgeber in Konkurrenz treten kann. Auf dieses „quasi-nachvertragliche Wettbewerbsverbot", das zeitlich bis zum nächst möglichen ordentlichen Kündigungstermin begrenzt ist, finden die inhaltliche Beschränkungen der §§ 74 bis 75 f HGB entsprechende Anwendung.[13]

Sollte sich der Arbeitnehmer während der Dauer dieses „quasi-nachvertraglichen Wettbewerbsverbots" nicht der Konkurrenztätigkeit enthalten, so hat er für die hierdurch bei seinem ehemaligen Arbeitgeber verursachten Schäden nach § 628 Abs. 2 BGB Schadensersatz zu leisten. Dieser Schadensersatz ist jedoch nicht über das Maß hinaus zu leisten, das auch mittels eines nachvertraglichen Wettbewerbsverbots nach §§ 74 bis 75 f HGB hätte erreicht werden können.[14]

Unwirksame außerordentliche Kündigung

Sollte der Arbeitgeber eine unwirksame außerordentliche Kündigung erklärt haben, so kann der Arbeitnehmer nach tatsächlicher Beendigung des Arbeitsverhältnisses die Einrede der Arglist erheben, wenn der Arbeitgeber ihn aus dem Wettbewerbsverbot nach § 60 HGB in Anspruch nehmen sollte. Dies gilt jedoch dann nicht, wenn er selber zu verstehen gibt, dass

---

[12] BAG vom 9.5.1975, AP § 628 BGB Nr. 8.

[13] BAG vom 23.2.1977, AP § 75 HGB Nr. 6.

[14] BAG vom 9.5.1975, AP § 628 BGB Nr. 8.

er an dem (zu Unrecht außerordentlich) gekündigten Arbeitsverhältnis festhalten will, so z. B. durch die Erhebung einer Kündigungsschutzklage oder einer Klage gerichtet auf Fortzahlung des Gehalts. Denn in diesem Fall bestreitet der Arbeitnehmer die Wirksamkeit der erklärten außerordentlichen arbeitgeberseitigen Kündigung und gibt zugleich zu verstehen, dass das Arbeitsverhältnis und somit auch das gesetzliche Wettbewerbsverbot gemäß § 60 HGB fortbestehen soll. Verstößt er dann gegen das Wettbewerbsverbot gemäß § 60 HGB, so läuft er Gefahr, dass der Arbeitgeber ihm deswegen das Arbeitsverhältnis erneut – und nun ggfs. wirksam – außerordentlich kündigt. Denn auch die einen Arbeitnehmer treffende Obliegenheit zur Aufnahme anderweitiger Arbeit nach § 615 Satz 2 BGB rechtfertigt grundsätzlich keine Konkurrenztätigkeit.[15]

Sollte der Arbeitnehmer hingegen die unwirksame außerordentliche Kündigung des Arbeitgebers hinnehmen, so erlischt das gesetzliche Wettbewerbsverbot nach § 60 HGB mit der tatsächlichen Beendigung des Arbeitsverhältnisses. Ab diesem Augenblick ist er frei für konkurrierende Tätigkeiten.

2.3.2 Arbeitnehmerseitige Kündigung

Auch im Falle der Beendigung des Arbeitsverhältnisses im Wege einer arbeitnehmerseitigen Kündigung ist zwischen einer ordentlichen und außerordentlichen Kündigung zu unterscheiden.

2.3.2.1 Ordentliche arbeitnehmerseitige Kündigung

Kündigt der Arbeitnehmer sein Arbeitsverhältnis wirksam ordentlich, so endet dieses und somit auch das Wettbewerbsverbot nach § 60 HGB mit Ablauf der Kündigungsfrist.

Sollte der Arbeitnehmer hingegen eine unwirksame Kündigung, so z. B. eine formunwirksame Kündigung, erklären, so besteht das Arbeitsverhältnis und somit auch das Wettbewerbsverbot gemäß § 60 HGB unverändert fort.

2.3.2.2 Außerordentliche arbeitnehmerseitige Kündigung

Hat der Arbeitnehmer sein Arbeitsverhältnis berechtigterweise außerordentlich fristlos gekündigt, so endet dieses mit sofortiger Wirkung. Da das

[15] BGH vom 12.3.2003, EzA § 89 a HGB Nr. 2; BAG vom 10.12.1992, BB 1993, 1374; BAG vom 25.4.1991, AP § 626 BGB Nr. 104; LAG Köln vom 4.7.1995, LAGE § 60 HGB Nr. 4; LAG Stuttgart, DB 1967, 344.

Wettbewerbsverbot nach § 60 HGB vom Bestand des Arbeitsverhältnisses abhängt, endet auch dieses in diesem Fall mit sofortiger Wirkung.

Hat der Arbeitnehmer hingegen eine unwirksame außerordentliche Kündigung erklärt, so bleibt sein Arbeitsverhältnis und somit auch das gesetzliche Wettbewerbsverbot nach § 60 HGB bestehen.

2.3.3 Aufhebungsvertrag

Wird ein Arbeitsverhältnis im Wege eines Aufhebungsvertrages beendet, so endet das während des Arbeitsverhältnisses bestehende Wettbewerbsverbot ebenfalls mit der rechtlichen Beendigung des Arbeitsverhältnisses.

2.3.4 Freistellung

Stellt der Arbeitgeber den Arbeitnehmer von der Erbringung seiner Arbeitsleistung frei, sei es z. B. nach einer Kündigung des Arbeitsverhältnisses, so bleibt das Wettbewerbsverbot nach § 60 HGB hiervon unberührt. Denn auch während einer Freistellung besteht das Arbeitsverhältnis und somit das Wettbewerbsverbot nach § 60 HGB fort. Während der Dauer einer solchen Freistellung ist daher kein Platz für ein nachwirkendes Wettbewerbsverbot nach §§ 74 ff. HGB.[16]

Der Umstand, dass dem Arbeitnehmer im Fall einer Freistellung die Obliegenheit trifft, nach § 615 Satz 2 BGB eine anderweitige Tätigkeit aufzunehmen, ändert an der Fortgeltung des Wettbewerbsverbots nach § 60 HGB während einer Freistellung nichts. Der Arbeitnehmer muss sich in dieser Zeit also auf Tätigkeiten beschränken, mit denen er nicht in Konkurrenz zu seinem Arbeitgeber tritt.

2.3.5 Weiterbeschäftigung

Ist dem Arbeitnehmer das Arbeitsverhältnis seitens des Arbeitgebers gekündigt worden, so kann dem Arbeitnehmer während eines gerichtlichen Kündigungsschutzverfahrens entweder der durch die Rechtsprechung begründete allgemeine Weiterbeschäftigungsanspruch[17] oder, sofern die Voraussetzungen des § 102 Abs. 5 BetrVG gegeben sind, der besondere Weiterbeschäftigungsanspruch zustehen.

---

[16] BAG vom 3.6.1958, AP § 59 HGB Nr. 9; BGH vom 16.11.1954, AP § 60 HGB Nr. 1.

[17] BAG vom 27.2.1985, AP § 611 BGB Beschäftigungspflicht Nr. 14.

Während einer Weiterbeschäftigung aufgrund eines dieser Weiterbeschäftigungsansprüche besteht zwischen einem Arbeitgeber und Arbeitnehmer ein Schuldverhältnis. Aufgrund eines solchen Schuldverhältnisses gilt das Wettbewerbsverbot nach § 60 HGB auch während einer Weiterbeschäftigung fort.[18] Dies gilt auch dann, wenn sich im Nachhinein die Wirksamkeit einer außerordentlichen Kündigung des Arbeitgebers herausstellen sollte.

2.3.6 Teilzeit

Auch wenn zwischen einem Arbeitgeber und einem Arbeitnehmer ein Teilzeitarbeitsverhältnis besteht, unterliegt der Arbeitnehmer während dessen dem gesetzlichen Wettbewerbsverbot nach § 60 HGB. Ggfs. kann in einem solchen Fall aber ein großzügigerer Bewertungsmaßstab gelten, da ein Arbeitnehmer in einer Teilzeitbeschäftigung ein durch Art. 12 GG geschütztes Interesse an der vollen wirtschaftlichen Verwertung seiner Arbeitsleistung hat.

2.3.7 Ruhen des Arbeitsverhältnisses

Das gesetzliche Wettbewerbsverbot nach §§ 611, 242, 241 Abs. 2 BGB bzw. § 60 HGB knüpft an den Bestand des Arbeitsverhältnisses an. Kommt ein Arbeitsverhältnis zum Ruhen, so z. B. während der Elternzeit, besteht das Arbeitsverhältnis während des Zeitraums des Ruhens weiter fort, die arbeitsvertraglichen Verpflichtungen ruhen jedoch für diese Dauer. Aus diesem Grund ist dem Arbeitnehmer auch während des Ruhens seines Arbeitsverhältnisses untersagt, Wettbewerb zu seinem Arbeitgeber zu betreiben.

Etwas anderes kann nur dann gelten, wenn der Arbeitgeber dem Arbeitnehmer wettbewerbliche Tätigkeiten gestattet. Dies kann z. B. dann in Betracht kommen, wenn der Arbeitgeber seiner Arbeitnehmerin bzw. seinem Arbeitnehmer gestattet, während der Elternzeit nach § 15 Abs. 4 Satz 3 BEEG bei einem anderen Arbeitgeber tätig zu sein. In einem solchen Fall ist von einer Einwilligung nach § 60 Abs. 1 HGB auszugehen.

---

[18] BAG vom 30.5.1978, AP § 60 HGB Nr. 9; LAG Mannheim vom 10.2.1951, AP 1952 § 60 HGB Nr. 6; LAG Kiel vom 24.1.1956, AP § 60 HGB Nr. 2.

2.3.8 Ruhestandsverhältnis

Auf ein Ruhestandsverhältnis findet § 60 HGB weder unmittelbar noch mittelbar Anwendung. Dies gilt auch dann, wenn ein Arbeitgeber ein Ruhegeld / eine Betriebsrente zahlt.

Eine Verpflichtung zur Unterlassung konkurrierender Tätigkeiten des Ruheständlers kann aber u. U. aus der Treuepflicht nach § 242 BGB bzw. einer nachwirkenden Pflicht zur Rücksichtnahme des Ruheständlers gegenüber seinem Arbeitgeber erwachsen. Dasselbe gilt bei aufrechterhaltener Ruhegeldanwartschaft. Sollte daher ein Ruheständler eine zu seinem Arbeitgeber konkurrierende Tätigkeit aufnehmen, besteht die Möglichkeit, dass der Arbeitgeber die Versorgungszusage des Ruheständlers im Einzelfall wegen arglistigen Verhaltens des Ruheständlers widerrufen kann.[19]

2.4 Inhaltlicher Geltungsbereich des Wettbewerbsverbots nach § 60 HGB

§ 60 Abs. 1 HGB verbietet einem Arbeitnehmer, zu seinem Arbeitgeber in Konkurrenz zu treten. § 60 Abs. 1 HGB nennt dabei 2 Varianten konkurrierender Tätigkeiten des Arbeitnehmers, nämlich nach § 60 Abs. 1 Var. 1 HGB der ohne Einwilligung des Arbeitgebers erfolgende Betrieb eines Handelsgewerbes seitens des Arbeitnehmers sowie nach § 60 Abs. 1 Var. 2 HGB das Geschäftemachen des Arbeitnehmers im Handelszweig des Prinzipals für eigene oder fremde Rechnung.

2.4.1 Konkurrenz nach § 60 Abs. 1 HGB

Sinn und Zweck des gesetzlichen Wettbewerbsverbots nach § 60 Abs. 1 HGB ist es, Wettbewerb und Konkurrenz des Arbeitnehmers zu seinem Arbeitgeber während eines bestehenden Arbeitsverhältnisses zu verhindern. Voraussetzung für die Anwendbarkeit des § 60 Abs. 1 HGB ist daher, dass durch eine Tätigkeit des Arbeitnehmers ein Konkurrenzverhältnis zwischen ihm und seinem Arbeitgeber geschaffen wird.

2.4.1.1 Konkurrenzverhältnis

Wann von einem Konkurrenz- bzw. von einem Wettbewerbsverhältnis zwischen Arbeitnehmer und Arbeitgeber auszugehen ist, ist nur schwer zu definieren. Für beide Varianten des § 60 Abs. 1 HGB, nämlich für das Betreiben eines Handelsgewerbes nach § 60 Abs. 1 Var. 1 HGB sowie für

[19] BAG vom 3.4.1990, AP § 1 BetrAVG Treuebruch Nr. 9.

das Geschäftemachen im Handelszweig des Arbeitgebers nach § 60 Abs. 1 Var. 2 HGB, ist dabei auf den relevanten Markt abzustellen, auf dem der Arbeitgeber sein Unternehmen betreibt bzw. seinen Geschäftsbetrieb eingerichtet hat.

Betreibt der Arbeitgeber beispielsweise ein Großhandelsunternehmen, so gehört ein Einzelhandelsunternehmen nicht zu diesem relevanten Markt, so dass zwischen einem Großhandelsunternehmen und einem Einzelhandelsunternehmen keine Konkurrenzsituation besteht.

Eine Konkurrenzsituation soll aber dann gegeben sein, wenn verschiedene Unternehmen zwar unterschiedliche technische Produkte herstellen oder vertreiben, diese technischen Produkte aber substituierbar sind, also gegeneinander austausch- bzw. ersetzbar. Ebenso wird eine Konkurrenzsituation nicht dadurch ausgeschlossen, dass Unternehmen lediglich in unterschiedlichen Preissegmenten Waren oder Dienstleistungen anbieten und vertreiben. Gleichermaßen ist es unerheblich, ob konkurrierende Marktteilnehmer eine unterschiedliche marktrelevante Bekanntheit genießen.

2.4.1.2 Konkurrenz im Konzern

§ 60 Abs. 1 HGB begründet keinen konzernweiten Schutz vor Wettbewerb.

So untersagt z. B. § 60 Abs. 1 Var. 2 HGB einem Arbeitnehmer keine Konkurrenztätigkeiten, die dieser gegenüber einem mit seinem Arbeitgeber konzernrechtlich verbundenen Unternehmen in dessen Handels- bzw. Geschäftszweig entfaltet, sofern dieser nicht mit dem des Arbeitgebers übereinstimmt. § 60 HGB schützt daher den Arbeitgeber nur vor konkurrierenden Tätigkeiten seines Arbeitnehmers in seinem Handels- bzw. Geschäftszweig. Konzernrechtlich mit dem Arbeitgeber verbundene Unternehmen werden hingegen vom Schutzbereich des § 60 HGB nicht erfasst.

Stimmt hingegen der Handels- und Geschäftszweig des Arbeitgebers mit dem des mit ihm konzernrechtlich verbundenen Unternehmens überein, so führt § 60 Abs. 1 Var. 2 HGB mittelbar auch zu einem Schutz des konzernrechtlich mit dem Arbeitgeber verbundenen Unternehmens, der dadurch aber gleichwohl nicht zu einem konzerndimensionalen wird.

Denn in einem solchen Fall würde der Arbeitnehmer zwangsläufig auch in einen Wettbewerb zu seinem Arbeitgeber treten. Die konkurrierenden Tätigkeiten des Arbeitnehmers in diesem Handels- und Geschäftszweig seines Arbeitgebers wären nach § 60 Abs. 1 Var. 2 HGB verboten. Der Arbeitnehmer müsste diese gegenüber seinem Arbeitgeber unterlassen und somit auch gegenüber dem konzernrechtlich mit seinem Arbeitgeber verbundenen Unternehmen. Der Schutz des konzernrechtlich verbundenen Unternehmens wäre in einem solchen Fall lediglich ein aus dem Schutz des Arbeitgebers nach § 60 HGB herrührender Reflex.

2.4.2 Betreiben eines Handelsgewerbes nach § 60 Abs. 1 Var. 1 HGB

§ 60 Abs. 1 HGB spricht in seiner ersten Alternative davon, dass dem Arbeitnehmer das Betreiben eines Handelsgewerbes ohne Einwilligung des Arbeitgebers untersagt ist.

2.4.2.1 Handelsgewerbe i.S.d. § 1 Abs. 2 HGB

Ein Handelsgewerbe ist gemäß § 1 Abs. 2 HGB jeder Gewerbebetrieb, sofern er nach Art und Umfang einen kaufmännischen Geschäftsbetrieb erfordert.

Wann dies der Fall ist, lässt sich nicht stereotyp festlegen, sondern bedarf der Entscheidung eines jeden Einzelfalls. Ob ein Gewerbebetrieb gegeben ist, wird in der Praxis anhand einer Vielzahl von einzelnen Kriterien ermittelt. Charakteristisch für ein Handelsgewerbe sind z. B. Kriterien wie die Erstellung einer kaufmännischen Buchführung, eine kaufmännische Bilanzierung, die Erzielung eines sechsstelligen oder höheren Jahresumsatzes, die Beschäftigung von Arbeitnehmern etc. Entscheidend ist dabei stets das gesamte Erscheinungsbild des jeweiligen Gewerbebetriebs mit all seinen Facetten.[20]

2.4.2.2 Handelsgewerbe i.S.d. § 60 Abs. 1 Var. 1 HGB

Ein Handelsgewerbes i.S.d. § 60 Abs. 1 Var. 1 HGB setzt nicht voraus, dass der Arbeitnehmer ein Handelsgewerbe nach § 1 Abs. 2 HGB betreibt oder eine Kaufmannseigenschaft nach §§ 1 ff. HGB erlangt.

Vielmehr ist bereits der Betrieb eines Kleingewerbes, das nach Art und Umfang keinen kaufmännischen Geschäftsbetrieb erfordert, ausreichend, um gegen den Tatbestand des § 60 Abs. 1 Var. 1 HGB zu verstoßen. Einer Eintragung des Kleingewerbes in das Handelsregister nach § 2 Satz 2 HGB bedarf es nicht.

---

[20] BGH vom 28.4.1960, BB 1960, 917; OLG Stuttgart vom 15.10.1973, OLGZ 74, 132.

Der Tatbestand des § 60 Abs. 1 Var. 1 HGB bedarf jedoch aus verfassungsrechtlichen Gründen der Einschränkung im Wege einer verfassungskonformen Auslegung.

Nach dem Wortlaut des § 60 Abs. 1 Var. 1 HGB genügt – ohne jede Einschränkung – der Betrieb eines jeglichen Handelsgewerbes, also gleich welcher Art dieses Handelsgewerbes auch immer sei. Aufgrund dieses weiten und ausufernden Tatbestandes, der letztlich den Betrieb eines jeden Handelsgewerbes verbietet, ist es einhellige Auffassung, dass § 60 Abs. 1 Var. 1 HGB gegen Art. 12 GG und die darin verfassungsmäßig festgelegte Berufsfreiheit verstößt. Das BAG hat daher den Verbotsbereich des § 60 Abs. 1 Var. 1 HGB zu Recht in verfassungskonformer Auslegung dahingehend reduziert, dass § 60 Abs. 1 Var. 1 HGB lediglich den Betrieb eines Handelsgewerbes verbietet, das der Arbeitnehmer im Geschäftsbereich bzw. Handelszweig des Arbeitgebers betreibt. Denn nur dann ist der Betrieb des Arbeitgebers der Gefahr einer Schädigung ausgesetzt. [21] Verboten sind daher nur solche Handelsgewerbe, die sich auf derselben Handelsstufe befinden wie das Handelsgewerbe des Arbeitgebers.

Alle Handelsgewerbe außerhalb des Handelszweigs des Arbeitgebers sind mithin statthaft und können vom Arbeitnehmer ohne Verstoß gegen § 60 Abs. 1 Var. 1 HGB betrieben werden.

2.4.2.3 Betreiben eines Handelsgewerbes

Ein Arbeitnehmer betreibt i.S.d. § 60 Abs. 1 Var.. 1 HGB ein Handelsgewerbe, wenn er dieses für eigene oder fremde Rechnung führt. Der Betrieb eines Kleingewerbes ist hierfür ausreichend.

Der Begriff des Betreibens eines Handelsgewerbes bereitet Abgrenzungsschwierigkeiten. Aufgrund dessen wird nachfolgend lediglich ein Überblick über die hierzu zahlreich vorliegende Rechtsprechung gegeben. Hierbei handelt es sich in der Regel um konkrete und nicht verallgemeinerungsfähige Einzelfallentscheidungen.

Einzelkaufmännischer Betrieb eines Handelsgewerbes

Nach § 60 Abs. 1 Var. 1 HGB ist das Betreiben eines Handelsgewerbes zumindest immer dann verboten, wenn ein Arbeitnehmer ein Unternehmen

---

[21] BAG vom 3.5.1983, AP § 60 HGB Nr. 10; BAG vom 7.9.1972, AP § 60 HGB Nr. 7; BAG vom 12.5.1972, AP § 60 HGB Nr. 6; BAG vom 25.5.1970, AP § 60 HGB Nr. 4.

einzelkaufmännisch betreibt, also im eigenen Namen, sei es auf eigene oder fremde Rechnung.

Gesellschafter einer Personenhandelsgesellschaft

Ebenso stellt die Tätigkeit eines Arbeitnehmers als Gesellschafter einer OHG nach § 105 ff. HGB oder einer KG nach §§ 161 ff. HGB, die ein Handelsgewerbe im Geschäftszweig des Arbeitgeber betreiben, einen Verstoß gegen § 60 Abs. 1 Alt. HGB dar und ist somit verboten.

Vertretungsorgane juristischer Personen

Weiterhin ist die Tätigkeit eines Arbeitnehmers als Vertretungsorgan einer juristischen Person, z. B. als Geschäftsführer einer GmbH oder als Mitglied des Vorstandes einer AG, nach § 60 Abs. 1 Var. 1 HGB untersagt.[22] Denn hierdurch erhält der Arbeitnehmer eine unmittelbare und maßgebliche Einwirkungsmöglichkeit auf die Geschäftsführung des jeweiligen Unternehmens und somit auf den von der jeweiligen juristischen Person betriebenen Gewerbetrieb.

Kapitalmäßige Beteiligungen an Wettbewerbsunternehmen

Die Frage, ob eine Beteiligung eines Arbeitnehmers an einem mit seinem Arbeitgeber konkurrierenden Unternehmen einen Verstoß gegen § 60 Abs. 1 Var. 1 HGB darstellt, wird nicht einhellig beantwortet.

Einerseits soll der Erwerb von Gesellschaftsanteilen einer mit dem Arbeitgeber konkurrierenden GmbH nach § 60 Abs. 1 Var. 1 HGB nicht verboten sein. Gleiches soll für den Erwerb von Aktien einer mit dem Arbeitgeber in Wettbewerb stehenden AG gelten.[23]

Andererseits ist jedoch richtigerweise darauf abzustellen, ob der Arbeitnehmer an diesem Unternehmen eine namhafte gesellschaftsrechtliche Beteiligung hält, die ihm nach dem Gesetz oder nach den Gesellschaftsverträgen einen Einfluss auf die Geschäftsführung dieses Unternehmens und dem von ihm betriebenen Gewerbebetrieb ermöglicht. Ist dies der Fall, insbesondere bei entsprechenden gesetzlichen oder gesellschaftsvertraglichen Regelungen, so liegt ein Verstoß gegen § 60 Abs. 1 Var. 1 HGB vor.

---

[22] BAG vom 15.2.1962, AP § 61 HGB Nr. 1.

[23] LAG Köln vom 29.4.1994, NZA 1995, 994.

Einzelvertraglich kann jedoch auch eine gesellschaftsrechtlich nicht relevante kapitalmäßige Beteiligung an einem mit dem Arbeitgeber in Wettbwerb stehenden Unternehmen ausgeschlossen werden. Dies ist häufig u. a. bei Wirtschaftsprüfern anzutreffen, um auf diese Weise Interessenkonflikten vorzubeugen.

Betrieb eines Handelsgewerbes durch Dritte

§ 60 Abs. 1 Var. 1 HGB verbietet zudem das Betreiben eines Handelsgewerbes durch Dritte, so z. B. durch Bevollmächtigte, Treuhänder oder Strohmänner.

Geschäfte zwischen Arbeitnehmer und Arbeitgeber

Geschäfte, die zwischen einem Arbeitnehmer und seinem Arbeitgeber abgeschlossen werden, fallen nicht unter das Verbot nach § 60 Abs. 1 Var. 1 HGB[24]. In einem solchen Fall werden die Geschäftsinteressen des Arbeitgebers nicht gefährdet, zumal er solche Geschäfte selber und privatautonom mit dem Arbeitnehmer abschließt. Darüber hinaus ist in einem solchen Fall auch eine Einwilligung des Arbeitgebers i.S.d. § 60 Abs. 1 HGB gegeben, die einen Wettbewerbsverstoß des Arbeitnehmers entfallen lässt.

Vorbereitungshandlungen

In der Praxis bedeutsam und zugleich heftig umstritten ist die Frage, ob und, wenn ja, ab wann Vorbereitungshandlungen eines Arbeitnehmers im Hinblick auf ein zukünftiges Betreiben eines eigenen Handelsgewerbes nach § 60 Abs. 1 Var. 1 HGB verboten sind.

Nach einhelliger Auffassung ist es einem Arbeitnehmer – auch unter Berücksichtigung der in Art. 12 GG festgeschrieben Berufsfreiheit – gestattet, noch während eines bestehenden Arbeitsverhältnisses Maßnahmen und Vorbereitungshandlungen für eine erst nach Beendigung seines Arbeitsverhältnisses beginnende Konkurrenztätigkeit durchzuführen. Es bestehen aber Schwierigkeiten, statthafte Vorbereitungshandlungen von einem gemäß § 60 Abs. 1 Var. 1 HGB unstatthaften Betreiben eines Handelsgewerbes abzugrenzen. Maßgeblich ist dabei jeweils, ob durch die Vornahme von konkreten Vorbereitungshandlungen bereits die Interessen des Arbeitgebers gefährdet werden.

---

[24] BAG vom 3.5.1983, AP § 60 HGB Nr. 10.

Gemäß § 60 Abs. 1 Var. 1 HGB sind statthafte Vorbereitungshandlungen, soweit sie kein Geschäftemachen i.S.d. § 60 Abs. 1 Var. 2 HGB bedeuten[25], u.a.:

- Anmieten von Geschäftsräumen[26],
- Führung von Vorstellungsgesprächen bei Konkurrenzunternehmen,
- Berufszulassungen[27],
- Kauf von Waren und Anwerbung von Mitarbeitern[28],
- Abschluss eines Gesellschaftsvertrages für eine GmbH nebst Eintrag derselben in das Handelsregister[29],
- Anmeldung und Bekanntmachung einer noch nicht werbend auftretenden Handelsgesellschaft[30],
- Abschluss von Franchiseverträgen[31],
- Anmeldung und Eintragung einer Marke (eines Warenzeichens)[32],
- Registrierung einer Internet-Domäne für ein zu gründendes Konkurrenzunternehmen des Arbeitnehmers[33],
- Unentgeltliche Überlassung einer Internet-Domäne an ein Konkurrenzunternehmen des Arbeitgebers[34],
- Einholung von Geschäftsinformationen,
- Besuch von Messen, Ausstellungen, Warenschauen, Verkaufspräsentationen etc.,
- Aufnahme von Krediten und sonstige Bankgeschäfte.

Mithin kann festgehalten werden, dass Vorbereitungshandlungen solange kein Betreiben eines Handelsgewerbes nach § 60 Abs. 1 Var. 1 HGB dar-

---

[25] BAG vom 7.9.1972, AP § 60 HGB Nr. 7; BAG vom 30.1.1963, AP § 60 HGB Nr. 3; LAG Kiel vom 24.1.1956, AP § 60 HGB Nr. 1.

[26] BAG vom 30.1.1963, AP § 60 HGB Nr. 3.

[27] BAG vom 13.6.1958, BB 1958, 877.

[28] BAG vom 12.5.1972, AP § 60 HGB Nr. 6; LAG Kiel vom 24.1.1956, AP § 60 HGB Nr. 2.

[29] BAG vom 7.9.1972, AP § 60 HGB Nr. 7; LAG Kiel vom 24.1.1956, AP § 60 HGB Nr. 2.

[30] BAG vom 12.5.1972, AP § 60 HGB Nr. 6.

[31] BAG vom 30.5.1978, AP § 60 HGB Nr. 9.

[32] BAG vom 13.6.1958, BB 1958, 877.

[33] LAG Köln vom 12.04.2005, BB 2005, 2644; LAG Mecklenburg-Vorpommern vom 12.4.2005, NZA-RR 2005, 595.

[34] LAG Köln vom 12.04.2005, BB 2005, 2644.

stellen, wie durch diese noch keine werbende Tätigkeit des Arbeitnehmers am Markt entfaltet wird und die Interessen des Arbeitgebers noch nicht gefährdet werden. Auch die Gründung eines Konkurrenzunternehmens durch den Arbeitnehmer stellt keinen Verstoß gegen § 60 Abs. 1 Var. 1 HGB dar, solange dieses keine nach außen wirkende werbende Tätigkeit aufnnimmt.[35]

Unstatthaft und daher nach § 60 Abs. 1 Var. 1 HGB verboten sind u. a.:

- Werbung des Arbeitnehmers für sein künftiges Unternehmen noch während des andauernden Arbeitsverhältnisses mit seinem Arbeitgeber,
- Verabschiedungsschreiben des Arbeitnehmers an die Kunden und Geschäftspartner des Arbeitgebers mit Hinweis auf seine zukünftige Tätigkeit als oder für Wettbewerber des Arbeitgebers, auch indirekt mit Angabe von Adressen oder Telefonnummern[36]
- Abwerbung von Kunden oder Abwerbung von Mitarbeitern durch den Arbeitnehmer noch während des andauernden Arbeitsverhältnisses mit seinem Arbeitgeber oder deren Verleitung bzw. Unterstützung zum / beim Vertragsbruch.[37]

2.4.3 Geschäfte machen im Handelszweig des Arbeitgebers nach § 60 Abs. 1 Var. 2 HGB

Nach § 60 Abs. 1 Var. 2 HGB ist es einem Arbeitnehmer ebenfalls verboten, im Handelszweig des Arbeitgebers für eigene oder fremde Rechnung Geschäfte zu machen.

2.4.3.1 Begriff des Geschäftemachens

Geschäftemachen i.S.d. § 60 Abs. 1 Var. 2 HGB wird definiert als jede spekulative und auf Gewinnerzielung gerichtete Teilnahme am geschäftlichen Verkehr im Handelszweig des Arbeitgebers.[38] Dass die vom Arbeit-

---

[35] LAG Köln vom 12.04.2005, BB 2005, 2644.

[36] BGH vom 22.4.2004, NJW 2004, 2385.

[37] BAG vom 16.1.1975, AP § 60 HGB Nr. 8; BAG vom 12.5.1972, AP § 60 HGB Nr. 6; BAG vom 24.4.1970, AP § 60 HGB Nr. 5; LAG Rheinland-Pfalz vom 7.2.1992, LAGE § 626 BGB Nr. 64; LAG Hamm vom 24.8.1971, DB 1971, 2515; LAG Saarbrücken vom 20.1.1965, BB 1965, 457; LAG Düsseldorf vom 9.12.1964, DB 1965, 335; LAG Kiel vom 24.1.1956, AP § 60 HGB Nr. 2.

[38] BAG vom 24.4.1970, AP § 60 HGB Nr. 5; BAG vom 30.1.1963, AP § 60 HGB Nr. 3; BAG vom 15.2.1962, AP § 61 HGB Nr. 1.

nehmer betriebenen Geschäfte erfolgreich sind oder tatsächlich einen Gewinn abwerfen, ist nicht erforderlich. Vielmehr reicht die Absicht des Arbeitnehmers, mit seinen Tätigkeiten einen Gewinn zu erzielen, für einen Verstoß gegen § 60 Abs. 1 Var. 2 HGB aus, wobei die Gewinnerzielungsabsicht nicht unmittelbar zu sein braucht. Ebenso wenig spielt es keine Rolle, ob der Arbeitgeber an dem konkreten Geschäft, das der Arbeitnehmer getätigt hat, überhaupt ein Interesse hatte oder es selbst gar nicht hätte zustande bringen können oder wollen.

2.4.3.2 Wettbewerbssituation

Die Regelung des § 60 Abs. 1 Var. 2 HGB erklärt sich vor ihrem Sinn und Zweck der Verhinderung von Wettbewerb zwischen Arbeitnehmer und Arbeitgeber.

Voraussetzung für einen Verstoß gegen § 60 Abs. 1 Var. 2 HGB ist nämlich, dass sich der Geschäfte machende Arbeitnehmer und sein Arbeitgeber am Markt als Wettbewerber gegenübertreten. Entscheidend ist somit, dass sich der Arbeitnehmer aufgrund seines Geschäftemachens in Konkurrenz zu seinem Arbeitgeber begibt.

Dies wird insbesondere durch das Tatbestandsmerkmal „in dem Handelszweige des Prinzipals“ verdeutlicht. § 60 Abs. 1 Var. 2 HGB will daher nicht jedes Geschäftemachen des Arbeitnehmers verbieten, sondern nur das, mit dem er konkurrierend im Handels- bzw. Geschäftszweig seines Arbeitgebers auf diesen trifft.

2.4.3.3 Beispielsfälle

Der Begriff des Geschäftemachens i.S.d. § 60 Abs. 1 VAr. 2 HGB bereitet ebenso wie der des Betreibens eines Handelsgewerbes Abgrenzungsschwierigkeiten. Auch zum Begriff des Geschäftemachens kann auf eine umfangreiche Rechtsprechung zurückgegriffen werden, wobei es sich auch hier in aller Regel um nicht verallgemeinerungsfähige Einzelfallentscheidungen handeln dürfte.

Geschäfte im eigenen oder fremden Namen

Das Geschäftemachen i.S.d. § 60 Abs. 1 Var. 2 HGB umfasst nicht nur die Geschäfte des Arbeitnehmers für eigene oder fremde Rechnung, sondern auch die im eigenen oder fremden Namen.[39] Aus diesem Grund sind Tä-

---

[39] LAG Hessen vom 28.4.1998, LAGE § 1 KSchG Verhaltensbedingte Kündigung Nr. 65.

tigkeiten des Arbeitnehmers für ein mit seinem Arbeitgeber im Wettbewerb stehenden Unternehmen verboten.

Wie im Falle des § 60 Abs. 1 Var. 1 HGB ist auch beim Geschäftemachen i.S.d. § 60 Abs. 1 Var. 2 HGB ein Handeln durch Strohmänner untersagt.

Geschäftemachen auf gleicher geschäftlicher Ebene

Erbringt ein Arbeitnehmer seine Geschäfte nicht auf gleicher geschäftlicher Eben wie der Arbeitgeber, so scheidet ebenso ein für § 60 Abs. 1 Var. 2 HGB erforderliches Wettbewerbsverhältnis aus. Nur auf der gleichen geschäftlichen Ebene kann zwischen dem Arbeitgeber und dem Arbeitnehmer überhaupt erst ein Wettbewerbsverhältnis entstehen. So liegt kein Verstoß gegen § 60 Abs. 1 Var. 2 HGB vor, wenn ein Arbeitnehmer eines Dienstleistungsunternehmens bei einem Produktionsunternehmen tätig wird.

Geschäftemachen zwischen Arbeitnehmer und Arbeitgeber

Werden Geschäfte zwischen dem Arbeitnehmer und seinem Arbeitgeber gemacht, so entfällt bereits die für § 60 Abs. 1 Var. 2 HGB erforderliche Wettbewerbssituation. Denn in diesem Fall treten sie sich am Markt nicht als Wettbewerber, sondern als Anbieter und Abnehmer und somit als Geschäftspartner gegenüber. In diesem Fall scheidet daher ein Geschäftemachen i.S.d. § 60 Abs. 1 Var. 2 HGB aus und somit ein Verstoß hiergegen.[40] Abgesehen hiervon willigt der Arbeitgeber in einem solchen Fall auch nach § 60 Abs. 1 HGB in das Handeln seines Arbeitnehmers ein, sodass ein Verstoß gegen § 60 Abs. 1 Var. 2 HGB selbst dann nicht gegeben ist, wenn man in seinem solchen Fall eine Wettbewerbssituation annehmen sollte.

Befriedigung privater Bedürfnisse

Weiterhin fehlt es an einem für § 60 Abs. 1 Var. 2 HGB notwendigen Wettbewerbsverhältnis zwischen dem mit Gewinnerzielungsabsicht Geschäfte machenden Arbeitnehmer und seinem Arbeitgeber, wenn der Arbeitnehmern hierdurch lediglich private Bedürfnisse erfüllt bzw. befriedigt, auch wenn dies im Handels- oder Geschäftszweig seines Arbeitgebers geschieht. So verstößt z. B. ein in einem Möbelkaufhaus beschäftigter Arbeitnehmer nicht gegen § 60 Abs. 1 Var. 2 HGB, wenn er seine privaten Möbel veräußert.

---

[40] BAG vom 3.5.1983, AP § 60 HGB Nr. 10.

Geschäftemachen ohne spekulative Elemente

Ebenso scheidet ein Geschäftemachen i.S.d. § 60 Abs. 1 Var. 2 HGB aus, wenn den Geschäften des Arbeitnehmers der hierfür notwendige spekulative Charakter fehlt, was z. B. bei lediglich unterstützenden Tätigkeiten der Fall sein kann. Erbringt ein Arbeitnehmer bspw. Schreib-, Büro-, Verpackungs- oder Buchhaltungsarbeiten für ein mit seinem Arbeitgeber konkurrierendes Unternehmen, so sind solche Geschäfte keine i.S.d. § 60 Abs. 1 Var. 2 HGB.

Solche Geschäfte ohne spekulativen Charakter können im Widerspruch zu den wettbewerbliche Interessen des Arbeitgebers stehen und gegen die allgemeine Pflicht des Arbeitnehmers zur Rücksichtnahme auf den Arbeitgeber nach §§ 242, 241 Abs. 2 BGB verstoßen. Gleichwohl handelt der Arbeitnehmer mit solchen Geschäften nicht als Wettbewerber im Handels- und Geschäftszweig des Arbeitgebers.

Hier liegt es auf der Hand, dass der jeweilige konkrete Einzelfall genau zu prüfen ist, ob also dem jeweiligen Geschäftemachen des Arbeitnehmers spekulative Elemente fehlen oder innewohnen. In der Regel dürfte es sich hierbei um schwierig zu bewertende Grenzfälle handeln.

Finanzielle Unterstützung als Geschäftemachen

Auch Finanzgeschäfte eines Arbeitnehmers mit einem Wettbewerber seines Arbeitgebers können ein Geschäftmachen i.S.d. § 60 Abs. 1 Var. 2 HGB darstellen. Dies gilt z. B. für Darlehen, die ein Arbeitnehmer dem Konkurrenten seines Arbeitgebers gewährt.[41]

Vorbereiten der Vermittlung und des Abschlusses von Geschäften

Bereitet ein Arbeitnehmer die Vermittlung oder den Abschluss von Geschäften im Handels- bzw. Geschäftszweig seines Arbeitgebers vor, so kann bereits hierin ein Geschäftemachen i.S.d. § 60 Abs. 1 Var. 2 HGB liegen.[42] Seine Begründung findet dies darin, dass es auf die Intensität der Geschäfte des Arbeitnehmers nicht ankommt.[43] Denn eine bloße Gefähr-

[41] RG vom 21.7.1937, JW 1937, 2654; LAG Schleswig-Holstein vom 24.1.1956, AP § 60 HGB Nr. 1.

[42] BAG vom 12.5.1972, AP § 60 HGB Nr. 6; BAG vom 24.4.1970, AP § 60 HGB Nr. 5; BAG vom 30.1.1963, AP § 60 HGB Nr. 3; BAG vom 15.2.1962, AP § 61 HGB Nr. 1.

[43] BAG vom 30.1.1963, AP § 60 HGB Nr. 3.

dung der Geschäftsinteressen des Arbeitgebers ist für die Verwirklichung von § 60 Abs. 1 Var. 2 HGB ausreichend.

Unter einem verbotenen Vorbereiten der Vermittlung oder des Abschlusses von Geschäften ist z. B. zu verstehen:

- Anbieten von Waren und Dienstleistungen im Handels- bzw. Geschäftszweig des Arbeitgebers[44],
- Versuch der Abwerbung von Kunden des Arbeitgebers[45],
- Versenden von Einladungen[46],
- bloßes Vorfühlen bei Kunden des Arbeitgebers[47],
- Unterstützung vertragsbrüchiger Arbeitskollegen bei Wettbewerbshandlungen[48],
- Eintritt in eine mit dem Arbeitgeber in Wettbewerb stehende Gesellschaft bzw. Beteiligung an einem mit dem Arbeitgeber konkurrierende Unternehmen[49].

Geschäfte ohne unmittelbare Gewinnerzielungsabsicht

Wie bereits angeführt wurde, kommt es nicht darauf an, dass der Arbeitnehmer seine Geschäfte mit einer unmittelbaren Gewinnerzielungsabsicht ausübt. So sollen auch bereits solche Geschäfte unter das Verbot des § 60 Abs. 1 Var. 2 HGB fallen, deren wirtschaftlicher Erfolg erst in der Zeit nach Beendigung des Arbeitsverhältnisses eintreten soll.

2.4.4 Abänderung des Wettbewerbsverbotes nach § 60 HGB

Das gesetzliche Wettbewerbsverbot nach § 60 HGB ist abdingbar. Es steht zur Disposition der Parteien des Arbeitsvertrages. § 60 HGB ist ein sog. dispositives Recht.

Aufgrund dessen kann das Wettbewerbsverbot nach § 60 HGB arbeitsvertraglich zuungunsten des Arbeitnehmers verschärft werden, sofern hierfür

---

[44] BAG vom 16.6.1976, AP § 611 BGB Nr. 8.

[45] BAG vom 30.1.1963, AP § 60 HGB Nr. 3.

[46] LAGE Berlin vom 28.8.2002, NZA-RR 2003, 362.

[47] BAG vom 24.4.1970, AP § 60 HGB Nr. 5; LAG Hessen vom 14.1.1969, BB 1970, 709.

[48] BAG vom 16.1.1975, AP § 60 HGB Nr. 8.

[49] BAG vom 15.2.1962, AP § 61 HGB Nr. 1; LAG Schleswig-Holstein vom 24.1.1956, AP § 60 HGB Nr. 1.

ein betriebliches Interesse des Arbeitgebers besteht.[50] Die Grenzen der Berufsfreiheit nach Art. 12 GG sind dabei zu beachten.

Darüber hinaus ist zu beachten, dass das Recht der Allgemeinen Geschäftsbedingungen nach §§ 305 ff. BGB Anwendung findet, sofern eine Abänderung, insbesondere eine Verschärfung, des gesetzlichen Wettbewerbsverbot nach § 60 HGB in eine Allgemeine Geschäftsbedingung gekleidet ist bzw. werden soll. Da heutzutage in aller Regel Arbeitsverhältnisse nur noch mittels Formulararbeitsverträgen begründet werden, dürfte eine das Wettbewerbsverbot nach § 60 abändernde Klausel in der Regel auch immer eine Allgemeine Geschäftsbedingung darstellen.

Im Gegensatz hierzu können die Parteien eines Arbeitsvertrages aber auch vereinbaren, dass das Wettbewerbsverbot nach § 60 HGB zu Gunsten des Arbeitnehmers abgemildert oder gar gestrichen wird. Der Arbeitgeber kann auf seine Rechte aus § 60 HGB als abdingbare gesetzliche Regelung auch verzichten, oder dem Arbeitnehmer die Erlaubnis für eine Wettbewerbstätigkeit generell oder für einen konkreten Einzelfall erteilen. Dies ergibt sich alleine schon aus der Möglichkeit des Arbeitgebers, in eine Konkurrenztätigkeit seines Arbeitnehmers nach § 60 Abs. 1 HGB einzuwilligen.

2.5 Zeitpunkt für die Bestimmung des Umfangs des Wettbewerbsverbots nach § 60 HGB

Um zu prüfen, ob ein Arbeitnehmer gegen das Wettbewerbsverbot nach § 60 HGB verstoßen hat, ist auf den Zeitpunkt des Betreibens des Handelsgewerbes oder des Geschäftemachens im Handelszweig des Arbeitgebers abzustellen. Der Zeitpunkt des Abschlusses des Arbeitsvertrages ist unbeachtlich.

Hieraus ergibt sich, dass sich der Inhalt und der Umfang des Wettbewerbsverbotes nach § 60 HGB im Verlaufe eines Arbeitsverhältnisses ändern kann. Der Inhalt und Umfang dieses Wettbewerbsverbotes ist abhängig vom jeweiligen Geschäftsbetrieb des Arbeitgebers. Ändert sich dieser Geschäftsbetrieb, z. B. inhaltlich durch Expansion in neue oder (teilweise) Reduzierung bisheriger Geschäfts- und Handelszweige, so ändert sich – vorbehaltlich anderweitiger arbeitsvertraglicher Regelungen

---

[50] BAG vom 3.12.1970, AP § 626 BGB Nr. 60; BAG vom 26.8.1976, AP § 626 BGB Nr. 68.

– automatisch auch dem entsprechend das Wettbewerbsverbot nach § 60 HGB.

Wird das Unternehmen des Arbeitgebers beispielsweise um zusätzliche Handels- oder Geschäftszweige erweitert, so erweitert sich das Wettbewerbsverbot entsprechend in gleichem Umfang, so dass dem Arbeitnehmer dann auch in dieser Hinsicht Wettbewerb nach § 60 HGB untersagt ist.

Schränkt der Arbeitgeber seinen Geschäftsbetrieb hingegen inhaltlich ein, z. B. dadurch, dass er in einem bestimmten Geschäftszweig nicht mehr tätig ist, so reduziert sich in gleichem Unfang auch das Wettbewerbsverbot nach § 60 HGB. Konkurrierende Tätigkeiten des Arbeitnehmers in diesem Geschäftszweig wären ihm dann nach § 60 HGB nicht mehr verboten.

Das Wettbewerbsverbot passt sich daher grundsätzlich den jeweiligen (aktuellen) gewerblichen Gegebenheiten im Geschäftsbetrieb des Arbeitgebers sowie dessen jeweiligen (aktuellen) Handels- und Geschäftszweigen dynamisch an.

Darüber hinaus kann sich auch eine ursprünglich statthafte Nebenbeschäftigung des Arbeitnehmers im Laufe seines Arbeitsverhältnisses durch eine Veränderung des Geschäftsbetriebs des Arbeitgebers in eine nach § 60 HGB verbotene konkurrierende Tätigkeit wandeln, die seitens des Arbeitnehmers dann zu unterlassen ist. Hat der Arbeitgeber hingegen mit seinem Arbeitnehmer eine dahingehende Vereinbarung getroffen, dass ihm eine bestimmte Nebentätigkeit erlaubt ist, kann der Arbeitgeber nicht mehr dessen Unterlassung verlangen, wenn diese Nebentätigkeit im Laufe des Arbeitsverhältnis zu einer konkurrierenden Tätigkeit i.S.d. § 60 HGB wird. In diesem Fall kommt aber für den Arbeitgeber die Möglichkeit in Betracht, im Wege einer Änderungskündigung nach § 2 KSchG das Arbeitsverhältnis dahingehend zu ändern, dass der Arbeitnehmer die dann konkurrierende Nebentätigkeit nicht mehr ausüben darf.

2.6 Betriebsübergang nach § 613 a BGB

Geht ein Betrieb oder Betriebsteil auf einen Erwerber nach § 613 a BGB über, so gehen auch die Arbeitsverhältnisse der Arbeitnehmer dieses Betriebs oder des Betriebsteils, dem diese zugeordnet sind, auf den Erwerber über.

2.6.1 Übergang des Arbeitsverhältnisses

Das Wettbewerbsverbot nach § 60 HGB geht als Bestandteil des Arbeitsverhältnisses mit dem Arbeitsverhältnis auf den Erwerber gemäß § 613 a BGB über.

Dem Arbeitnehmer ist dann Wettbewerb während des mit dem Erwerber fortbestehenden Arbeitsverhältnisses nach § 60 HGB verboten. Dabei ist auf das Handelsgewerbe und den Handels- bzw. Geschäftszweig des Erwerbers als dem neuen Arbeitgeber abzustellen. Denn zum bisherigen Arbeitgeber besteht kein Arbeitsverhältnis mehr. Es ist dem auf den Erwerber des Betriebs oder Betriebsteils übergehende Arbeitnehmer dann verboten, gemäß § 60 Abs. 1 HGB im Handelszweig des Erwerbers ein Handelsgewerbe zu eröffnen oder in seinem Handelszweig Geschäfte zu machen.

Wurde hingegen das Wettbewerbsverbot nach § 60 HGB vom bisherigen Arbeitgeber und Arbeitnehmer vor dem Betriebs- oder Betriebsteilübergang nach § 613 a BGB arbeitsvertraglich abgeändert, so gilt dieses abgeänderte Wettbewerbsverbot auch zwischen dem Erwerber als dem neuen Arbeitgeber und dem Arbeitnehmer. Denn das abgeänderte Wettbewerbsverbot wurde Bestandteil des Arbeitsverhältnisses, das nach § 613 a BGB unverändert auf den Erwerber als dem neuen Arbeitgeber übergeht. War dem Arbeitnehmer beispielsweise vom bisherigen Arbeitgeber eine bestimmte Tätigkeit nach entsprechender Einwilligung gestattet, so gilt dies auch gegenüber dem neuen Arbeitgeber, auch wenn der Arbeitnehmer hierdurch zu seinem neuen Arbeitgeber in Konkurrenz treten sollte. So kann der neue Arbeitgeber z. B. nicht verlangen, dass ein bereits vom Arbeitnehmer eröffnetes und mit ihm konkurrierendes Handelsgewerbe geschlossen wird. Ggfs. kommt jedoch eine Änderungskündigung nach § 2 KSchG in Betracht.

War dem Arbeitnehmer von seinem bisherigen Arbeitgeber vor dem Betriebs- oder Betriebsteilübergang eine Nebentätigkeit gestattet, die keine konkurrierende Tätigkeit nach § 60 HGB darstellt, so kann der Erwerber als neuer Arbeitgeber ebenso wenig verlangen, dass diese Nebentätigkeit vom Arbeitnehmer unterlassen wird, auch wenn der Arbeitnehmer hierdurch nach § 60 HGB in Konkurrenz zu ihm tritt. Denn auch die Erlaubnis dieser Nebentätigkeit ist Bestandteil des nach § 613 a BGB übergehenden Arbeitsverhältnisses und gilt gegenüber dem neuen Arbeitgeber fort. Auch hier kommt ggfs. lediglich eine Änderungskündigung nach § 2 KSchG in Betracht.

2.6.2 Widerspruch des Arbeitnehmers

Nach § 613 a Abs. 6 BGB steht dem Arbeitnehmer das Recht zu, einem Übergang des Betriebes oder eines Betriebsteiles zu widersprechen. Widerspricht ein Arbeitnehmer einem solchen Übergang, so bleibt sein Arbeitsverhältnis zum bisherigen Arbeitgeber bestehen. Da das Wettbewerbsverhältnis nach § 60 HGB aber Bestandteil dieses Arbeitsverhältnisses ist, besteht es dann im bisherigen Umfang auch zum bisherigen Arbeitgeber fort.

Sollte der bisherige Arbeitgeber infolge des Übergangs des Betriebs- oder Betriebsteiles auf einem bestimmten Geschäftszweig nicht mehr am Markt tätig sein, so wäre dem Arbeitnehmer dann eine Konkurrenztätigkeit in diesem Geschäftszweig gegenüber seinem Arbeitgeber nach § 60 HGB nicht (mehr) verboten. Denn das Wettbewerbsverbot nach § 60 HGB passt sich dem aktuellen Gegebenheiten des Geschäftsbetriebes bzw. Unternehmens des Arbeitgebers dynamisch an. Gleichwohl soll sich der Arbeitnehmer dann aber zumindest während des Laufs einer fiktiven ordentlichen Kündigungsfrist einer solchen Konkurrenztätigkeit enthalten.[51] Dies ist inkonsequent und verkennt die dynamisch erfolgende inhaltliche Anpassung des Wettbewerbsverbots nach § 60 HGB. Denn dieses passt sich – vorbehaltlich anderweitiger arbeitsvertraglicher Vereinbarungen – unmittelbar dynamisch den jeweiligen Gegebenheiten des Unternehmens des Arbeitgebers an, ohne dass dabei auf den Lauf einer Kündigungsfrist abzustellen wäre.

2.7 Einwilligung des Arbeitgebers in Wettbewerbshandlungen des Arbeitnehmers

Tritt ein Arbeitnehmer in Konkurrenz zu seinem Arbeitgeber, so sind die Wettbewerbshandlungen des Arbeitnehmers nach § 60 HGB dann nicht verboten, wenn der Arbeitgeber in diese einwilligt. § 60 HGB unterscheidet zwischen ausdrücklichen und konkludenten Einwilligungen des Arbeitgebers nach § 60 Abs. 1 HGB sowie fingierten Einwilligungen des Arbeitgebers gemäß § 60 Abs. 2 HGB.

[51] LAG Niedersachsen vom 04.02.2003, LAGE § 626 BGB Nr. 148.

2.7.1 Ausdrückliche oder konkludente Einwilligung nach § 60 Abs. 1 HGB

§ 60 Abs. 1 HGB verbietet den Wettbewerb des Arbeitnehmers gegenüber seinem Arbeitgeber nur, sofern der Arbeitgeber hierzu nicht seine Einwilligung erteilt hat. Erteilt der Arbeitgeber eine solche Einwilligung, so ist die konkurrierende Tätigkeit des Arbeitnehmers nicht mehr nach § 60 Abs. 1 HGB verboten.

2.7.1.1 Rechtsnatur der Einwilligung

Die Einwilligung des Arbeitgebers i.S.d. § 60 HGB stellt eine einseitige empfangsbedürftige Willenserklärung dar.[52] Diese kann sowohl ausdrücklich als auch konkludent, also stillschweigend, erklärt werden.

Von einer solchen konkludent erklärten Einwilligung kann – je nach den Umständen des konkreten Einzelfalls – z. B. ausgegangen werden, wenn der Arbeitgeber von der konkurrierenden Tätigkeit seines Arbeitnehmers weiß, diese aber längere Zeit nicht unterbindet, obwohl ihm dies möglich ist, sondern den Arbeitnehmer vielmehr weiterhin gewähren lässt.

2.7.1.2 Form, Zeitpunkt und Inhalt der Einwilligung

Die Einwilligung des Arbeitgebers bedarf keiner Form, sie kann also auch lediglich mündlich erklärt werden. Der besseren Beweisbarkeit wegen kann jedoch nur eine schriftliche Einwilligung empfohlen werden.

Der Arbeitgeber kann seine Einwilligung direkt bei Abschluss des Arbeitsvertrages erteilen, diese z. B. im Arbeitsvertrag schriftlich fixieren. Er kann diese aber auch vor, während oder nach einer jeden einzelnen Wettbewerbshandlung des Arbeitnehmers i.S.d. § 60 Abs. 1 HGB abgeben. Im letzteren Fall spricht man jedoch nicht von einer Einwilligung, sondern von einer Genehmigung.

Inhaltlich kann die Einwilligung des Arbeitgebers die Zustimmung zu einem einzelnen Konkurrenzgeschäft oder aber auch zu mehreren oder zu einer bestimmten Gruppe oder Art von Konkurrenzgeschäften umfassen.

Ebenso kann sie aber auch die Zustimmung zum Betrieb eines oder mehrerer Handelsgewerbe an sich beinhalten. Die Zustimmung zu einem einzelnen Konkurrenzgeschäft des Arbeitnehmers bedeutet jedoch grundsätzlich

---

[52] RG vom 19.12.1924, RGZ 109, 355; LAG Berlin vom 17.2.1970, DB 1970, 1837.

nicht auch die Einwilligung in den Betrieb eines Handelsgewerbes oder jedwede Konkurrenztätigkeit an sich. Das Wettbewerbsverbot während der Arbeitszeit bedeutet nicht, dass es dem Arbeitnehmer außerhalb der Arbeitszeit gestattet wäre, zu seinem Arbeitgeber nach § 60 HGB in Konkurrenz zu treten.[53]

2.7.2 Fiktion der Einwilligung nach § 60 Abs. 2 HGB

Nach § 60 Abs. 2 HGB gilt eine Einwilligung zum Betrieb eines Handelsgewerbes als erteilt, wenn dem Arbeitgeber bei der Anstellung des Arbeitnehmers bekannt ist, dass dieser ein Gewerbe betreibt und der Arbeitgeber die Aufgabe des Betriebs nicht ausdrücklich mit dem Arbeitnehmer vereinbart.[54] In diesem Fall erklärt der Arbeitgeber seine Einwilligung nicht ausdrücklich oder konkludent. In diesem Fall gilt die Einwilligung vielmehr als erteilt, sodass man auch davon spricht, dass diese fingiert wird. Obgleich das Schweigen im Rechtsverkehr grundsätzlich keine Willenserklärung darstellt, gilt das Schweigen des Arbeitgebers hier als dessen Einwilligung.

2.7.2.1 Voraussetzung einer fingierten Einwilligung

Erforderlich für eine fingierte Einwilligung nach § 60 Abs. 2 HGB ist zwingend positive Kenntnis des Arbeitgebers vom Betrieb des Handelsgewerbes durch den Arbeitnehmer. Eine fahrlässige Unkenntnis des Arbeitgebers von einem solchen Betrieb ist für die Fiktion der Einwilligung nicht ausreichend.

Haben der Arbeitgeber und der Arbeitnehmer hingegen ausdrücklich vereinbart, dass der Arbeitnehmer den Betrieb seines Handelsgewerbes aufgibt, scheidet eine fingierte Einwilligung nach § 60 Abs. 2 HGB aus. Ein bloßer Widerspruch oder bloßer Protest des Arbeitgebers reichen nicht aus.

---

[53] So schon RG vom 7.10.1924, RGZ 109, 55; BAG vom 12.5.1972, AP § 60 HGB Nr. 6.

[54] BAG vom 3.5.1983, AP § 60 HGB Nr. 10; LAG Frankfurt am Main, BB 1970, 709.

2.7.2.2 Umfang einer fingierten Einwilligung

Zu beachten ist jedoch, dass die Fiktion des § 60 Abs. 2 HGB nicht auch das Geschäftemachen i.S.d. § 60 Abs. 1 Alt. 2 HGB umfasst. Eine Einwilligung in dieses Geschäftemachen gilt daher bei Kenntnis des Arbeitgebers von diesem Geschäftemachen nicht als erteilt. Eine Einwilligung in ein solches Geschäftemachen muss der Arbeitgeber somit gemäß § 60 Abs. 1 HGB ausdrücklich oder konkludent erklären.

Anzumerken ist, dass die Einwilligungsfiktion des § 60 Abs. 2 HGB nur den Umfang und die Art des im Wettbewerb zum Arbeitgeber stehenden Handelsgewerbe des Arbeitnehmers umfasst, wie er sich dem Arbeitgeber bei Abschluss des Arbeitsvertrages mit dem Arbeitnehmer darstellt. Erweist es sich in Art und Umfang als ein anderes als vom Arbeitgeber angenommen oder verändert es sich im Nachhinein, so kann sich der Arbeitnehmer nicht auf die Fiktion des § 60 Abs. 2 berufen.

2.7.3 Rücknahme der Einwilligung

Hat der Arbeitgeber seine Einwilligung zu einer Konkurrenztätigkeit des Arbeitnehmers ausdrücklich oder konkludent erteilt, stellt sich die Frage, ob er diese danach auch wieder zurücknehmen kann, z. B. wenn die Konkurrenztätigkeit des Arbeitnehmers für den Arbeitgeber existenzgefährdend geworden ist.

Diese Frage ist grundsätzlich zu verneinen. Eine einmal erteilte Einwilligung des Arbeitgebers kann von diesem nicht einseitig zurückgenommen werden.

Etwas kann dann gelten, wenn sich der Arbeitgeber den Widerruf seiner Einwilligung bei deren Erteilung vorbehalten hat. Dann kann er diese einmal erteilte Einwilligung widerrufen, jedoch nur unter Berücksichtigung billigen Ermessens (vgl. § 315 BGB).[55]

Eine ansonsten unwiderruflich erteilte Einwilligung kann nur noch durch eine Änderungskündigung des Arbeitgebers oder im Wege einer einvernehmlich herbeigeführten Regelung aus der Welt geschaffen werden.

---

[55] So schon RG vom 29.10.1896, RGZ 38, 18.

2.7.4 Nachträgliche Genehmigung

Neben der Möglichkeit des Arbeitgebers, in die Wettbewerbshandlung seines Arbeitnehmers einzuwilligen, steht ihm aber auch die Möglichkeit zu, diese zu genehmigen.

Die Einwilligung des Arbeitgebers in den Wettbewerb seines Arbeitnehmers ihm gegenüber bedeutet dessen (zeitlich) vorherige Erlaubnis. Eine solche Einwilligung erfolgt mithin zu einem Zeitpunkt, als der Arbeitnehmer mit der Wettbewerbshandlung noch nicht begonnen hat.

Die Genehmigung einer Wettbewerbshandlung durch den Arbeitgeber bedeutet hingegen die nachträgliche Gestattung einer bereits (zeitlich) zuvor durchgeführten Wettbewerbshandlung des Arbeitnehmers. Der Arbeitgeber kann daher auch eine bereits erfolgte Wettbewerbhandlung seines Arbeitnehmers im Nachhinein gut heißen. Das Genehmigungsrisiko trägt allerdings der Arbeitnehmer, der sich in aller Regel im Vorhinein nicht sicher sein kann, ob sein Arbeitgeber eine von ihm durchgeführte Wettbewerbshandlung genehmigen wird.[56] Geschieht dies nicht, so hat der Arbeitnehmer die sich hieraus ergebenden Folgen zu tragen.

2.7.5 Beweislast

Die Einwilligung des Arbeitgebers nach § 60 Abs. 1 HGB in den Betrieb eines Handelsgeschäftes bzw. in eine konkurrierende Tätigkeit des Arbeitnehmers oder die fingierte Einwilligung nach § 60 Abs. 2 HGB ist für den Arbeitnehmer eine günstige Tatsache bzw. ein günstiger Umstand. Dies hat zur Folge, dass der Arbeitnehmer für eine solche Einwilligung seines Arbeitgebers in seine wettbewerblichen Tätigkeiten sowie deren Umfang und Grenzen die Beweislast trägt.[57] Gleiche gilt für eine entsprechende Genehmigung der Wettbewerbshandlungen des Arbeitnehmers durch seinen Arbeitgeber.

2.8 Verletzung des Wettbewerbsverbots nach § 60 HGB

Verstößt der Arbeitnehmer gegen das ihn treffende Wettbewerbsverbot nach § 60 Abs. 1 HGB, so stellt sich die Frage nach den sich hieraus ergebenden Rechtsfolgen.

---

[56] BAG vom 16.6.1976, AP § 611 BGB Treuepflicht NR. 8.

[57] BAG vom 16.6.1976, AP § 611 BGB Treuepflicht Nr. 8.

Die sich aus einem Verstoß gegen das Wettbewerbsverbot nach § 60 Abs. 1 HGB ergebenden Rechtsfolgen regelt § 61 HGB. Nach § 61 Abs. 1 Satz Halbsatz 1 HGB kann der Arbeitgeber von seinem Arbeitnehmer, der gegen die ihm nach § 60 HGB obliegende Verpflichtung zur Enthaltung von Wettbewerb verstößt, Schadensersatz verlangen. Ebenso kann der Arbeitgeber nach § 61 Abs. 1 Satz 1 Halbsatz 2 Var. 1 HGB statt eines Schadensersatzes auch verlangen, dass der Arbeitnehmer die für eigene Rechnung gemachten Geschäfte als für Rechnung des Arbeitgebers eingegangen gelten lässt und die aus Geschäften für fremde Rechnung bezogene Vergütung herausgibt oder nach § 61 Abs. 1 Satz 1 Halbsatz 2 Var. 2 HGB seinen Anspruch auf die Vergütung abtritt.

Die Rechtsfolgen eines Verstoßes gegen ein Wettbewerbsverbot nach § 60 HGB sind in § 61 HGB jedoch nicht abschließend geregelt. Neben den in § 61 HGB geregelten Rechtsfolgen, dem Schadensersatzanspruch nach § 61 Abs. 1 Halbsatz 1 HGB und dem Eintrittsrecht des Arbeitgebers nach § 61 Abs. 1 Halbsatz 2 HGB, bestehen zusätzlich auch diejenigen, die sich aus allgemeinen schuldrechtlichen Grundsätzen ergeben.

2.8.1 Geltungsbereich des § 61 HGB

Der persönliche Geltungsbereich des § 61 HGB umfasst sämtliche Arbeitnehmer, also nicht nur kaufmännische Angestellte (Handlungsgehilfen).[58]

2.8.2 Schuldhaftes Handeln des Arbeitnehmers

§ 61 HGB verlangt von seinem Wortlaut her kein Verschulden des Arbeitnehmers. Gleichwohl geht die herrschende Meinung zur Recht davon aus, dass einem Arbeitgeber nur dann Ansprüche nach § 61 HGB gegen seinen Arbeitnehmer zustehen, wenn dieser Arbeitnehmer schuldhaft gegen § 60 HGB verstoßen hat.

2.8.2.1 Verschulden

Verschulden bedeutet nach § 276 Abs. 1 BGB, dass der Schuldner sowohl Vorsatz als auch Fahrlässigkeit zu vertreten hat.

Für den in § 61 Abs. 1 Halbsatz 1 HGB geregelten Schadensersatzanspruch des Arbeitgebers leuchtet dies nach allgemeinen schuldrechtlichen Grundsätzen unmittelbar ein. Denn Schadensersatzansprüche erfordern grundsätzlich ein schuldhaftes Verhalten des Handelnden. Da keinerlei

---

[58] BAG vom 26.9.2007 – 10 AZR 511/06, n.v.

Anhaltspunkte gegeben sind, dass der Gesetzgeber in § 61 Abs. 1 Halbsatz 1 HGB hiervon abweichen wollte, ist davon auszugehen, dass ein Arbeitnehmer nur dann zum Schadensersatz nach § 61 Abs. 1 Halbsatz 1 HGB verpflichtet ist, wenn er schuldhaft gegen das Wettbewerbsverbot nach § 60 HGB verstoßen hat.

Da ebenso keinerlei Anhaltspunkte dafür gegeben sind, dass der Gesetzgeber für die Schadensersatzpflicht des Arbeitnehmers nach § 61 Abs. 1 Halbsatz 1 HGB andere Voraussetzungen begründen wollte, als für die in § 61 Abs. 1 Halbsatz 2 HGB geregelten Eintrittsrechte des Arbeitgebers, setzen auch diese Eintrittsrechte des Arbeitgebers ein schuldhaftes Handeln des Arbeitnehmers voraus.

Ansprüche des Arbeitgebers nach § 61 Abs. 1 HGB scheiden daher aus, wenn der Arbeitnehmer nicht schuldhaft gegen das ihn treffende Wettbewerbsverbot nach § 60 HGB verstoßen hat. Ein Verschulden scheidet ebenso aus, wenn der Arbeitnehmer von einer wirksamen Einwilligung des Arbeitgebers nach § 60 Abs. 1 HGB oder einer solchen fingierten nach § 60 Abs. 2 HGB ausgeht. Gleiches gilt für den Fall, dass sich der Arbeitnehmer über den Umfang der Geschäftstätigkeit seines Arbeitgebers im Unklaren war.

2.8.2.2 Beweislast für das Verschulden des Arbeitnehmers

Macht der Arbeitgeber nach § 61 Abs. 1 HGB Ansprüche gegen den Arbeitnehmer wegen eines Verstoßes gegen § 60 Abs. HGB geltend, so hat er zu beweisen, dass der Arbeitnehmer schuldhaft gegen § 60 Abs. 1 HGB verstoßen hat.

Allgemeine Anspruchsgrundlage für Schadensersatzansprüche bildet die Regelung des § 280 Abs. 1 Satz 1 BGB. Hiernach kann ein Gläubiger Ersatz des Schadens verlangen, wenn der Schuldner eine Pflicht aus dem Schuldverhältnis verletzt. § 280 Abs. 1 Satz 2 BGB regelt des Weiteren, dass dies nicht gilt, wenn der Schuldner die Pflichtverletzung nicht zu vertreten hat. Hiernach läge die Beweislast für das Verschulden des Arbeitnehmers bei diesem selber. Er müsste mithin beweisen, dass er nicht schuldhaft gegen § 61 Abs. 1 HGB verstoßen hat.

Die Regelung des § 280 Abs. 1 BGB wird jedoch im Bereich der Arbeitnehmerhaftung durch § 619 a BGB ergänzt. Nach § 619 a BGB hat ein Arbeitnehmer seinem Arbeitgeber – in Abweichung von § 280 Abs. 1 BGB – nur dann Ersatz für den aus der Verletzung einer Pflicht aus dem Arbeitsverhältnis entstehenden Schaden zur leisten, wenn der Arbeitnehmer die Pflichtverletzung zu vertreten hat. § 619 a BGB schreibt damit zunächst fest, dass ein Arbeitnehmer – wie für einen Schuldner üblich – nur dann für eine Verletzung einer arbeitsvertraglichen Pflicht haftet, wenn er diese zu vertreten hat. § 619 a BGB weicht jedoch hinsichtlich der Frage der Beweislast von § 280 Abs. 1 Satz 2 BGB ab. Denn Normzweck und Funktion des § 619 a BGB bestehen darin, die aus § 280 Abs. 1 Satz 2 BGB folgende Beweislastumkehr, nach der ein Schuldner zu beweisen hat, dass er für eine Pflichtverletzung nicht verantwortlich ist, für den Bereich der Arbeitnehmerhaftung nicht gelten zu lassen.

Allgemeine Anspruchsgrundlage für Schadensersatzansprüche bleibt daher auch im Bereich der Arbeitnehmerhaftung § 280 Abs. 1 BGB. Lediglich hinsichtlich der Beweislast regelt § 619 a BGB in Abweichung zu § 280 Abs. 1 Satz 2 BGB, dass der Arbeitgeber sowohl die Pflichtverletzung des Arbeitnehmers als solche als auch dessen Vertretenmüssen, also dessen Verschulden, zu beweisen hat.

Für Ansprüche des Arbeitgebers nach § 61 HGB gegen seinen Arbeitnehmer gilt somit:

Nach § 619 a BGB muss ein Arbeitgeber im Bereich der Arbeitnehmerhaftung regelmäßig darlegen und beweisen, dass sein Arbeitnehmer eine arbeitsvertragliche Pflicht verletzt und diese Pflichtverletzung auch zu vertreten hat. Da § 619 a BGB ausdrücklich davon spricht, dass dies in Abweichung von § 280 Abs. 1 BGB gilt, und § 619 a BGB als Teil des Besonderen Schuldrechts des BGB der Regelung des § 280 Abs. 1 BGB als Teil des Allgemeinen Schuldrechts des BGB ohnehin vorgeht, trägt ein Arbeitgeber mithin immer und für jede Pflichtverletzung seines Arbeitnehmers sowie dessen diesbezügliches Verschulden die Darlegungs- und Beweislast.

Nicht überzeugende Stimmen der Literatur vertreten hingegen die Auffassung, dass der Arbeitgeber dann die Beweislast für die Verletzung einer arbeitsvertraglichen Pflicht durch seinen Arbeitgeber sowie dessen diesbezügliches Verschulden nicht trägt, wenn diese Pflichtverletzung nicht durch eine betriebliche Tätigkeit verursacht worden ist, so z. B. bei einem Vertragsbruch des Arbeitnehmers, wie dies bei einem Verstoß gegen § 60 HGB der Fall ist. Dem steht jedoch der eindeutige Wortlaut des § 619 a BGB entgegen. Darüber hinaus ist der Verstoß eines Arbeitnehmers gegen § 60 HGB immer auch der betrieblichen Sphäre des Arbeitgebers zuzurechnen, weshalb eine Differenzierung nach dem Kriterium der betrieblichen Sphäre in der Praxis ausscheiden muss oder nur mit erheblichen Schwierigkeiten und Rechtsunsicherheit verbunden wäre.[59]

2.8.3 Wirksamkeit der auf unzulässigem Wettbewerb beruhenden Geschäfte des Arbeitnehmers

Verstößt der Arbeitnehmer gegen das ihn treffende Wettbewerbsverbot nach § 60 Abs. 1 HGB, so sind die Geschäfte, die unter Verletzung dieses Wettbewerbsverbots mit Dritten geschlossen werden, gleichwohl wirksam.

Der Verstoß gegen das den Arbeitnehmer treffenden Wettbewerbsverbot hat keinerlei Auswirkungen auf die vom Arbeitsverhältnis des Arbeitnehmers unabhängigen schuldrechtlichen Rechtsgeschäfte, die zwischen dem konkurrierenden Arbeitnehmer und seinen Geschäftspartnern geschlossen werden. Die Verletzung des Wettbewerbsverbots nach § 60 Abs. 1 HGB stellt eine Verletzung der den Arbeitnehmer aus seinem Arbeitverhältnis treffenden schuldrechtlichen Verpflichtung zur Unterlassung von Wettbewerb dar. Diese Verletzung der in § 60 Abs. 1 HGB geregelten schuldrechtlichen Verpflichtung des Arbeitnehmers, die nur im Verhältnis zwischen dem Arbeitgeber und dem Arbeitnehmer als den Arbeitsvertragsparteien besteht, hat keine absolute Wirkung auf Rechtsgeschäfte des Arbeitnehmers mit Dritten.

Da § 60 Abs. 1 HGB auch kein Verbotsgesetz i.S.d. § 134 BGB ist, führt ein Verstoß gegen § 60 Abs. 1 HGB auch hiernach nicht zur Nichtigkeit eines Geschäfts zwischen dem Arbeitnehmer und einem Dritten, mit dem der Arbeitnehmer gegen sein Wettbewerbsverbot nach § 60 Abs. 1 HGB verstößt.

2.8.4 Wahlrecht nach § 61 Abs. 1 HGB

§ 61 Abs.1 HGB legt den Arbeitgeber nicht auf einen Anspruch gegen den gegen § 60 HGB verstoßenden Arbeitnehmer fest, sondern gewährt ihm ein Recht, zwischen mehreren Ansprüchen zu wählen.

2.8.4.1 Schadensersatz oder Eintrittsrecht

Nach § 61 Abs. 1 HGB steht dem Arbeitgeber ein Wahlrecht zwischen der Geltendmachung von Schadensersatz nach § 61 Abs. 1 Halbsatz 1 HGB und der Ausübung des Eintrittsrechts nach § 61 Abs. 1 Halbsatz 2 HGB zu.

---

[59] So wohl auch BAG vom 18.7.2006, AP § 850 ZPO Nr. 15.

Entscheidet sich der Arbeitgeber für die Ausübung des Eintrittsrechts nach § 61 Abs. 1 Halbsatz 2 HGB, so hat dies für ihn den Vorteil, dass ihm der Nachweis, dass ihm ein Schaden entstanden ist, erspart bleibt. Insbesondere wird sich der Arbeitgeber dann für das ihm zustehende Eintrittsrecht entscheiden, wenn der Gewinn des Arbeitnehmers aus dem Geschäft höher ist als der dem Arbeitgeber durch die Wettbewerbstätigkeit seines Arbeitnehmers entstandene Schaden. Der klug beratende Arbeitgeber wird daher vor Ausübung seines Wahlrechts beide Varianten – Schadensersatz oder Eintrittsrecht – gegeneinander abwägen.

Dieses in § 61 Abs. 1 HGB geregelte Wahlrecht bedeutet, dass der Arbeitgeber entweder den einen oder den anderen Anspruch wählen kann, aber eben nur „entweder … oder". Der Arbeitgeber kann daher nicht beide Ansprüche nach § 61 Abs. 1 HGB kumulativ zusammen geltend machen.

2.8.4.2 Rechtsnatur des Wahlrechts

Übt der Arbeitgeber das ihm nach § 61 Abs. 1 HGB zustehende Wahlrecht zwischen Schadensersatz nach § 61 Abs. 1 Halbsatz 1 HGB und Eintrittsrecht nach § 61 Abs. 1 Halbsatz 2 HGB aus, so erfolgt dies mittels einer einseitigen empfangsbedürftigen Willenserklärung des Arbeitgebers.

2.8.4.3 Ausübung des Wahlrechts

Damit die Willenserklärung des Arbeitgebers, mit der er sein Wahlrecht ausübt, wirksam wird, muss sie dem Arbeitnehmer als einseitig empfangsbedürftige Willenserklärung nach §§ 145 ff. BGB zugehen.

Das Wahlrecht des Arbeitgebers kann sowohl außergerichtlich ausgeübt werden als auch gerichtlich, z. B. durch die Erhebung einer entsprechenden Klage.

Mit Zugang dieser Willenserklärung ist das Wahlrecht des Arbeitgebers ausgeübt. Diese Willenserklärung ist nicht widerruflich. Eine einmal getroffene Entscheidung kann von ihm daher nicht mehr geändert werden.

Da § 264 Abs. 2 BGB nicht auf das Wahlrecht des Arbeitgebers nach § 61 Abs. 1 HGB anwendbar ist, kann der gegen das Wettbewerbsverbot nach § 60 Abs. 1 HGB verstoßende Arbeitnehmer seinem Arbeitgeber keine Frist zur Ausübung des diesem zustehenden Wahlrechts mit der Folge setzen, dass nach Ablauf dieser Frist das Wahlrecht des Arbeitgebers auf den Arbeitnehmer übergeht.

2.8.4.4 Einheitlichkeit des Wahlrechts

Der Arbeitgeber ist an die von ihm durch die Ausübung seines Wahlrechts getroffene Entscheidung gebunden. Das Wahlrecht des § 61 Abs. 1 HGB kann er nur einheitlich ausüben. Hat der Arbeitgeber daher für eine gegen § 60 Abs. 1 HGB verstoßende Wettbewerbshandlung des Arbeitsnehmers sein Wahlrecht ausgeübt, so kann er nicht mehr zu einem anderen, bislang nicht von ihm gewählten Anspruch gemäß § 61 Abs. 1 HGB wechseln.

Es ist wie folgt zu differenzieren:

Der Arbeitgeber kann nicht – auch nicht zeitweise – einen bestimmten ihm nach § 61 Abs. 1 HGB zustehenden Anspruch geltend machen und sodann einen anderen. Er kann das Wahlrecht daher nur einheitlich für eine gegen § 60 Abs. 1 HGB verstoßende wettbewerbliche Tätigkeit des Arbeitnehmers ausüben.[60] Der Arbeitgeber kann also nicht zwischen den ihm nach § 61 Abs. 1 HGB gewährten Ansprüchen hin und her springen.

Verstößt der Arbeitnehmer dagegen in der Weise gegen § 60 HGB, dass er mehrere Geschäfte nach § 60 Abs. 1 Var. 2 HGB tätigt, so kann der Arbeitgeber für die verschiedenen Geschäfte sein Wahlrecht jeweils anders ausüben. So kann er dann für das eine Geschäftemachen Schadensersatz nach § 61 Abs. 1 Halbsatz 1 HGB Schadensersatz verlangen und für ein anderes Geschäftemachen sein Eintrittsrecht nach § 61 Abs. 1 Halbsatz 2 HGB ausüben. Jedes einzelne Geschäftemachen ist in diesem Fall als eine separate verbotene Wettbewerbshandlung zu bewerten.

2.8.5 Schadensersatz nach § 61 Abs. 1 Halbsatz 1 HGB

Nach § 61 Abs. 1 Satz 1 Halbsatz 1 HGB kann der Arbeitgeber von seinem Arbeitnehmer, der gegen § 60 Abs. 1 HGB verstößt, Schadensersatz verlangen, sofern dem Arbeitgeber aufgrund des Verstoßes gegen § 60 Abs. 1 HGB ein Schaden entstanden ist. Die Wettbewerbshandlung des Arbeitnehmers muss daher kausal für den sich hieraus zu Lasten des Arbeitgebers entstehenden Schadens sein.

Schadensersatz wegen eines Verstoßes gegen § 60 Abs. 1 HGB kann der Arbeitgeber von seinem Arbeitnehmer verlangen wegen

- des Betreibens eines Handelsgewerbes nach § 60 Abs. 1 Var. 1 HGB,
- des Abschlusses einzelner Geschäfte im Rahmen dieses Handelsgewerbes oder

---

[60] BAG vom 15.2.1962, AP § 61 HGB Nr. 1.

- verbotener Konkurrenztätigkeit nach § 60 Abs. 1 Var. 2 HGB.

§ 61 Abs. 1 Satz 1 Halbsatz 1 HGB gilt in entsprechender Anwendung für alle Arbeitnehmer, also z. B. auch für die, die nicht als Handlungsgehilfe i.S.d. § 59 HGB kaufmännische Angestellte sind.[61]

2.8.5.1 Umfang des Schadensersatzes

Der einem Arbeitgeber nach § 61 Abs. 1 Halbsatz 1 HGB zustehende Schadensersatzanspruch regelt sich nach den allgemeinen Bestimmungen der §§ 249 ff. BGB.

Tatsächlich entstandener Schaden

Dem Arbeitgeber hat zunächst einen Anspruch auf Ersatz des ihm tatsächlich durch den Wettbewerbsverstoß nach § 60 Abs. 1 HGB entstandenen Schaden.

Entgangener Gewinn

Darüber hinaus steht dem Arbeitgeber gegen den Arbeitnehmer, der gegen § 60 Abs. 1 HGB verstößt, ein Anspruch gemäß § 252 BGB auf Ersatz des entgangenen Gewinns, den der Arbeitgeber – statt des Arbeitnehmers – hätte erzielen können. Nach § 252 Satz 2 BGB gilt als entgangener Gewinn das, was nach dem gewöhnlichen Lauf der Dinge oder nach den besonderen Umständen, insbesondere nach den getroffenen Anstalten und Vorkehrungen, mit Wahrscheinlichkeit erwartet werden konnte.

Ausschlaggebend ist daher nicht der Gewinn, den der Arbeitnehmer tatsächlich erzielt hat, sondern derjenige, den der Arbeitgeber hypothetisch bei Durchführung des gleichen Geschäfts erzielt hätte. Dieser hypothetische Gewinn kann daher höher, niedriger oder gleich hoch wie der sein, den der Arbeitnehmer mit seinem Wettbewerbsverstoß erzielt hat.

Sollte im Rahmen der Konkurrenztätigkeit der Arbeitnehmer jedoch aufgrund seiner besonderen Geschäftstüchtigkeit oder Fähigkeiten einen weitergehenden Gewinn erzielt haben, so kann der Arbeitgeber diesen weitergehenden Gewinn nicht als Schadensersatz verlangen. Denn § 61 Abs. 1 Satz 1 Halbsatz 1 HGB gewährt dem Arbeitgeber keinen Anspruch auf Gewinnabschöpfung.

Macht der Arbeitgeber Ansprüche auf Ersatz entgangenen Gewinns geltend, so muss er nachweisen, dass er das Geschäft, das der Arbeitnehmer

---

[61] BAG vom 26.9.2007, AP § 61 HGB Nr. 4.

unter Verstoß gegen § 60 Abs. 1 HGB gemacht hat, selber hätte abschließen und durchführen können. Gelingt dem Arbeitgeber dies nicht, so soll er aber statt eines entgangenen Gewinns geltend zu machen dazu übergehen können, sein Eintrittsrecht nach § 61 Abs. 1 Halbsatz 2 HGB auszuüben.[62] Dies ist jedoch inkonsequent und daher abzulehnen, da dem Arbeitgeber dann gestattet wäre, seine einmal getroffene Wahl und damit sein ausgeübtes Wahlrecht nach § 61 Abs. 1 HGB rückgängig zu machen.

Aufklärungskosten

Zu dem nach § 61 Abs. 1 Satz 1 Halbsatz 1 HGB vom Arbeitnehmer zu ersetzenden Schaden gehören auch die Aufwendungen, die der Arbeitgeber zur Aufklärung der rechtswidrigen Wettbewerbshandlungen bzw. -tätigkeiten aufgebracht hat.[63] Gleiches gilt für die Aufwendungen, die der Arbeitgeber aufbringt, um zukünftige Wettbewerbsverstöße des Arbeitnehmers zu verhindern. Zu diesen Aufwendungen gehören z. B.:

- Gehaltsaufwendungen für sonstige Arbeitnehmer, die zur Aufdeckung bereits geschehener oder der Verhinderung noch anstehender bzw. zukünftiger Wettbewerbsverstöße nach § 60 Abs. 1 HGB beitragen,
- Kosten für eingeschaltete Detektive,
- Kosten einer externen Revision, z. B. durch Steuerberater oder Wirtschaftsprüfer,
- Rechtsanwaltskosten.

Verletzung geistigen Eigentums

Auch geistiges Eigentum wird geschützt. Verwertet oder bedient sich der gegen § 60 Abs. 1 HGB verstoßende Arbeitnehmer des geistigen Eigentums seines Arbeitgebers, so z. B. eines Patenrechts oder eines Markenrechts, so bestehen in der Praxis häufig Schwierigkeiten, einen dadurch eingetretenen Schaden des Arbeitgebers zu ermitteln. Um diesen Schwierigkeiten aus dem Weg zu gehen, bedient man sich hierbei häufig der sog. Lizenzanalogie.[64] Dies bedeutet, dass der Arbeitgeber als Schadensersatz die Lizenzgebühren vom Arbeitnehmer verlangen kann, die der Arbeitgeber gewöhnlich bei einer vertraglichen Lizenzvergabe zur Nutzung dieses geistigen Eigentums von einem Lizenznehmer erhalten hätte.

Schätzung des Schadens

---

[62] So RG vom 7.10.1924, RGZ 109, 355.

[63] BAG vom 24.4.1970, AP § 60 HGB Nr. 5.

[64] BAG vom 24.6.1986, AP § 611 BGB Betriebsgeheimnis Nr. 4.

Schließlich kann der einem Arbeitgeber durch einen Verstoß gegen § 60 HGB entstehende Schaden auch nach § 287 ZPO durch ein Gericht geschätzt werden.

Nach § 287 Abs. 1 ZPO entscheidet ein Gericht unter Würdigung aller Umstände nach seiner freien Überzeugung, wenn zwischen den Parteien streitig ist, ob ein Schaden entstanden ist und wie hoch sich dieser bemisst. Diese Möglichkeit einer Schadensschätzung bietet sich insbesondere dann an, wenn sich die Schadensermittlung bzw. –berechnung als schwer erweisen sollte. Sie ist für den Arbeitgeber deswegen von besonderer Bedeutung, weil er für den entstandenen Schaden die Darlegungs- und Beweislast. Hat der Arbeitgeber ausreichend Tatsachen vorgetragen, die einem Gericht eine Schadensschätzung ermöglichen, hat er seiner Darlegungs- und Beweislast genüge getan. Das Gericht kann dann anhand dieser Tatsachen eine Schätzung des dem Arbeitgeber entstandenen Schadens vornehmen.

2.8.5.2 Beweislast

Begehrt der Arbeitgeber von seinem Arbeitnehmer nach § 61 Abs. 1 Satz 1 Halbsatz 1 HGB Schadensersatz, so hat der Arbeitgeber sämtliche hierfür notwendigen Tatsachen für den Grund und für die Höhe des von ihm geltend gemachten Schadensersatzanspruches darzulegen und zu beweisen.[65] Denn bei diesen Tatsachen handelt es sich um für den Arbeitgeber günstige Tatsachen und Umstände.

Begehrt der Arbeitgeber als Schadensersatz einen ihm entgangenen Gewinn gemäß § 252 BGB, so muss er ebenso beweisen, dass er das vom Arbeitnehmer getätigte Geschäft selber getätigt hätte.

2.8.5.3 Schadensersatzansprüche des Arbeitgebers und Gehaltsansprüche des Arbeitnehmers

Verstößt der Arbeitnehmer gegen § 60 Abs. 1 HGB, so kann der Arbeitgeber gleichwohl dem Arbeitnehmer nicht dessen Gehalt streichen, zurückhalten oder kürzen.

Der Arbeitgeber kann hingegen mit Schadensersatzansprüchen, die ihm gemäß § 61 abs. 1 Satz 1 Halbsatz 1 HGB gegen seinem Arbeitnehmer zustehen, gegenüber dessen Gehaltsansprüchen aufrechnen.[66] Der Arbeit-

---

[65] BAG vom 20.9.2006, AP § 60 HGB Nr. 13.

[66] BAG vom 19.10.1987, ZIP 1988, 47.

geber muss dabei jedoch die Pfändungsfreigrenzen nach §§ 850 c ff. ZPO beachten. Entsprechend den Umständen des Einzelfalls kann der Arbeitgeber daher unter Umständen nicht seinen gesamten Schadensersatzanspruch gegen den Anspruch seines Arbeitnehmers auf Zahlung von Gehalt aufrechnen.

2.8.5.4 Schadensersatzansprüche des Arbeitgebers aus anderen Anspruchgrundlagen

Neben einem Anspruch auf Schadensersatz nach § 61 Abs. 1 Halbsatz 1 HGB können einem Arbeitgeber aber auch noch aus anderen Anspruchsgrundlagen Ansprüche auf Schadensersatz gegen einen Arbeitnehmer zustehen, der gegen § 60 Abs. 1 HGB verstößt.

In Betracht kommen hier zum einen Ansprüche aus unerlaubter Handlung nach §§ 823 ff. BGB. Zu nennen ist z. B. ein Anspruch nach § 823 Abs. 1 BGB, wenn der Verstoß des Arbeitnehmers gegen § 60 Abs. 1 HGB einen Eingriff in den eingerichteten und ausgeübten Gewerbebetrieb des Arbeitgebers darstellt. Ebenso kommen Schadensersatzansprüche nach § 826 BGB in Betracht, wenn die verbotenen Wettbewerbshandlungen des Arbeitnehmers zum Zwecke der vorsätzlichen sittenwidrigen Schädigung des Arbeitgebers erfolgen.

Ebenso können einem Arbeitgeber aber auch Ersatzansprüche nach §§ 9, 3 UWG zustehen, wenn der Wettbewerbsverstoß des Arbeitnehmers nach § 60 Abs. 1 HGB zugleich auch einen solchen nach dem UWG darstellt.

2.8.5.5 Schadensersatzansprüche des Arbeitgebers gegen den Geschäftspartner des Arbeitnehmers

Macht ein Arbeitnehmer unter Verstoß gegen § 60 Abs. 1 Var. 2 HGB Geschäfte mit einem Dritten, so können seinem Arbeitgeber auch gegen diesen Dritten Schadensersatzansprüche zustehen.

Solche Schadensersatzansprüche können einem Arbeitgeber zum einen nach § 826 BGB zustehen, wenn der Dritte mit den Geschäften, die er mit dem Arbeitnehmer abgeschlossen hat, eine vorsätzlich sittenwidrige Schädigung des Arbeitgebers verfolgt.

Zum anderen können einem Arbeitgeber gegen einen solchen Dritten aber auch Schadensersatzansprüche aus §§ 9, 3 UWG erwachsen. Dies setzt voraus, dass der Dritte mit den Geschäften, die er mit dem gegen § 60 Abs. 1 HGB verstoßenden Arbeitnehmer abschließt, unlauter handelt und gegen das UWG verstößt.

2.8.6 Eintrittsrecht des Arbeitgebers nach § 61 Abs. 1 Halbsatz 2 HGB

Statt des Schadensersatzes nach § 61 Abs. 1 Halbsatz 1 HGB kann der Arbeitgeber von seinem Arbeitnehmer, der gegen das Wettbewerbsverbot nach § 60 Abs. 1 HGB verstößt, gemäß § 61 Abs. 1 Halbsatz 2 HGB auch verlangen,

- dass er die für eigene Rechnung gemachten Geschäfte als für Rechnung des Arbeitgebers eingegangen gelten lässt
- und die aus Geschäften für fremde Rechnung bezogene Vergütung herausgibt oder seinen Anspruch auf diese an den Arbeitgeber abtritt.

Dieses Recht des Arbeitgebers nach § 61 Abs. 1 Halbsatz 2 HGB bezeichnet man auch als sog. Eintrittsrecht. Diese Bezeichnung ist rechtlich unkorrekt. Denn der Arbeitgeber tritt rechtlich nicht in die vom Arbeitnehmer gemachten Geschäfte als neue Vertragspartei ein. Er verdrängt durch sein Eintrittsrecht weder den Arbeitnehmer noch den Dritten aus dessen Rechtspositionen.

Das Eintrittsrecht nach § 61 Abs. 1 Halbsatz 2 HGB gilt sowohl für den Betrieb eines Handelsgewerbes nach § 60 Abs. 1 Var. 1 HGB als auch für das Geschäftemachen i.S.d. § 60 Abs. 1 Var. 2 HGB.

2.8.6.1 Ausübung des Eintrittsrechts

Entscheidet sich der Arbeitgeber für das ihm nach § 61 Abs. 1 Halbsatz 2 HGB zustehende Eintrittsrecht und übt er dieses aus, so ist hinsichtlich der sich hieraus ergebenden Rechtsfolgen zwischen dem (Konkurrenz-) Rechtsgeschäft des Arbeitnehmers mit seinem Geschäftspartner einerseits und dem Verhältnis zwischen dem Arbeitnehmer und seinem Arbeitgeber andererseits zu unterscheiden.

Verhältnis zwischen dem Arbeitnehmer und seinem Geschäftspartner

Übt der Arbeitgeber sein Eintrittsrecht nach § 61 Abs. 1 Halbsatz 2 HGB aus, so bleibt das zwischen dem Arbeitnehmer und seinem Geschäftspartner begründete wettbewerbswidrige Rechtsgeschäft hiervon unberührt. Der Arbeitnehmer und sein Geschäftspartner bleiben auch weiterhin Parteien des zwischen ihnen geschlossenen Vertrages bzw. Geschäftes.

Die Ausübung des Eintrittsrechts des Arbeitgebers führt daher nicht dazu, dass der Arbeitnehmer als Vertragspartei seines Geschäftspartners ausgetauscht und durch den Arbeitgeber als neuen Vertragspartner des Geschäftspartners ersetzt wird.

Die Rechtsposition des Geschäftspartners des Arbeitnehmers wird somit durch die Ausübung des Eintrittsrechts des Arbeitgebers nach § 61 Abs. 1 Halbsatz 2 HGB nicht beeinträchtigt. In seine Rechte wird hierdurch nicht eingegriffen. So bleibt z. B. auch die Leistungspflicht des Arbeitnehmers aus dem wettbewerbswidrigen Konkurrenzgeschäft gegenüber seinem Geschäftspartner unverändert bestehen.

Dies gilt zum einen für den Fall, dass der Arbeitnehmer nach § 61 Abs. 1 Halbsatz 2 Var. 1 HGB auf eigene Rechnung tätig wird. Wird er z. B. als Handelsvertreter tätig, so bleibt hiervon sowohl die zwischen ihm und dem anderen Unternehmer bestehende Rechtsbeziehung als auch die Rechtsbeziehung zwischen dem Unternehmer und seinem Kunden unangetastet.

Dies gilt zum anderen aber auch für den Fall, dass der Arbeitnehmer nach § 61 Abs. 1 Halbsatz 2 Var. 2 HGB auf fremde Rechnung tätig wird. Wird er z. B. als Arbeitnehmer eines anderen Konkurrenzunternehmers tätig, so bleibt diese Rechtsbeziehung ebenfalls von dem Wettbewerbsverstoß i.S.d. § 60 HGB unangetastet.

Verhältnis zwischen dem Arbeitnehmer und seinem Arbeitgeber

Übt der Arbeitgeber sein Eintrittsrecht nach § 61 Abs. 1 Halbsatz 2 HGB aus, so wird er nicht Vertragspartner des Geschäftspartners des konkurrierenden Arbeitnehmers und tritt daher auch nicht anstelle des Arbeitnehmers in dieses Konkurrenzgeschäft ein.

Hat der konkurrierende Arbeitnehmer Konkurrenzgeschäfte auf eigene Rechnung getätigt, so hat er diese nach § 61 Abs. 1 Halbsatz 2 Var. 1 HGB auf Verlangen des Arbeitgebers als für dessen Rechnung eingegangen gelten zu lassen. Er muss sich also behandeln lassen, als hätte der Arbeitgeber das entsprechende Geschäft getätigt. Dies bedeutet, dass der Arbeitnehmer in diesem Fall die Position eines Beauftragten des Arbeitgebers gemäß §§ 666, 667, 670, 687 Abs. 2 BGB innehat. So muss der Arbeitnehmer auf Verlangen des Arbeitgebers den von ihm aufgrund des Konkurrenzgeschäftes erzielten Gewinn an den Arbeitgeber gemäß § 667 BGB herausgeben. Ist das Geschäft noch nicht ausgeführt worden und hat der Arbeitnehmer aus diesem Grund bislang auch noch keine Vergütung erhalten, so hat er seinen Vergütungsanspruch aus dem verbotswidrigen Geschäft nebst den hierfür notwendigen Unterlagen (vgl. § 402 BGB) an seinen Arbeitgeber abzutreten. Weiterhin muss der Arbeitnehmer auf Verlangen des Arbeitgebers diesem nach § 666 BGB Auskunft über Inhalt, Durchführung und Gewinn des Konkurrenzgeschäftes erteilen und auch Rechnung legen.

Tritt der Arbeitgeber in die Geschäfte des Arbeitnehmers ein, so muss er diesem allerdings gemäß § 670 BGB dessen Auslagen ersetzen, die beim Arbeitnehmer im Rahmen der Anbahnung und Durchführung des verbotswidrigen Konkurrenzgeschäfts angefallen sind. Ein weiterer Anspruch auf Zahlung einer Vergütung für die Durchführung des Konkurrenzgeschäfts steht dem Arbeitnehmer gegen seinen Arbeitgeber nicht zu.

Dem Arbeitgeber steht aber auch kein Anspruch gegen seinen Arbeitnehmer zu, dass dieser ein angefangenes verbotswidriges Konkurrenzgeschäft zu Ende führt oder weitere solcher Geschäfte betreibt.

Hat der konkurrierende Arbeitnehmer hingegen Konkurrenzgeschäfte für fremde Rechnung getätigt, so z. B. als Arbeitnehmer im Rahmen einer verbotswidrigen Nebentätigkeit, so muss er nach § 61 Abs. 1 Halbsatz 2 Var. 1 HGB die von ihm erzielte Vergütung oder sonstigen finanziellen Vorteile, z. B. Provisionen, an den Arbeitgeber herausgeben. Sind diese Ansprüche noch nicht erfüllt, so hat der Arbeitnehmer seine entsprechenden Ansprüche an seinen Arbeitgeber abzutreten. Auch hat er dem Arbeitgeber auf Verlangen hierüber Auskunft zu geben und Rechnung zu legen.

Hat der konkurrierende Arbeitnehmer hingegen gemäß § 60 Abs. 1 Var. 1 HGB ein konkurrierendes Handelsgewerbe betrieben, so kann der Arbeitgeber nach § 61 Abs. 1 Halbsatz 2 Var. 2 HGB in alle einzelnen Geschäfte des Handelsgewerbes des Arbeitgebers eintreten, soweit es sich bei diesen Geschäften um solche handelt, die in Konkurrenz zum Unternehmen bzw. zum Gewerbe des Arbeitgebers stehen. Voraussetzung hierfür ist mithin, dass diese Geschäfte im Geschäftszweig des Arbeitgebers liegen und dieser diese Geschäfte in gleichem Umfang getätigt hätte.[67]

2.8.6.2 Ausschluss des Eintrittsrechts

Obgleich § 61 Abs. 1 Halbsatz 2 HGB dem Arbeitgeber ein Eintrittsrecht verleiht, kann dieses doch in bestimmten Fällen ausgeschlossen sein.

So ist dem Arbeitgeber ein Eintrittsrecht nicht gegeben, wenn die Natur des vom Arbeitnehmer in verbotener Weise getätigten Konkurrenzgeschäfts einem solchen entgegensteht, so z. B. wenn dieses höchstpersönlicher Natur ist.

Sollte beispielsweise ein Arbeitnehmer verbotswidrig in eine mit dem Arbeitgeber konkurrierende Gesellschaft eingetreten sein, so steht dem

---

[67] BAG vom 15.2.1962, AP § 61 HGB Nr. 1.

Arbeitgeber kein Eintrittsrecht der Gestalt zu, anstelle des Arbeitnehmers als Gesellschafter in diese Gesellschaft einzutreten. Ebenso steht dem Arbeitgeber in diesem Fall kein Anspruch auf Übertragung von Rechten aus einem vom Arbeitgeber eingegangenen Gesellschaftsvertrag oder gar auf Abtretung des Gesellschaftsanteils des Arbeitnehmers zu.[68] Gleiches gilt, wenn der Arbeitnehmer eine Ein-Mann-Gesellschaft, z. B. einen Ein-Mann-GmbH, gegründet hat. Der Arbeitgeber kann diese nicht nach § 61 Abs. 1 Halbsatz 2 HGB im Wege der Ausübung seines Eintrittsrechts übernehmen.

Ebenso soll dem Arbeitgeber nach Ansicht des BAG kein Anspruch auf Abtretung der Dienst- oder Gesellschaftsvergütung des Arbeitnehmers zustehen, die dieser für Tätigkeiten als Geschäftsführer bzw. Vorstand erhält.[69] So soll auch die Herausgabe eines gesellschaftsrechtlichen Gewinnanteils eines Arbeitnehmers durch das Eintrittsrecht nach § 61 Abs. 1 Halbsatz 2 HGB nicht gedeckt sein. Denn eine solche Herausgabe habe zur Folge, dass die Gesellschafterstellung des Arbeitnehmers wesentlich umgestaltet werde, was mit § 61 Abs. 1 Halbsatz 2 HGB nicht vereinbar wäre.[70] Dies kann hingegen nicht überzeugen. Denn all dies ist letztlich ein Resultat aus dem gegen § 60 HGB verstoßenden Beitritt des Arbeitnehmers zu einer mit seinem Arbeitgeber konkurrierenden Gesellschaft bzw. der verbotswidrigen Gründung einer mit dem Arbeitgeber konkurrierenden Ein-Mann-Gesellschaft. Gerade ein solches Resultat soll aber vom Eintrittsrecht des Arbeitgebers nach § 61 Abs.1 Halbsatz 2 HGB erfasst werden.

Anders als das BAG kommt daher der BGH zutreffend zu dem Ergebnis, dass ein Arbeitgeber die Vergütung seines Arbeitnehmers als Gesellschafter einer OHG, die dieser gemäß § 113 HGB bezieht, nach § 61 Abs. 1 Halbsatz 2 HGB an sich abgetreten bzw. herausgegeben verlangen kann.[71]

2.8.6.3 Bedeutung des Eintrittsrechts

Das Eintrittsrecht des Arbeitgebers nach § 61 Abs. 1 Halbsatz 2 HGB hat für diesen eine nicht zu vernachlässigende Bedeutung.

---

[68] BAG vom 15.2.1962, AP § 61 HGB Nr. 1.

[69] BAG vom 15.2.1962, AP § 61 HGB Nr. 1.

[70] BAG vom 15.2.1962, AP § 61 HGB Nr. 1.

[71] BGH vom 6.12.1962, BGHZ 38, 306.

Durch das Eintrittrecht, dass der Arbeitgeber anstatt des Schadensersatzanspruches nach § 61 Abs. 1 Halbsatz 1 HGB ausüben kann, umgeht der Arbeitgeber die ihn treffende Darlegungs- und Beweislast hinsichtlich der Berechnung des bei ihm eingetretenen Schadens.

Weiterhin kann die Ausübung des Eintrittsrechts für den Arbeitgeber lukrativer sein, da der beim Arbeitnehmer wettbewerbswidrig erzielte Gewinn oftmals höher ist, als der beim Arbeitgeber durch den Verstoß gegen § 60 HGB eingetretene Schaden oder der entgangene Gewinn gemäß § 252 BGB, wenn der Arbeitgeber das wettbewerbswidrige Geschäft selber getätigt hätte. So bedarf es bei der Ausübung des Eintrittsrechts auch nicht der Darlegung und des Beweises, dass der Arbeitgeber bei ordnungsgemäßem Verhalten des Arbeitnehmers das Geschäft selbst hätte abschließen können.

Das Eintrittsrecht bietet dem Arbeitgeber daher die bequeme und im Verhältnis zur Geltendmachung eines Schadensersatzanspruches einfacher zu handhabende Möglichkeit einer Gewinnabschöpfung beim wettbewerbswidrig handelnden Arbeitnehmer.

2.8.7 Unterlassung des Wettbewerbs

Betreibt ein Arbeitnehmer unter Verstoß gegen § 60 HGB Wettbewerb gegen seinen Arbeitgeber, so stehen dem Arbeitgeber ebenso Ansprüche auf Unterlassung dieses rechtswidrigen Wettbewerbs zu.[72]

Solche Unterlassungsansprüche bestehen, wenn der konkurrierende Arbeitnehmer verbotene Wettbewerbshandlungen gegen seinen Arbeitgeber verübt, ein Verstoß gegen § 60 HGB also aktuell andauert.

Unterlassungsansprüche bestehen aber auch dann, wenn der Arbeitnehmer gegen § 60 HGB verstoßen und rechtswidrig Wettbewerb gegen seinen Arbeitgeber verübt hat und die Gefahr einer Wiederholung eines solchen unerlaubten Wettbewerbs besteht. Eine solche Wiederholungsgefahr besteht in der Regel alleine aufgrund des erstmaligen Verstoßes des Arbeitnehmers gegen § 60 HGB. Denn dieser Verstoß und die darin enthaltene Rechtsverletzung indizieren eine entsprechende Wiederholungsgefahr.

Schließlich steht einem Arbeitgeber ein Anspruch auf Unterlassung unerlaubten Wettbewerbs aber auch dann zu, wenn solche verbotenen Wettbe-

---

[72] LAG Köln vom 14.11.1989, LAGE § 611 BGB Treuepflicht Nr. 1; BAG vom 17.10.1969, AP § 611 BGB Treuepflicht Nr. 7.

werbshandlungen zukünftig zu befürchten sind. In einem solchen Fall kann der Arbeitgeber auch mit einer vorbeugenden Unterlassungsklage gegen den Arbeitnehmer vorgehen, sodass bereits im Vorfeld verbotener Wettbewerbshandlungen diese verhindert werden können. Voraussetzung ist jedoch, dass hierfür hinreichend konkrete Anhaltspunkte gegeben sind, die auf einen zukünftigen Verstoß gegen § 60 HGB schließen lassen.

Ansprüche des Arbeitgebers auf Unterlassung verbotenen Wettbewerbs können zum einen im Klagewege gegen den Arbeitnehmer verfolgt werden. Zum anderen besteht für einen Arbeitgeber auch die Möglichkeit, ihm zustehende Unterlassungsansprüche mittels einer zeitnah herbeiführbaren einstweiligen Verfügung durchzusetzen.[73] Da es sich hierbei um ein Verfahren des vorläufigen Rechtsschutzes mit dem Ziel einer nur vorläufigen Sicherung von Ansprüchen handelt, schließt sich an ein Verfahren auf Erlass einer einstweiligen Verfügung in der Regel ein sog. Hauptsacheklageverfahren an. Ein solches dient dann der endgültigen Sicherung von Unterlassungsansprüchen des Arbeitgebers.

Die Vorgehensweise, die Ansprüche des Arbeitgebers auf Unterlassung verbotenen Wettbewerbs gegen den Arbeitnehmer mit einer gerichtlich schnell herbeiführbaren einstweiligen Verfügung zu verfolgen, ist eine in der Praxis häufig anzutreffende Form des Rechtsschutzes gegen verbotenen Wettbewerb des Arbeitnehmers. Diese bietet sich insbesondere dann an, wenn es dem Arbeitgeber daran gelegen ist, andauernde oder kurz bevorstehende verbotenen Wettbewerbstätigkeiten des Arbeitnehmers unverzüglich untersagen zu lassen, um hierdurch zügig anhaltende oder drohende wirtschaftliche Schäden zu vermeiden.

Die Zwangsvollstreckung aus einem Unterlassungstitel, sei es aus einem Unterlassungsurteil oder aus einer auf Unterlassung gerichteten einstweiligen Verfügung, erfolgt gemäß § 890 ZPO.

2.8.8 Ansprüche des Arbeitgebers auf Auskunft und Rechnungslegung

Um seine Schadensersatzansprüche oder Eintrittsrechte nach § 61 Abs. 1 HGB vorbereiten, verfolgen und durchsetzen zu können, stehen dem Arbeitgeber gegen seinen Arbeitnehmer, der gegen ihn verbotenerweise nach § 60 HGB Wettbewerb betreibt, sowohl Ansprüche auf Erteilung von

[73] LAG Hamm vom 7.4.1983, EzA § 935 ZPO Nr. 1; LAG Düsseldorf vom 1.3.1972, DB 1972, 878; LAG Mannheim vom 24.11.1967, BB 1968, 708.

Auskunft als auch auf Rechnungslegung zu. Der Auskunftsanspruch ergibt sich aus §§ 242, 241 Abs. 2 BGB, der auf Rechnungslegung folgt aus § 259 BGB.

Auskunftsansprüche sind für den Arbeitgeber von entscheidender Bedeutung, denn der Arbeitgeber kann in der Regel erst nach Erteilung einer solchen Auskunft eine sachgemäße Entscheidung darüber treffen, ob und in welchem Umfang er insbesondere Schadensersatzansprüche gemäß § 61 Abs. 1 Halbsatz 1 HGB gegen seinen Arbeitnehmer geltend machen oder aber das Wahlrecht nach § 61 Abs. 1 Halbsatz 2 HGB ausüben und von seinem Eintrittsrecht Gebrauch machen soll. Der Auskunftsanspruch kann vom Arbeitgeber auch noch während eines bereits andauernden Rechtsstreits gegen seinen Arbeitnehmer geltend gemacht werden.[74]

2.8.8.1 Voraussetzungen

Ansprüche des Arbeitgebers auf Erteilung von Auskunft stehen ihm zum einen dann zu, wenn sein Arbeitnehmer nach § 60 HGB verbotene Wettbewerbshandlungen aktuell ausübt oder bereits ausgeübt hat. Zum anderen stehen einem Arbeitgeber Auskunftsansprüche aber auch dann zu, wenn verbotene Wettbewerbshandlungen in greifbarer Form bevorstehen.[75]

Auskunftsansprüche können einem Arbeitgeber aber nur dann zustehen, wenn ein begründeter Anlass für die Vermutung besteht, dass der Arbeitnehmer gegen § 60 HGB verstoßen hat, aktuell verstößt oder ein solcher Verstoß mit hinreichender Wahrscheinlichkeit bevorsteht.[76]

Ansprüche auf Rechnungslegung bestehen hingegen naturgemäß erst dann, wenn der Arbeitnehmer bereits gegen das Wettbewerbsverbot nach § 60 HGB verstoßen hat bzw. ein begründeter Anlass für die Vermutung besteht, dass ein Arbeitnehmer aktuell gegen § 60 HGB verstößt.

Ansprüche auf Erteilung von Auskunft sowie Ansprüche auf Rechnungslegung kann der Arbeitgeber miteinander verbinden.[77] Ebenso geht ein

---

[74] BAG vom 04.06.1969, AP § 611 Lohnanspruch Nr. 14.

[75] BAG vom 16.06.1976, AP § 611 BGB Treuepflicht Nr. 8; BAG vom 16.01.1975, AP § 60 HGB NR. 8; BAG vom 12.05.1972, AP § 60 HGB Nr. 6; LAG Hamm vom 24.8.1971, DB 1971, 2415; BAG vom 21.10.1970, AP § 242 BGB Auskunftspflicht Nr. 13; LAG Frankfurt am Man vom 29.7.1969, BB 1970, 709.

[76] BAG vom 12.5.1972, AP § 60 HGB Nr. 6.

[77] BAG vom 22.4.1967, AP § 242 Auskunftspflicht Nr. 12.

Arbeitgeber, der das ihm zustehende Wahlrecht nach § 61 Abs. 1 HGB ausgeübt hat, seiner Ansprüche auf Erteilung von Auskünften und Rechnungslegung gegen seinen Arbeitnehmer nicht verlustig.[78] Er kann diese vielmehr miteinander kombinieren. Er kann beispielsweise im Wege einer Stufenklage seine Ansprüche auf Erteilung von Auskunft und Rechnungslegung mit ihm zustehenden Schadensersatzansprüchen nach § 61 Abs. 1 Halbsatz 1 HGB geltend machen, wie andererseits auch mit seinen Ansprüchen auf Eintritt oder Herausgabe des Gewinns nach § 61 Abs. 1 Halbsatz 2 HGB.

2.8.8.2 Inhalt

Macht der Arbeitgeber gegen den gegen § 60 HGB verstoßenden Arbeitnehmer Ansprüche auf Erteilung von Auskunft und Rechnungslegung (vgl. § 259 BGB) geltend, so hat der Arbeitnehmer umfassend über die von ihm getätigten Wettbewerbshandlungen Auskunft zu erteilen. So hat er seinem Arbeitgeber sämtliche Umstände mitzuteilen, die für Schadensersatzansprüche nach § 61 Abs. 1 Halbsatz 1 HGB oder für ein Eintrittsrecht nach § 61 Abs. 1 Halbsatz 2 HGB maßgeblich bzw. relevant sein können. Hierzu zählen z. B. auch die vom Arbeitnehmer beabsichtigten oder erzielten Gewinne, Margen oder Preise.[79]

2.8.9 Kürzung der Vergütung des Arbeitnehmers

Betreibt ein Arbeitnehmer nach § 60 HGB verbotenen Wettbewerb gegen seinen Arbeitgeber, so berechtigt dies den Arbeitgeber nicht, das Arbeitsentgelt des Arbeitnehmers für die Dauer des Verstoßes gegen § 60 HGB zu kürzen oder gänzlich zu streichen.[80]

Es ist dem Arbeitgeber aber gestattet, ihm zustehende Zahlungsansprüche, z. B. auf Zahlung von Schadensersatz nach § 61 Abs. 1 Halbsatz 1 HGB, gegen Ansprüche seinen Arbeitnehmer auf Zahlung von Arbeitsentgelt aufzurechnen.[81] Dabei hat der Arbeitgeber jedoch die nach §§ 850 c ff. ZPO geltenden Pfändungsfreigrenzen zu beachten.

---

[78] BAG vom 4.6.1969, AP § 611 BGB Lohnanspruch Nr. 14.

[79] BAG vom 12.5.1972, AP § 60 HGB Nr. 6.

[80] BAG vom 19.10.1987, DB 1988, 225.

[81] BAG vom 19.10.1987, DB 1988, 225

2.8.10 Vertragsstrafe des Arbeitnehmers

Ebenso kann der Arbeitgeber von seinem Arbeitnehmer, der gegen § 60 HGB verstößt und verbotenen Wettbewerb gegen ihn ausübt, die Zahlung einer Vertragsstrafe verlangen.

Voraussetzung hierfür ist jedoch, dass zwischen dem Arbeitgeber und dem Arbeitnehmer eine wirksame Vertragsstrafenregelung vertraglich abgeschlossen wird. Stellt eine solche eine Allgemeine Geschäftsbedingung dar, so hat diese den Anforderungen der §§ 305 ff. BGB zu genügen.

2.8.11 Kündigung des Arbeitsverhältnisses

Betreibt ein Arbeitnehmer nach § 60 HGB verbotenen Wettbewerb gegen seinen Arbeitgeber, so kann der Arbeitgeber das Arbeitsverhältnis mit dem Arbeitnehmer deswegen verhaltenbedingt kündigen.

2.8.11.1 Ordentliche Kündigung

Der Verstoß eines Arbeitnehmers gegen § 60 HGB stellt einen verhaltensbedingte Kündigungsgrund dar, kraft dessen der Arbeitgeber das Arbeitsverhältnis mit seinem Arbeitnehmer ordentlich unter Einhaltung der Kündigungsfristen gemäß §§ 622 Abs. 1 und 2 BGB bzw. gemäß einzel- oder tarifvertraglichen Bestimmungen kündigen kann.

Erforderlichkeit einer Abmahnung

Grundsätzlich soll einer solchen verhaltensbedingten Kündigung eine Abmahnung vorausgehen.

Dies bedeutet, dass der Arbeitnehmer vor einer verhaltensbedingten Kündigung, die auf einem Verstoß gegen § 60 HGB beruht, zumindest einmal zuvor wegen einer arbeitsvertraglichen Pflichtverletzung abgemahnt worden sein muss, die einem Verstoß gegen § 60 HGB in ihrem Wesen nach gleich oder doch zumindest ähnlich sein muss, so z. B. ein ebenfalls verbotener Wettbewerbsverstoß.

Dies läuft in der Regel darauf hinaus, dass ein Arbeitnehmer „einen Schuss frei" hat, also zumindest einmal ohne Folgen eine verbotene Wettbewerbshandlung oder eine einer solchen wesensgleichen arbeitsvertraglichen Pflichtverletzung begehen kann.

Keine Erforderlichkeit einer Abmahnung

Dies lässt jedoch außer Acht, dass der Verstoß eines Arbeitnehmers gegen § 60 HGB eine nicht unerhebliche Verletzung arbeitsvertraglicher Pflichten des Arbeitnehmers darstellt, die das Vertrauensverhältnis zwischen dem Arbeitgeber und seinem Arbeitnehmer betrifft.

Durch eine verbotene Wettbewerbshandlung greift ein Arbeitnehmer tief in dieses Vertrauensverhältnis ein und verletzt es. Zugleich verstößt er damit auch gegen die ihn arbeitsvertraglich treffende Treuepflicht gegenüber seinem Arbeitgeber, die einen konkurrierenden Wettbewerb während eines bestehenden Arbeitsverhältnisses ebenfalls verbietet. Während eines andauernden Arbeitsverhältnisses hat er sich gemäß § 60 Abs. 1 HGB des Wettbewerbs zu enthalten, es sei denn, dieser ist infolge einer Einwilligung des Arbeitgebers nach § 60 Abs. 1 oder Abs. 2 HGB oder einer zeitlich nachfolgenden Genehmigung erlaubt. Fehlt eine solche Erlaubnis dürfte daher eine verhaltensbedingte Kündigung des Arbeitsverhältnisses wegen eines Verstoßes gegen § 60 HGB in der Regel auch ohne vorausgegangene Abmahnung statthaft sein – und zwar auch in der Form einer außerordentlichen fristlosen Kündigung.

So soll eine Abmahnung dann entbehrlich sein, sofern nicht der Arbeitnehmer aus vertretbaren Gründen davon ausgehen durfte, dass sein (verbotswidriges wettbewerbliches) Verhalten nicht arbeitsvertragswidrig sei oder von seinem Arbeitgeber zumindest nicht als erhebliches, den Bestand des Arbeitsverhältnisses gefährdendes Fehlverhalten angesehen werde.[82]

2.8.11.2 Außerordentliche Kündigung

Verstößt der Arbeitnehmer in einem besonders erheblichen Maß gegen § 60 HGB kann auch eine außerordentliche Kündigung seines Arbeitsverhältnisses gemäß § 626 BGB in Betracht kommen.[83] Dieses besonders erhebliche Maß muss gemäß § 626 Abs. 1 BGB auf Tatsachen beruhen, aufgrund derer dem Kündigenden unter Berücksichtigung aller Umstände des Einzelfalls und unter Abwägung der Interessen beider Vertragsteile die Fortsetzung des Arbeitsverhältnisses bis zum Ablauf der Kündigungsfrist oder bis zu der vereinbarten Beendigung des Arbeitsverhältnisses nicht zugemutet werden kann. Eine solche Fallgestaltung wurde von der Recht-

---

[82] BAG vom 14.2.1996, AP § 626 BGB Verdacht strafbarer Handlung NR. 26; BAG vom 7.10.1993, AP § 626 BGB Nr. 114; BAG vom 16.8.1990, AP § 611 BGB Treuepflicht Nr. 10.

[83] LAG Schleswig-Holstein vom 19.12.2006, NZA-RR 2007, 240; LAG Köln vom 26.6.1006, NZA-RR 2007, 73; BAG vom 21.11.1996, EzA § 626 BGB n. F. Nr. 162; LAG Köln vom 29.4.1994, NZA 1995, 994; BGH vom 16.8.1990, AP § 611 BGB Treuepflicht Nr. 10; BAG vom 6.8.1987, AP § 626 BGB Nr. 97.

sprechung z. B. darin erkannt, dass ein bei einem Rechtsanwalt beim BGH als wissenschaftlicher Mitarbeiter beschäftigter Rechtsanwalt ohne Wissen seines Arbeitgebers bei einem anderen Rechtsanwalt beim BGH tätig gewesen ist, was insbesondere aufgrund der berufsrechtlichen Verschwiegenheitsverpflichtungen, möglichen Interessenkollisionen sowie unter Beachtung von § 203 StGB zutreffend als wichtiger Grund i.S.d. § 626 Abs. 1 BGB bewertet wurde.

2.8.11.3 Einwilligung des Arbeitgebers

Das Recht des Arbeitgebers zur ordentlichen oder außerordentlichen Kündigung des Arbeitsverhältnisses seines Arbeitnehmers entfällt, wenn der Arbeitgeber nach § 60 Abs. 1 HGB in die Konkurrenztätigkeit seines Arbeitnehmers eingewilligt oder diese genehmigt hat oder wenn seine Einwilligung nach § 60 Abs. 2 HGB fingiert wird.

Behauptet der Arbeitnehmer eine solche Einwilligung oder Genehmigung seines Arbeitgebers in seine Konkurrenztätigkeit, so trägt er hierfür die Darlegungs- und Beweislast. Bestreitet der Arbeitgeber hingegen, dass er seinem Arbeitnehmer den Wettbewerb zu ihm gestattet oder genehmigt habe, so trifft ihn die Darlegungs- und Beweislast für das Nichtvorliegen der tatsächlichen Voraussetzungen dieses Rechtfertigungsgrunds.[84]

2.8.12 Verjährung nach § 61 Abs. 2 HGB

Die in § 61 Abs. 1 HGB geregelten Ansprüche des Arbeitgebers wegen der Verletzung des Wettbewerbsverbots nach § 60 HGB durch den Arbeitnehmer verjähren nach § 61 Abs. 2 HGB.

Gemäß § 61 Abs. 2 Halbsatz 1 HGB verjähren solche Ansprüche in drei Monaten von dem Zeitpunkt an, in welchem der Arbeitgeber Kenntnis von dem Abschluss des Geschäfts erlangt oder ohne grobe Fahrlässigkeit hätte erlangen müssen.

Nach § 61 Abs. 2 Halbsatz 2 HGB verjähren diese Ansprüche ohne Rücksicht auf diese Kenntnis oder grob fahrlässige Unkenntnis in fünf Jahren von dem Abschluss des Geschäfts an.

[84] BAG vom 6.8.1987, AP § 626 BGB Nr. 97; BAG vom 24.11.1983, AP § 626 BGB Nr. 76.

2.8.12.1 Sinn und Zweck der kurzen Verjährungsfrist

Die kurze dreimonatige Verjährungsfrist des § 61 Abs. 2 Halbsatz 1 HGB, die an die Kenntnis des Arbeitgebers vom Abschluss des Geschäfts anknüpft, steht in deutlichem Widerspruch zur allgemeinen, ebenfalls an die Kenntnis des Gläubigers vom Schädiger und vom Schaden anknüpfende dreijährige Verjährungsfrist nach § 195 BGB.

Sinn und Zweck der kurzen dreimonatigen Verjährungsregelung des § 61 Abs. 2 Halbsatz 1 HGB besteht in erster Linie darin, schnell Rechtssicherheit und Rechtsfrieden herzustellen. Bestehende bzw. schwelende Streitigkeiten während eines Arbeitsverhältnisses über Ansprüche nach § 61 Abs. 1 HGB sollen rasch ihr Ende finden und sei es auch nur durch den Ablauf der Verjährungsfrist. Hierdurch soll zugleich gewährleistet werden, dass ein bestehendes Arbeitsverhältnis nicht über Gebühr und übermäßig lange durch solche Streitigkeiten beeinträchtigt wird.

Schließlich dient die kurze dreimonatige Verjährungsfrist auch zur Vermeidung ansonsten drohender Auseinandersetzungen darüber, ob die Tolerierung verbotener konkurrierender Tätigkeiten des Arbeitnehmers nicht letztlich schleichend dazu führt, dass der Arbeitgeber in eben dieses wettbewerbswidrige Verhalten des Arbeitnehmers einwilligt.

Ohne Rücksicht auf die Kenntnis bzw. die grobfahrlässige Unkenntnis des Arbeitgebers nach § 61 Abs. 2 Halbsatz 1 HGB verjähren die Ansprüche des Arbeitgebers in fünf Jahren vom Abschluss des Geschäfts durch den Arbeitnehmer an. Diese Verjährungsfrist erfasst daher alle Fälle, in denen es an einer Kenntnis oder grobfahrlässigen Unkenntnis des Arbeitgebers vom Wettbewerbsverstoß seines Arbeitnehmers mangelt.

2.8.12.2 Persönlicher Geltungsbereich

Die kurze Verjährungsfrist nach § 61 Abs. 2 HGB umfasst zunächst von ihrem Wortlaut her lediglich Ansprüche des Arbeitgebers gegen seinen Handlungsgehilfen, also seinen kaufmännischen Angestellten.

In der älteren Rechtsprechung differenzierte man noch zwischen dem kaufmännischem und dem technischen Angestellten. Während der kaufmännische Angestellte als Handlungsgehilfe nach § 59 HGB per se von § 61 Abs. 2 HGB erfasst wird, wurde dies für sonstige Arbeitnehmer, wie z.

B. auch für technische Angestellte, selbst in entsprechender Anwendung von § 61 Abs. 2 HGB verneint.[85]

Die aktuelle Rechtsprechung vertritt nunmehr zutreffend die Ansicht, dass § 61 Abs. 2 HGB in entsprechender Anwendung für Ansprüche des Arbeitgebers gegenüber sämtlichen Arbeitnehmern gilt.[86]

2.8.12.3 Kenntnis des Arbeitgebers

Nach § 61 Abs. 2 Halbsatz 1 Var. 1 HGB verjähren die Ansprüche des Arbeitgebers nach § 61 Abs. 1 HGB, also die Ansprüche auf Schadensersatz oder auf Eintritt in die Konkurrenzgeschäfte des Arbeitnehmers, in drei Monaten von dem Zeitpunkt an, in welchem der Arbeitgeber Kenntnis von dem Abschluss des Konkurrenzgeschäfts erlangt oder nach § 61 Abs. 2 Var. 2 HGB ohne grobe Fahrlässigkeit hätte erlangen müssen.

Die Kenntnis des Arbeitgebers vom Inhalt der Konkurrenzgeschäfte ist nicht erforderlich, die Kenntnis des Konkurrenzgeschäfts an sich ist ausreichend für den Beginn der kurzen Verjährungsfrist.

Ohne Rücksicht auf diese Kenntnis oder eine grobfahrlässige Unkenntnis des Arbeitgebers verjähren diese Ansprüche in fünf Jahren von dem Abschluss des Konkurrenzgeschäfts an.

Betreibt der Arbeitgeber ein Handelsgewerbe i.S.d. § 60 Abs. 1 HGB, so läuft die Verjährung ab dem Abschluss eines jeden einzelnen Geschäfts, das aus diesem Handelsgewerbe erwächst.

2.8.12.4 Kenntnis Dritter

Nicht nur die Kenntnis des Arbeitgebers ist für den Beginn der Verjährungsfristen gemäß § 61 Abs. 2 HGB maßgeblich, sondern auch die Kenntnis seines Vertreters, sollte ein solcher existieren.

Zu diesen Vertretern zählen zum einen die Vertretungsorgane des Arbeitgebers, sofern der Arbeitgeber als Gesellschaft inkorporiert ist, so z. B. als GmbH oder als AG. Zum anderen zählen hierzu aber auch die Prokuristen des Arbeitgebers nach §§ 48 ff. HGB. Dies gilt des Weiteren auch für diejenigen Personen, die zur Aufsicht über Arbeitnehmer des Arbeitgebers

---

[85] BAG vom 16.1.1975, AP § 60 HGB Nr. 8; vgl. aber noch anders BAG vom 12.5.1972, AP § 60 HGB Nr. 6.

[86] BAG vom 26.9.2007, AP § 61 HGB Nr. 4; BAG vom 11.4.2000, AP § 61 HGB Nr. 3.

bevollmächtigt sind, oder von denen nach ihrer Stellung im Unternehmen des Arbeitgebers oder nach den Umständen des Einzelfalls zu erwarten ist, dass sie die Vertreter des Arbeitgebers oder letztlich diesen selber über die verbotenen Wettbewerbstätigkeiten des Arbeitnehmers unterrichten würden.

Die Kenntnis oder grob fahrlässige Unkenntnis dieser Personen muss sich der Arbeitgeber zurechnen lassen. Dies bedeutet, dass für den Fall, dass eine solche Person, z. B. ein Prokurist, gemäß § 61 Abs. 2 HGB Kenntnis von einem Verstoß gegen § 60 Abs. 1 HGB erlangt oder aber hätte erlangen müssen, dessen Kenntnis oder grobfahrlässige Unkenntnis maßgeblich für den Beginn der Verjährung nach § 61 Abs. 2 HGB ist.

2.8.12.5 Umfang der Verjährung

Von der Verjährung nach § 61 Abs. 2 HGB werden folgende Ansprüche umfasst:

Ansprüche des Arbeitgebers nach § 61 Abs. 1 HGB

Die kurze Verjährungsfrist nach § 61 Abs. 2 HGB erfasst von ihrem Wortlaut her zunächst sämtliche Ansprüche des Arbeitgebers nach § 61 Abs. 1 HGB.

Dass der Wortlaut des § 61 Abs. 2 HGB lediglich auf die Eintrittsrechte i.S.d. § 61 Abs. 1 Halbsatz 2 HGB und nicht auch auf die Schadensersatzansprüche i.S.d. § 61 Abs. 1 Halbsatz 1 HGB abstellt, stellt ein Redaktionsversehen des Gesetzgebers dar.[87] Sämtliche in § 61 Abs.1 HGB geregelten Ansprüche des Arbeitgebers werden mithin von der Verjährungsregelung des § 61 Abs. 2 HGB erfasst.

Sonstige Ansprüche des Arbeitgebers

Darüber hinaus erfasst § 61 Abs. 2 HGB sämtliche sonstigen Ansprüche eines Arbeitgebers wegen nach § 60 HGB verbotener Konkurrenztätigkeit seines Arbeitnehmers während des Arbeitsverhältnisses, gleich welchen Rechtsgrunds auch immer, auch wenn diese in Anspruchskonkurrenz zu denen nach § 61 Abs. 1 HGB stehen:

Hierzu zählen z. B. Schadensersatzansprüche des Arbeitgebers wegen vom Arbeitnehmer begangenen arbeitsvertraglichen Pflichtverletzungen gemäß § 280 BGB.

---

[87] So schon RG vom 1.5.1906, RGZ 63, 253.

Aber auch Schadensersatzansprüche des Arbeitgebers aus unerlaubter Handlung nach §§ 823 ff. BGB werden von der Regelung des § 61 Abs.2 HGB erfasst. So verjähren beispielsweise Ansprüche auf Schadensersatz nach § 823 Abs. 1 BGB wegen eines Eingriffs in den eingerichteten und ausgeübten Gewerbebetrieb des Arbeitgebers infolge einer verbotswidrigen Wettbewerbshandlung des Arbeitnehmers i.S.d. § 60 HGB gemäß § 61 Abs. 2 HGB. Gleiches gilt für Ansprüche des Arbeitgebers gegen seinen Arbeitnehmer wegen vorsätzlich sittenwidriger Schädigung nach § 826 BGB, sofern dessen Verstoß gegen § 60 HGB eine solche darstellt.

Weiterhin verjähren auch Ansprüche nach dem UWG gemäß § 61 Abs. 2 HGB. Hierzu zählen z. B. solche nach § 9 Satz 1 UWG i.V.m. § 3 UWG. Auch für diese gilt die kurze Verjährungsfrist des § 61 Abs. 2 HGB[88], obgleich in § 11 Abs. 1 UWG eine Verjährungsfrist von 6 Monaten geregelt ist.

Auch Ansprüche des Arbeitgebers gegen seinen Arbeitnehmer auf Erteilung von Auskunft über Art, Umfang und Durchführung der Konkurrenzgeschäfte gemäß § 666 BGB sowie auf Rechnungslegung nach § 259 BGB[89] unterliegen der kurzen Verjährungsfrist des § 61 Abs. 2 HGB.

Ansprüche des Arbeitgebers auf Unterlassung verbotswidrigen Wettbewerbs, so z. B. nach § 8 Abs. 1 UWG, sollen hingegen nicht der kurzen Verjährungsfrist des § 61 Abs. 2 Halbsatz 1 HGB unterliegen.[90] Hier gilt die in § 11 Abs. 1 UWG geregelten Verjährungsfrist von 6 Monaten. Angesichts des Sinns und Zwecks der Verjährungsregelung des § 61 Abs. 2 HGB kann dieser Ansicht jedoch nicht gefolgt werden. Auch solche Ansprüche auf Unterlassung von verbotenem Wettbewerb verjähren, wenn sie in Anspruchskonkurrenz mit Ansprüchen nach § 61 Abs. 1 HGB stehen, daher nach § 61 Abs. 2 HGB.

Weiterhin verjähren auch Ansprüche des Arbeitgebers auf Herausgabe des Erlöses nach § 667 BGB innerhalb der kurzen Verjährungsfrist des § 61 Abs. 2 HGB.[91]

---

[88] BAG vom 11.4.2000, AP § 61 HGB Nr. 3; BAG vom 28.1.1986, AP § 61 HGB Nr. 2.

[89] BAG vom 28.1.1986, NJW 1986, 2527.

[90] BAG 16.1.1975, AP § 60 HGB Nr. 8.

[91] BAG vom 11.4.2000; AP § 61 HGB Nr. 3; BAG vom 22.8.1966, AP § 687 BGB Nr. 3.

Die kurze Verjährungsfrist nach § 61 Abs. 2 HGB soll hingegen nicht gelten, wenn der Arbeitnehmer zwar im Handels- oder Geschäftszweig des Arbeitgebers Geschäfte macht, dabei jedoch nicht als Wettbewerber des Arbeitgebers auftritt, sondern über das Vermögen des Arbeitgebers verfügt, um diesen zu schädigen.[92]

2.8.12.6 Lauf der Verjährung

Die speziellere Verjährungsregelung des § 61 Abs. 2 HGB geht den allgemeinen Verjährungsregelungen der §§ 194 ff. BGB vor.

Die kurze dreimonatige Verjährungsfrist nach § 61 Abs. 2 Halbsatz 1 HGB beginnt mit Kenntniserlangung des Arbeitgebers vom Abschluss des nach § 60 HGB verbotswidrigen Geschäftes bzw. ab grob fahrlässiger Unkenntnis des Arbeitgebers hiervon. Die fünfjährige Verjährungsfrist nach § 61 Abs. 2 Halbsatz 2 HGB beginnt ohne Rücksicht auf diese Kenntnis oder grob fahrlässige Unkenntnis mit Abschluss des Geschäfts.

Sowohl für die dreimonatige Verjährungsfrist nach § 61 Abs. 2 Halbsatz 1 HGB als auch für die fünfjährige Verjährungsfrist nach § 61 Abs. 2 Halbsatz 2 HGB ist alleine die Kenntnis bzw. die grobfahrlässige Unkenntnis von diesem Geschäft an sich maßgeblich. Auf die Kenntnis vom Inhalt dieses Geschäfts kommt es nicht an.

Die Verjährungsfristen nach § 61 Abs. 2 HGB gelten dabei für jeden Anspruch des Arbeitgebers getrennt. So gelten sie auch bei Abschluss mehrerer Geschäfte für die sich aus jedem einzelnen dieser Geschäfte ergebenden Ansprüche des Arbeitgebers separat. Die Ansprüche des Arbeitgebers aus jedem dieser Geschäfte verjähren somit für sich selbständig nach § 61 Abs. 2 HGB. Die Kenntnis oder grobfahrlässige Unkenntnis des Arbeitgebers von einem Geschäft setzt daher nicht auch die Verjährungsfristen des § 61 Abs. 2 HGB für dessen Ansprüche aus eventuell anderen Geschäften in Gang.

Betreibt der Arbeitnehmer nach § 60 Abs. 1 Var. 1 HGB ein Handelsgewerbe im Geschäftszweig des Arbeitgebers, so ist für den Beginn der Verjährung i.S.d. § 61 Abs. 2 HGB auf die Kenntnis oder grobfahrlässige Unkenntnis des Arbeitgebers vom Betrieb dieses Handelsgewerbes abzu-

[92] BAG vom 11.8.1987, AP § 611 BGB Haftung des Arbeitnehmers Nr. 90.

stellen. Eine Kenntnis bzw. grobfahrlässige Unkenntnis von einzelnen sich aus diesem Handelsgewerbe ergebenden Geschäften ist nicht notwendig.[93]

Die Berechnung der der Verjährungsfrist erfolgt nach §§ 187 ff. BGB.

2.8.12.7 Hemmung der Verjährung

Wie andere Verjährungsfristen auch, so unterliegt auch die kurze Verjährungsfrist nach § 61 Abs. 2 HGB den Regeln der Hemmung (früher: Unterbrechung) nach §§ 203 ff. BGB.

Erhebt der Arbeitgeber nach § 254 ZPO Stufenklage, indem er auf der ersten Stufe seinen Auskunftsanspruch hinsichtlich der Art und des Umfangs der Konkurrenztätigkeiten seines Arbeitnehmers geltend macht, um sodann auf der zweiten Stufe – nach seiner Wahl – seinen Anspruch auf Schadensersatz oder auf Herausgabe des Gewinns (Geltendmachung des Eintrittsrechts) gegen den Arbeitnehmer zu verfolgen, kommt es hierdurch zu einer Hemmung der Verjährung auch der Ansprüche nach § 612 Abs. 2 HGB. Dies lässt es gerechtfertigt erscheinen, dass die Kenntnis bzw. grob fahrlässige Unkenntnis vom verbotenen Betrieb eines Handelsgewerbes nach § 60 Abs. 1 Var. 1 HGB für den Beginn der Verjährung nach § 61 Abs. 2 HGB ausreichend ist.[94] Die Kenntnis bzw. grob fahrlässige Unkenntnis von einzelnen, sich aus dem Betrieb des verbotenen Handelsgewerbes herleitenden einzelnen Geschäften ist nicht maßgeblich.

---

[93] So schon RG vom 1.5.1906, RGZ 63, 255.

[94] BAG vom 28.1.1986, AP § 61 HGB Nr. 2.

3 Wettbewerbsverbote nach Beendigung des Arbeitsverhältnisses

Während §§ 60, 61 HGB das Wettbewerbsverbot des Arbeitnehmers während seines bestehenden Arbeitsverhältnisses regeln, behandeln §§ 74 ff HGB das Wettbewerbsverbot eines Arbeitnehmers nach der Beendigung seines Arbeitsverhältnisses.

Das gesetzliche Wettbewerbsverbot nach § 60 HGB gilt „automatisch" ipso iure, es braucht daher nicht gesondert arbeitsvertraglich vereinbart zu werden. Das Wettbewerbsverbot nach § 74 HGB hingegen gilt nicht „automatisch" per Gesetz, sondern bedarf einer ausdrücklichen vertraglichen Vereinbarung.

3.1 Allgemeines

Wie bereits beschrieben wurde, hat ein Arbeitgeber naturgemäß ein erhebliches Interesse daran, dass ein Arbeitnehmer während seines bestehenden Arbeitsverhältnisses nicht zu ihm in Wettbewerb tritt. Ein solches Interesse kann aber auch für die Zeit nach der Beendigung des Arbeitsverhältnisses gegeben sein.

3.1.1 Grundsätzliche nachvertragliche Wettbewerbsfreiheit des ausgeschiedenen Arbeitnehmers

Nach Beendigung des Arbeitsverhältnisses ist der Arbeitnehmer grundsätzlich darin frei, mit seinem ehemaligen Arbeitgeber in Wettbewerb zu treten. Dabei kann er grundsätzlich auch seine Kenntnisse der kaufmännischen, personellen, organisatorischen und technischen Angelegenheiten und Zusammenhänge etc. seines bisherigen Arbeitgebers für sich nutzen.[95] Zum einen ist dies Ausfluss der in Art. 12 GG festgeschriebenen Berufsfreiheit, die sich in Form der Berufswahl und –ausübungsfreiheit niederschlägt. Zum anderen ist unserer Wirtschaftsordnung die Ausübung lauteren Wettbewerbs nicht nur immanent, sondern darüber hinaus auch einer ihrer tragenden Grundpfeiler für eine freie wirtschaftliche Entfaltung und Prosperität.

---

[95] BAG vom 15.6.1993, AP § 611 BGB Konkurrenzklausel Nr. 40.

3.1.2 Gesetzliche Verbote nachvertraglichen Wettbewerbs

Gesetzliche Grenzen der nachvertraglichen Wettbewerbsfreiheit eines ausgeschiedenen Arbeitnehmers werden von unserer Rechtsordnung daher nur dort gezogen, wo die Handelnden den Boden des lauteren Wettbewerbs verlassen und die Grenze zum verbotenen unlauteren Wettbewerb überschreiten.

Betreibt der ausgeschiedene Arbeitnehmer gegenüber seinem bisherigen Arbeitgeber unlauteren Wettbewerb gemäß §§ 1, 3 ff. UWG, so stehen dem bisherigen Arbeitgeber Unterlassungsansprüche nach § 8 UWG zu. Dabei ist jedoch zu berücksichtigen, dass die Verwendung von Kenntnissen und Erfahrungen, die der ausgeschiedene Arbeitnehmer im Unternehmen des Arbeitgebers hat sammeln können, nicht automatisch den Tatbestand des unlauteren Wettbewerbs i.S.d. UWG erfüllen. Dies ist nur dann der Fall, wenn eine solche Verwendung eine unlautere Wettbewerbshandlung i.S.d. §§ 3, 2 Abs. 1 Ziffer 1 UWG darstellt. Denn unlautere Wettbewerbshandlungen, die geeignet sind, den Wettbewerb zum Nachteil der Mitbewerber, der Verbraucher oder der sonstigen Marktteilnehmer nicht nur unerheblich zu beeinträchtigen, sind unzulässig.

Zu diesen Begehungsformen nachvertraglichen Wettbewerbs zählen auch der Verrat von Geschäfts- und Betriebsgeheimnissen des Arbeitgebers sowie die unerlaubte Verwertung von dessen Vorlagen, Vorschriften technischer Art, Zeichnungen, Modellen, Rezepten etc. Diese Begehungsformen werden zudem unter Strafe gestellt, so der Verrat von Geschäfts- und Betriebsgeheimnissen des Arbeitgebers nach § 17 UWG einerseits und die unerlaubte Verwertung von Vorlagen etc. nach § 18 UWG andererseits.

Stellt eine nachvertragliche Wettbewerbshandlung des ehemaligen Arbeitnehmers einen Eingriff in den eingerichteten und ausgeübten Gewerbebetrieb des bisherigen Arbeitgebers dar, so kann dieser vom ausgeschiedenen Arbeitnehmer Unterlassung dieses Eingriffs nach §§ 823 Abs. 1, 1004 BGB verlangen.

3.1.3 Beweggründe des Arbeitgebers für ein nachvertragliches Wettbewerbsverbot

Oftmals hat ein Arbeitgeber ein erhebliches Interesse daran, dass ein Arbeitnehmer nach der Beendigung seines Arbeitsverhältnisses nicht zu ihm in Wettbewerb tritt. Dies gilt insbesondere dann, wenn sich dieser Arbeitnehmer während des Arbeitsverhältnisses erhebliche Kenntnisse, Erfahrungen etc. aus dem bzw. über das Unternehmen des Arbeitgebers aneignen konnte, so z. B. auf dem Gebiet der Betriebswirtschaft, Betriebs- bzw.

Unternehmensorganisation, Buchhaltung, Technik, Produktion, Forschung sowie des Kundenstammes. Aber auch der Bereich der Geschäftspolitik und der kurz-, mittel- und langfristigen Geschäftsentwicklung ist hier nicht zu vernachlässigen.

Sollte ein Arbeitnehmer nach der Beendigung seines Arbeitsverhältnisses solche Kenntnisse und Erfahrungen für sich oder für Dritte, z. B. einen neuen Arbeitgeber, verwerten, so kann dem bisherigen Arbeitgeber dadurch ein (erheblicher) Schaden entstehen. So wird eine ggfs. über viele Jahre hinweg erarbeitete Marktposition des bisherigen Arbeitgebers gefährdet, wenn nicht sogar zunichte gemacht. Finanzielle Aufwendungen, die der bisherige Arbeitgeber in den Aufbau seines Unternehmens getätigt hat, wären dann vergebens gewesen. Zumindest würden diese mittelbar dem ausgeschiedenen Arbeitnehmer zugute kommen, wenn dieser seine Kenntnisse und Erfahrungen aus dem Betrieb bzw. Unternehmen seines bisherigen Arbeitgebers nach Beendigung des Arbeitsverhältnisses am Markt im Rahmen von selbständigen oder unselbständigen Tätigkeiten anbietet.

3.1.4 Zulässigkeit nachvertraglicher Wettbewerbsverbote ausgeschiedener Arbeitnehmer

Einem Arbeitgeber steht es daher frei, mit seinen Arbeitnehmer arbeitsvertraglich Wettbewerbsverbote für die Zeit nach der Beendigung ihres Arbeitsverhältnisses zu vereinbaren.

Wird ein solches nachvertragliches Wettbewerbsverbot vereinbart, so liegt hierin eine Beschränkung der verfassungsrechtlich in Art. 12 GG verbrieften Berufsfreiheit des Arbeitnehmers. Ein nachvertragliches Wettbewerbsverbot ist daher nur in bestimmten Grenzen zulässig, die für alle Arbeitnehmer gemäß §§ 6 Abs. 2, 110 GewO durch die Vorschriften der §§ 74 bis 75 f HGB gezogen werden.[96]

Will der Arbeitgeber sich vor nachvertraglichem Wettbewerb durch einen ausgeschiedenen Arbeitnehmer schützen, so muss er mit diesem ein Wettbewerbsverbot für die Zeit nach der Beendigung seines Arbeitsverhältnisses gemäß §§ 74 ff. HGB vereinbaren. Dabei hat er zunächst eine Vielzahl verschiedener formaler und inhaltlicher Wirksamkeitsvoraussetzungen zu beachten.

---

[96] BAG vom 11.2.1960, AP Art. 12 GG Nr. 20.

Zudem muss er ebenso auch bedenken, dass er für die zukünftige Wettbewerbsenthaltung seines ehemaligen Arbeitnehmers als Gegenleistung zur Zahlung einer Karenzentschädigung an selbigen verpflichtet ist. Aufgrund dieser gegebenenfalls nicht unerheblichen finanziellen Belastung hat er den Nachteil der Zahlung einer solchen Karenzentschädigung für ein nachvertragliches Wettbewerbsverbot, das längsten zwei Jahre andauern darf, genau mit den Vorteilen abzuwägen, die ihm ein solches nachvertragliches Wettbewerbsverbot bietet bzw. die er sich von einem solchen verspricht.

Die mit einer Pflicht zur Karenzentschädigung verbundene finanzielle Belastung führt dazu, dass in der Praxis nachvertragliche Wettbewerbsverbote in der Regel nur mit Arbeitnehmern abgeschlossen werden, die in einem besonderen Maße in die (vertraulichen) Interna ihres Arbeitgebers Einblick haben, so z. B. Arbeitnehmer im Bereich Forschung und Entwicklung, leitende Angestellte oder „hochrangige" außertarifliche Arbeitnehmer.

3.2 Rechtsquellen

Hinsichtlich der Rechtsquellen nachvertraglicher Wettbewerbsverbote lässt sich wie folgt unterscheiden:

3.2.1 §§ 74 ff. HGB

Das in §§ 74 ff. HGB geregelte nachvertragliche Wettbewerbsverbot gilt nach dem ausdrücklichen Gesetzeswortlaut nur für den Handlungsgehilfen i.S.d. § 59 HGB, also für den kaufmännischen Angestellten.

3.2.2 § 110 GewO

Ob die §§ 74 ff. HGB auch für sonstige Arbeitnehmer gelten, war lange Zeit in Rechtsprechung und Literatur heftig umstritten. Dieser Streit ist nun durch die Vorschriften der §§ 6 Abs. 1, 110 GewO, wenn auch missglückt, beigelegt worden.

Nach § 6 Abs. 1 GewO gelten die Bestimmungen des VII. Titels der GewO für alle Arbeitnehmer. Zu diesen Bestimmungen gehört auch § 110 GewO.

Nach § 110 Satz 1 GewO können Arbeitgeber und Arbeitnehmern die berufliche Tätigkeit des Arbeitnehmers für die Zeit nach der Beendigung des Arbeitsverhältnisses durch eine Vereinbarung beschränken. Eine solche Vereinbarung stellt nach der Legaldefinition des § 110 Satz 1 GewO ein Wettbewerbsverbot dar. Gemäß § 110 Satz 2 GewO sind die §§ 74 bis 75 f HGB entsprechend anzuwenden.

3.2.2.1 Historische Entwicklung

Die Vorschriften der §§ 74 ff. HGB gelten nach ihrem Wortlaut nur für Handlungsgehilfen i.S.d. § 59 HGB, letztlich also für sämtliche kaufmännischen Angestellten.

Gewerbeordnung

Für die übrigen Arbeitnehmer fanden sich Sonderregelungen in der GewO.

Nachvertragliche Wettbewerbsverbote für technische Arbeitnehmer wurden in § 133 f GewO a. F. geregelt. Diese Vorschrift sah vor, dass Wettbewerbsverbote das berufliche Fortkommen nicht unbillig erschweren durften und mit Minderjährigen grundsätzlich unzulässig waren.

Mit der Zeit wurde die Vorschrift des § 133 f GewO a. F. jedoch bedeutungslos, da die Rechtsprechung nach und nach die § 74 ff. HGB auf alle Arbeitnehmer in analoger Weise anzuwenden begann. So wurde § 133 f GewO nach der Deutschen Wiedervereinigung auf dem Gebiet der neuen Deutschen Bundesländer auch gar nicht mehr in Kraft gesetzt.

Die GewO a. F. wurde schließlich mit Wirkung vom 01.01.2003 durch das Dritte Gesetz zur Änderung der GewO und sonstiger gewerberechtlicher Vorschriften vom 24.08.2002[97] neu gefasst. In diesem Zusammenhang wurde die Vorschrift des § 133 f GewO a. F. aus der GewO gestrichen und durch die Regelung des § 110 GewO ersetzt.

Durch dasselbe Gesetz wurde zudem auch § 6 GewO a. F durch § 6 GewO n. F. ersetzt. § 6 GewO n. F. regelt – wie auch § 6 GewO a. F. zuvor – den persönlichen Anwendungsbereich der GewO. In § 6 Abs. 1 GewO n. F. ist nunmehr u. a. geregelt, dass die im neu gefassten Abschnitt I des Titels VII der GewO, der die §§ 105 bis 110 GewO umfasst, geregelten allgemeinen arbeitsrechtlichen Grundsätze für alle Arbeitnehmer gelten. Hierdurch wird der Anwendungsbereich der GewO nunmehr auch auf gewerbliche Arbeitnehmer sowie den in § 6 Abs. 1 GewO n. F. geregelten Ausnahmebereich, wie z. B. die freien Berufe, ausgedehnt.

Rechtsprechung

---

[97] BGBl. I 2002, S. 3412, 3415; vgl. auch BT-Drucks. 14/8796, S. 5 f., 9, 16 f., 26.

Die Rechtsprechung wandte die Vorschriften der §§ 74 ff. HGB zunächst entsprechend ihrem Wortlaut auf Handlungsgehilfen nach § 59 HGB sowie dann auf sämtliche kaufmännischen Angestellte an.

Nachvertragliche Wettbewerbsverbote mit gewerblichen Arbeitnehmern wurden von der Rechtsprechung nach § 133 f bewertet. Das BAG bewertete Wettbewerbsverbote mit technischen Angestellten über § 133 f GewO hinaus auch gemäß § 138 BGB und zog in diesem Zusammenhang die Regelungen der §§ 74 ff. HGB zur Konkretisierung heran.[98]

Die Rechtsprechung ging ab 1969[99] dazu über, auch die Regelungen der §§ 74 ff. HGB in analoger Anwendung auf alle Arbeitnehmer anzuwenden, also nicht mehr nur auf kaufmännische Angestellte, sondern auch auf technische oder gewerbliche.[100] Dies galt gleichermaßen auch für Angehörige der freien Berufe, obgleich diese kein Gewerbe ausüben (so z. B. Rechtsanwälte nach § 2 BRAO)[101], für leitende Angestellte unterhalb der der Vorstands- bzw. Geschäftsführungsebene[102] sowie auf Prokuristen.[103]

Nach der Rechtsprechung soll selbst eine geringfügige Beteiligung eines Arbeitnehmers am Kapital einer Kapitalgesellschaft die Anwendbarkeit der §§ 74 ff. HGB nicht ausschließen, solange er hierdurch seinen Status als Arbeitnehmer nicht verliert.[104]

Durch diese nach und nach erfolgende Ausweitung des Anwendungsbereichs der §§ 74 ff. HGB schwand die Bedeutung des § 133 f GewO in gleichem Maße, sodass er letztlich aus der GewO gestrichen wurde.

---

98 BAG vom 2.12.1966, AP § 133 f GewO Nr. 18; BAG vom 18.12.1967, AP § 133 f GewO Nr. 19.

99 BAG vom 13.9.1969, AP § 611 Konkurrenzklausel Nr. 24.

100 BAG vom 9.1.1990, AP § 74 HGB Nr. 59; BAG vom 12.11.1971, AP § 74 HGB Nr. 28; BAG vom 2.5.1970, AP § 74 HGB Nr. 26.

101 BAG vom 13.9.1969, AP § 611 Konkurrenzklausel Nr. 24.

102 LAG Nürnberg vom 21.7.1994, LAGE § 74 HGB Nr. 11.

103 OLG Karlsruhe vom 30.9.1986, BB 1986, 2365 f.

104 BAG vom 18.8.1997, AP § 74 Nr. 70; OLG Karlsruhe vom 30.9.1986, BB 1986, 2365 f.

3.2.2.2 Aktuelle Rechtslage

Die aktuelle Rechtslage ergibt sich aus den Regelungen der §§ 6 Abs. 2, 110 GewO.

Der Gesetzgeber hat in § 110 Satz 1 HGB eine Regelung geschaffen, kraft derer ein Arbeitgeber und ein Arbeitnehmer die berufliche Tätigkeit des Arbeitnehmers für die Zeit nach der Beendigung des Arbeitsverhältnisses durch eine Vereinbarung beschränken können. § 110 Satz 1 HGB wurde vom Gesetzgeber als sog. Legaldefinition des Wettbewerbsverbots ausgestaltet. Dies bedeutet, dass der Begriff des nachvertraglichen Wettbewerbsverbots durch § 110 Satz 1 GewO gesetzlich definiert wird. Gemäß § 110 Satz 2 HGB sind die §§ 74 bis 75 f HGB entsprechend auf alle Arbeitnehmer anzuwenden.

Der Gesetzgeber hat mit §§ 6 Abs. 2, 110 GewO das in eine gesetzliche Regelung gegossen, was zuvor längst durch die Rechtsprechung herausgearbeitet wurde, nämlich dass die Regelungen der §§ 74 ff. HGB in entsprechender Anwendung für alle Arbeitnehmer gelten, also nicht nur für kaufmännische Angestellte.

Sinn und Zweck des § 110 GewO

§ 110 GewO soll zunächst dem (Schutz-) Zweck dienen, dass sämtliche Arbeitnehmer vom Regelungsgefüge der §§ 74 bis 75 f HGB in der von der Rechtsprechung ausgeformten Art und Weise erfasst werden. Der mit § 110 GewO bezweckte Schutz ergibt sich u. a. auch durch den in § 110 Satz 2 GewO enthaltenen Verweis auf § 75 d HGB, wonach sich der Arbeitgeber auf eine von den §§ 74 bis 75 c HGB zum Nachteil des Arbeitnehmers abweichende Vereinbarung nicht berufen kann.

Darüber hinaus soll § 110 GewO zugleich auch der Rechtssicherheit und –klarheit dienen.[105] Die jahrelange Diskussion um den persönlichen Anwendungsbereich der §§ 74 ff. HGB, die ihren Niederschlag u. a. in der hierzu zahlreich ergangenen Rechtsprechung gefunden hat, ist beendet.

Kritik an § 110 GewO

Die Neuregelung des § 110 GewO ist zu Recht nicht ohne Kritik geblieben.

Der Gesetzgeber hat sich darauf beschränkt, die §§ 74 bis 75 f HGB mittels einer in §§ 6 Abs. 2, 110 GewO enthaltenen Verweisung auf alle Ar-

---

[105] LAG Hamm EzA-SD 2004, Nr. 24, 7; vgl. auch BT-Drucks 14/8796, S. 9, 26.

beitnehmer zur Anwendung zu bringen. Besser hingegen wäre eine komplette Neuregelung bzw. -konzipierung der §§ 74 bis 75 f HGB – insbesondere im Rahmen eines einheitlichen Arbeitsgesetzbuches – gewesen. Zum einen ist dies darin begründet, dass die §§ 74 bis 75 f HGB als Vorschriften des „kaiserlichen HGB“ nicht mehr zeitgemäß formuliert sind, was sich insbesondere in ihrem überholten Wortlaut und Satzbau sowie in ihrer unübersichtlichen Struktur niederschlägt. Spätere gesetzgeberische „Verbesserungsversuche“ führten zum Gegenteil dessen, was der Gesetzgeber mit ihnen beabsichtigt hatte.

Eine vollständige Neuregelung bzw. –konzipierung wäre auch wegen der teilweisen Verfassungswidrigkeit der §§ 74 ff. HGB zielführender gewesen. So wurden bereits wegen ihrer Verfassungswidrigkeit § 75 b HGB a. F. sowie § 74 a Abs. 2 Satz 1 HGB a. F. mit Wirkung vom 01.01.2002 durch das Gesetz zur Einführung des Euro im Sozial- und Arbeitsrecht sowie zur Änderung anderer Vorschriften (4. Euro-Einführungsgesetz) vom 21.12.2000 aufgehoben.[106] § 75 Abs. 3 HGB, der den Anspruch des „Handlungsgehilfen“ auf Entschädigung im Falle der Auflösung des „Dienstverhältnisses“ „wegen vertragswidrigen Verhaltens des „Gehilfen“ entfallen lässt, verstößt gegen Art. 3 GG ist daher nichtig.[107] Trotzdem lässt der Gesetzgeber über § 110 Satz 2 GewO und den darin enthaltenen pauschalen Verweis auf §§ 74 bis 75 f HGB auch diese aufgehobenen bzw. nichtigen Regelungen zur Anwendung gelangen.

Auch hat der Gesetzgeber § 110 GewO sprachlich unpräzise gefasst. § 110 GewO spricht in seiner Legaldefinition vom „Wettbewerbsverbot“, wohingegen § 74 Abs. 1 HGB den terminologisch überholten Begriff „Wettbewerbverbot“ als Legaldefinition verwendet. Weiterhin spricht § 110 Satz 1 HGB von Beschränkungen der „beruflichen Tätigkeit des Arbeitnehmers“, § 74 Abs. 1 HGB hingegen von Beschränkungen in der “gewerblichen Tätigkeit“.

Obgleich der Gesetzgeber durch § 110 GewO keine inhaltlichen Erweiterungen oder Einschränkungen der §§ 74 bis 75 f HGB beabsichtigt hat, hat er dies sprachlich wiederum unvollkommen ausgedrückt. Denn § 110 Satz 2 GewO spricht nur davon, die §§ 74 bis 75 f HGB „entsprechend anzuwenden“. Gesetzgeberisch gewollt ist hingegen eine unmittelbare, voll-

[106] BGBl. I S. 1983, 2010, 2019.

[107] BVerfG vom 23.2.1977, AP § 75 HGB Nr. 6.

ständige und direkte Anwendung der §§ 74 ff. HGB auf jeden Arbeitnehmer in der von der Rechtsprechung ausgeformten Art und Weise.

Weiterhin hat der Gesetzgeber mit § 110 Satz 2 GewO die §§ 74 bis 75 f HGB insgesamt auf alle Arbeitnehmer zur Anwendung gelangen lassen, also auch § 75 f HGB. § 75 f HGB regelt jedoch nicht das Verhältnis zwischen einem Arbeitgeber und einem Arbeitnehmer, sondern die sog. Sperrabreden unter Arbeitgeber, also dahingehende Abreden, dass ein neuer Arbeitgeber mit dem bisherigen Arbeitgeber vereinbart, den Arbeitnehmer nicht oder nur unter bestimmten Voraussetzungen anzustellen. Offensichtlich hat der Gesetzgeber durch diese gesetzestechnisch missglückte Verweisung auch auf § 75 f HGB zum Ausdruck bringen wollen, dass § 75 f HGB für sämtliche Arbeitgeber unabhängig davon gelten soll, ob sie kaufmännische, technische oder sonstige Arbeitnehmer beschäftigen.

Darauf, dass unklar ist, warum der Gesetzgeber den Anwendungsbereich des § 110 GewO gemäß § 110 Satz 2 GewO nicht auch auf die §§ 60, 61 HGB ausgeweitet hat, diese gleichsam schlicht „vergessen" hat, wurde bereits hingewiesen.

3.2.3 § 12 Abs. 1 BBiG

Nachvertragliche Wettbewerbsverbote mit Auszubildenden werden in § 12 Abs. 1 BBiG geregelt. § 12 Abs. 1 BBiG gilt für alle Auszubildenden. Die Vorschrift des § 76 HGB a. F., die Wettbewerbsverbote mit kaufmännischen Lehrlingen regelte, ist infolge der Schaffung des BBiG aufgehoben worden.

§ 12 Abs. 1 BBiG ist gegenüber §§ 74 ff. HGB, 110 GewO eine speziellere Norm, die den Besonderheiten in einem Berufsausbildungsverhältnis Rechnung trägt. Nach § 1 Abs. 3 BBiG hat die Berufsausbildung die für die Ausübung einer qualifizierten beruflichen Tätigkeit in einer sich wandelnden Arbeitswelt notwendigen beruflichen Fertigkeiten, Kenntnisse und Fähigkeiten, also eine berufliche Handlungsfähigkeit, in einem geordneten Arbeitsgang zu vermitteln. Dabei hat sie den Erwerb der erforderlichen Berufserfahrungen zu vermitteln. Ein Berufsausbildungsverhältnis ist daher kein Arbeitsverhältnis, bei dem die Erbringung einer arbeitsvertraglich geschuldeten Tätigkeit im Vordergrund steht.

Nach § 12 Abs. 1 Satz 1 BBiG ist die Vereinbarung, die Auszubildende für die Zeit nach Beendigung des Berufsausbildungsverhältnisses in der Ausübung ihrer beruflichen Tätigkeit beschränkt, nichtig. § 12 Abs. 1 Satz 2 BBiG lässt hingegen ein nachvertragliches Wettbewerbsverbot, also ein solches nach Beendigung des Berufsausbildungsverhältnisses, zu, wenn sich ein Auszubildender innerhalb der letzten sechs Monate seines Berufsausbildungsverhältnisses dazu verpflichtet, nach dessen Beendigung mit dem Auszubildenden ein Arbeitsverhältnis einzugehen.

Da oftmals im Rahmen von nachvertraglichen Wettbewerbsverboten auch Vertragsstrafen für den Fall vereinbart werden, dass unstatthafterweise Wettbewerb betrieben wird, ist auch die Regelung des § 12 Abs. 2 Ziffer 2 BBiG von Bedeutung. Hiernach ist eine Vereinbarung des Ausbilders mit seinem Auszubildenden über eine Vertragsstrafe nichtig. Dies gilt auch dann, wenn mit einem Auszubildenden nach § 12 Abs. 1 Satz 2 BBiG nach Beendigung des Berufsausbildungsverhältnisses ein Arbeitsverhältnis begründet wird und das Wettbewerbsverbot nur für die Zeit nach Beendigung des Arbeitsverhältnisses gelten soll.

3.2.4 Regelungen in Tarifverträgen

Die Begründung nachvertraglicher Wettbewerbsverbote kann grundsätzlich auch Gegenstand tarifvertraglicher Regelungen sein.

Dabei ist jedoch zu berücksichtigen, dass es kaum ratsam sein kann, sämtliche unter einen Tarifvertrag fallende Arbeitnehmer „flächendeckend" mit einem nachvertraglichen Wettbewerbsverbot zu belegen. So sind bislang auch keine Tarifverträge bekannt geworden, die nachvertragliche Wettbewerbsverbote enthalten.

Mit der Möglichkeit, nachvertragliche Wettbewerbsverbote in Tarifverträgen zu regeln, steht die Rechtsprechung des BAG in Einklang, dass die gesetzlichen Regelungen der §§ 74 ff. HGB tarifdispositiv – also durch einen Tarifvertrag abänderbar – seien, da der Gesetzgeber bei Erlass der §§ 74 ff. HGB das Rechtsinstitut des tarifdispositiven Gesetzesrechts noch nicht kannte.

In diesem Zusammenhang vertritt das BAG jedoch die Ansicht, dass eine Abweichung von den gesetzlichen Regelungen der §§ 74 ff. HGB durch einen Tarifvertrag zum Nachteil von kaufmännischen Angestellten unzulässig sei.[108] So sieht z. B. § 6 des Bundesmanteltarifvertrages für Akademiker in der Chemischen Industrie vor, dass in Abweichung von § 74 Abs. 2 HGB eine Karrenzentschädigung in Höhe der vollen zuletzt vom Arbeitnehmer bezogenen vertragsmäßigen Leistungen zu zahlen ist, anstatt in Höhe der Hälfte, wie dies in § 74 Abs. 2 HGB geregelt ist.

---

[108] BAG vom 2.4.1992, NZA 1992, 886.

3.2.5 Regelungen in Betriebsvereinbarungen

Ebenso können Wettbewerbsverbote auch durch Betriebsvereinbarungen i.S.d. § 76 BetrVG begründet und ausgestaltet werden.

Geschieht dies, so gilt, dass Betriebsvereinbarungen inhaltlich von den Schutzvorschriften der §§ 74 ff. HGB in ihrer Ausprägung durch die Rechtsprechung nicht abweichen können.[109]

Solche Betriebsvereinbarungen sind jedoch in der Praxis selten anzutreffen. Dies dürfte darin begründet sein, weil sich die Regelungskompetenz der Betriebspartner gemäß § 5 Abs. 3 und 4 BetrVG nicht auf leitende Angestellte oder Organmitglieder erstreckt, also auf die Gruppen, mit denen in aller Regel Wettbewerbsverbote vereinbart werden. So wurde aus der Rechtsprechung bislang auch nur ein Fall bekannt, in dem mittels einer Betriebsvereinbarung Arbeitnehmern ein nachvertragliches Wettbewerbsverbot, wenn auch teilweise unwirksam, auferlegt wurde.[110]

3.2.6 Regelungen in Richtlinien nach § 28 Abs. 2 SprAuG

Statthaft ist zudem die Begründung und die Regelung von Wettbewerbsverboten für leitende Angestellte in einer Richtlinie nach § 28 Abs. 2 SprAuG. Solche Richtlinien sind jedoch bislang nicht bekannt geworden.

3.3 Rechtswahl

Die Regelungen der §§ 74 ff. HGB finden immer dann Anwendung, wenn das Arbeitsverhältnis deutschem Recht unterliegt. Unerheblich ist die Nationalität des Arbeitnehmers, ob der Arbeitgeber seinen Sitz im Ausland oder im Inland hat und ob der Arbeitnehmer im Inland oder im Ausland tätig ist. Kommen die §§ 74 ff. HGB auch im Falle einer Auslandsentsendung Geltung zu, so ist ein Wettbewerbsverbot i.S.d. §§ 74 ff. HGB auch im Falle einer Entsendung in solche Länder wirksam, deren nationale Rechtsordnungen nachvertragliche Wettbewerbsverbote verbieten oder nur sehr eingeschränkt zulassen.

Gemäß Art. 27 EGBGB können die Vertragsparteien nach den Grundsätzen des internationalen Privatrechts bei grenzüberschreitenden Vertragsbeziehungen frei vereinbaren, welches Recht Anwendung finden soll. Nach Art. 30 EGBGB kann einem Arbeitnehmer aber derjenige Schutz

---

[109] LAG Hamm vom 2.4.1965, BB 1965, 988.

[110] BAG vom 2.4.1965, BB 1965, 988.

nicht entzogen werden, der ihm durch zwingende Regelungen der Rechtsordnung gewährt wird, die gemäß Art. 30 Abs. 2 EGBGB mangels einer Rechtswahl anwendbar wäre. Dem Arbeitnehmer bleiben daher die unabdingbaren Schutzvorschriften des deutschen Arbeitsrechts erhalten, sofern der Schwerpunkt seiner Tätigkeit trotz seines Auslandseinsatzes in der Bundesrepublik Deutschland bleibt und nicht aus sonstigen Gründen eine engere Bindung zum Ausland besteht, wie z. B. eine fremde Staatsangehörigkeit des Arbeitgebers oder Arbeitnehmers.

Ist nach Art. 30 EGBGB die Anwendbarkeit ausländischen Arbeitsrechts zwischen den Parteien eines Arbeitsverhältnisses vereinbart worden, ist ein nachvertragliches Wettbewerbsverbot trotz allem nicht uneingeschränkt zulässig. Denn bei der Wahl eines ausländischen Arbeitsrechts ist der deutsche ordre public zu beachten, da nachvertragliche Wettbewerbsverbote die grundsgesetzlich in Art. 12 GG und völkerrechtlich garantierte Berufsfreiheit berühren. Hier ist z. B. daran zu denken, dass nachvertragliche Wettbewerbsverbote, die räumlich und zeitlich nicht beschränkt oder zumindest gemäß § 74 a Abs. 1 Satz 3 HGB für einen deutlich längeren Zeitraum von 2 Jahren eingegangen werden, wegen Verstoßes gegen den deutschen ordre public unwirksam sind.

Eine gesonderte Rechtswahl lediglich hinsichtlich einer nachvertraglichen Wettbewerbsabrede ist nicht möglich.

3.4 Persönlicher Geltungsbereich des Wettbewerbsverbots nach § 74 HGB

Was den persönlichen Geltungsbereich von nachvertraglichen Wettbewerbsverboten anbelangt, so ist zwischen abhängig und nicht abhängig beschäftigten Personen wie folgt zu unterscheiden:

3.4.1 Arbeitnehmer

Von ihrem Wortlaut her, gelten die §§ 74 ff HGB für sämtliche Handlungsgehilfen i.S.d. § 59 HGB und somit für sämtliche kaufmännischen Angestellten. Wie bereits dargelegt wurde, gelten die §§ 74 bis 75 f HGB zudem gemäß §§ 6 Abs. 2, 110 HGB nunmehr ausdrücklich auch für sämtliche Arbeitnehmer.

3.4.2 Freie Mitarbeiter und sonstige Dienstnehmer

Freie Mitarbeiter und sonstige Dienstnehmer sind keine Arbeitnehmer. In Ermangelung eines Arbeitnehmerstatus fallen sie daher nicht unmittelbar unter den Anwendungsbereich der §§ 74 ff. HGB.[111] Etwas anderes kann nur dann gelten, wenn diese zur Gruppe der sog. Scheinselbständigen gehören, die, wie der Name bereits verrät, sich nur zum Schein als Selbständige bezeichnen, tatsächlich aber in sozialer Abhängigkeit zu ihrem Auftraggeber stehen und somit letztlich dessen Arbeitnehmer sind. Ob ein Fall einer Scheinselbständigkeit gegeben ist, kann nicht pauschal bewertet werden, sondern bedarf der Prüfung des jeweiligen konkreten Einzelfalls.

Wird mit einem freien Mitarbeiter oder sonstigen Dienstnehmer ein nachvertragliches Wettbewerbsverbot vereinbart, so sind dabei die Grenzen des § 138 BGB, also die der guten Sitten, zu beachten.[112] Bei der Prüfung, ob eine Vereinbarung eines nachvertraglichen Wettbewerbsverbots nach § 138 BGB sittenwidrig ist, orientiert sich die Rechtsprechung an den §§ 74 ff. HGB, die den Rahmen der guten Sitten vorgeben.

Des Weiteren kann mit freien Mitarbeitern und sonstigen Dienstnehmern auch die unmittelbare Anwendbarkeit der §§ 74 ff. HGB vereinbart werden. Dies hat den Vorteil, dass jedwede Streitigkeit über die Anwendbarkeit der §§ 74 ff. HGB vermieden und somit Rechtsklarheit und –sicherheit im Wege ihrer vertraglichen Vereinbarung geschaffen wird.

3.4.3 Arbeitnehmerähnliche Personen

Arbeitnehmerähnliche Personen sind Selbständige, denen es aber im Gegensatz zu Arbeitnehmern an der persönlichen Abhängigkeit eines Arbeitnehmers zu einem Arbeitgeber fehlt. Für sie gilt das Arbeitsrecht nur in den Fällen, in denen dies ausdrücklich gesetzlich bestimmt ist. So findet beispielsweise das BUrlG gemäß § 2 Satz 2 Halbsatz 1 BUrlG auf arbeitnehmerähnliche Personen Anwendung.

Wird mit einer arbeitnehmerähnlichen Person ein nachvertragliches Wettbewerbsverbot vereinbart, so gelten die §§ 74 ff. HGB ebenfalls nicht unmittelbar. Auch hier behilft sich die Rechtsprechung damit, dass sie solche nachvertraglichen Wettbewerbsverbote an § 138 BGB, also an den guten Sitten, misst. Ebenso wie bei freien Mitarbeitern orientiert sich die

---

[111] OLG München vom 22.1.1997, GmbHR 1997, 310; LG Frankfurt am Main vom 13.1.1992, NJW-RR 1993, 803; OLG Köln vom 22.2.1967, OLGZ 1967, 394.

[112] LG Frankfurt am Main vom 13.1.1992, NJW-RR 1993, 803.

Rechtsprechung dabei in entsprechender Anwendung an den §§ 74 ff. HGB, um ein nachvertragliches Wettbewerbsverbots nach § 138 BGB auf seine Sittenwidrigkeit hin zu prüfen.

So setzt z. B. ein umfassendes Wettbewerbsverbot mit einem wirtschaftlich[113] oder sozial[114] abhängigen Mitarbeiter eine angemessene Karenzentschädigung entsprechend § 74 Abs. 2 HGB voraus.[115] Dies gilt auch dann, wenn der arbeitnehmerähnliche freie Mitarbeiter nur für ein Jahr und für einen Auftraggeber gesperrt sein soll, sofern das Wettbewerbsverbot gerade hinsichtlich dieses einen Auftraggebers mit wirtschaftlich besonders einschneidenden Folgen verbunden ist.[116] Ebenso bestehen bei einer fristlosen Kündigung einer der beiden Vertragsparteien die Lösungsrechte des § 75 HGB, also das jeweilige Recht, sich im Falle einer fristlosen Kündigung vom vertraglich vereinbarten Wettbewerbsverbot zu lösen. Dies soll sogar dann gelten, wenn die arbeitnehmerähnliche Person ihre Tätigkeit in Form einer Ein-Mann-GmbH erbringt.[117]

3.4.4 Handelsvertreter

Selbständige Handelsvertreter i.S.d. §§ 84 ff. HGB unterliegen den Regelungen der §§ 74 ff. HGB nicht. Für sie gilt vielmehr § 90 a HGB und das darin geregelte nachvertragliche Wettbewerbsverbot. § 90 a HGB ist eine im Verhältnis zu §§ 74 ff. HGB speziellere Regelung über die Zulässigkeit von vertraglichen Wettbewerbsverboten für die Zeit nach Beendigung des Vertragsverhältnisses zwischen dem Handelsvertreter und seinem Unternehmer.

3.4.5 Auszubildende

Nachvertragliche Wettbewerbsverbote mit Auszubildenden sind, wie bereits dargelegt wurde, gemäß § 12 Abs. 1 Satz 1 BBiG dann nichtig, wenn hierdurch Auszubildende für die Zeit nach der Beendigung ihres Berufsausbildungsverhältnisses in der Ausübung ihrer beruflichen Tätigkeit

---

[113] OLG Düsseldorf vom 9.9.2004, NZA-RR 2005, 318; BGH 10.4.2003, ZIP 2003, 998; BAG vom 21.1.1997, AP § 611 BGB Konkurrenzklausel Nr. 44.

[114] OLG München vom 22.1.1997, GmbHR 1997, 310.

[115] BGH vom 10.4.2003, ZIP 2003, 998; LAG Köln vom 2.6.1999, NZA-RR 2000, 19, 65.

[116] OLG Düsseldorf vom 9.9.2004, NZA-RR 2005, 318.

[117] OLG München vom 22.1.1997, GmbHR 1997, 310.

beschränkt werden. Gemäß § 12 Abs. 1 Satz 2 BBiG gilt dies jedoch nicht, sofern sich Auszubildende innerhalb der letzten sechs Monate ihres Berufsausbildungsverhältnisses dazu verpflichten, nach dessen Beendigung mit dem Ausbildenden eine Arbeitsverhältnis einzugehen.

3.4.6 Praktikanten und Volontäre

Mit sonstigen Personen, die eingestellt werden, um ihnen berufliche Fertigkeiten, Kenntnisse, Fähigkeiten oder berufliche Erfahrungen zu vermitteln, ohne dass es sich dabei um eine Berufsausbildung i.S.d. BBiG handelt, können ebenfalls in eingeschränktem Umfang nachvertragliche Wettbewerbsverbote in selbem Unfang vereinbart werden, wie mit Auszubildenden.

Für den vorgenannten Personenkreis, so also z. B. auch für Volontäre und Praktikanten, ergibt sich dies aus §§ 26, 12 Abs. 1 BBiG. § 26 BBiG verweist für diesen Personenkreis u. a. auf § 12 BBiG und somit auf die Vorschrift, die nachvertragliche Wettbewerbsverbote für Auszubildende regelt.

Durch die in § 26 BBiG enthaltene Verweisung auf § 12 BBiG ist die Vorschrift des § 82 a HGB gegenstandslos geworden. § 82 a HGB hatte das Wettbewerbsverbot für Volontäre in kaufmännischen Diensten geregelt. Nach § 82 a HGB war ein Volontär eine solche Person, die ohne als Lehrling angenommen zu sein, zum Zwecke ihrer Ausbildung unentgeltlich mit kaufmännischen Diensten beschäftigt wird. § 82 a HGB verwies für Volontäre auf die Vorschriften für den Handlungsgehilfen, soweit sie nicht auf das dem Handlungsgehilfen zustehende Entgelt Bezug nehmen, und somit auch auf §§ 74 ff. HGB.

3.4.7 Heimarbeiter

Heimarbeiter ist nach § 2 Abs. 1 Satz 1 HAG, wer in selbst gewählter Arbeitsstätte (eigene Wohnung oder selbst gewählte Betriebsstätte) allein oder mit seinen Familienangehörigen im Auftrag von Gewerbetreibenden oder Zwischenmeistern erwerbsmäßig arbeitet, jedoch die Verwertung der Arbeitsergebnisse dem unmittelbar oder mittelbar auftraggebenden Gewerbetreibenden überlässt.

Nach ganz herrschender Meinung sollen die §§ 74 ff. HGB auch auf ein vertraglich mit einem Heimarbeiter vereinbartes nachvertragliches Wettbewerbsverbot Anwendung finden.

3.4.8 Arbeitgeber

Selbstverständlich wird auch der Arbeitgeber, der in § 74 Abs. 1 HGB noch althergebracht und überholt als Prinzipal bezeichnet wird, durch eine nachvertragliche Wettbewerbsabrede nach §§ 74 ff. HGB gebunden. Arbeitgeber ist der, der mindestens einen Arbeitnehmer beschäftigt.

Handelt es sich bei dem Prinzipal nicht um einen Arbeitgeber, sondern um einen Dienstherren, der freie Mitarbeiter, Selbständige oder Organe juristischer Personen beschäftigt, so wird auch der Dienstherr durch eine nachvertragliche Wettbewerbsabrede nach §§ 74 ff. HGB gebunden, sofern zwischen diesen ein nachvertragliches Wettbewerbsverbot wirksam abgeschlossen werden kann und auch wird.

3.4.9 Organmitglieder juristischer Personen

Nachvertragliche Wettbewerbsverbote werden insbesondere mit Vertretungsorganen juristischer Personen vereinbart, so z. B. mit einem Geschäftsführer einer GmbH. Die juristische Person als Dienstgeber bzw. – herr hat hieran in der Regel ein gesteigertes Interesse, da ihrem Vertretungsorgan generell ein besonders intensiver Einblick in die Interna der juristischen Person gewährt wird.

3.4.9.1 Direkte oder analoge Anwendung der §§ 74 ff. HGB

Wird mit einem Vertretungsorgan einer juristischen Person ein nachvertragliches Wettbewerbsverbot vereinbart, so finden nach ständiger Rechtsprechung die §§ 74 ff. HGB auf ein solches weder eine direkte noch eine analoge bzw. entsprechende Anwendung.[118] Als Begründung wird angeführt, dass Vertretungsorgane juristischer Personen keine Arbeitnehmer seien. Als Vertretungsorgane würden sie vielmehr in besonderem Maße die juristische Person und deren Unternehmen repräsentieren und für diese Arbeitgeberfunktionen ausüben. Aufgrund ihrer Organschaft stehen sie zudem in einem besonderen Treueverhältnis zu ihrem Dienstgeber. Dies soll auch für sog. Fremdorgane juristischer Personen gelten.[119] Fremdorgane sind solche Personen, die zwar zum Vertretungsorgan einer juristi-

---

[118] BGH vom 17.2.1992, DB 1992, 936; BGH vom 15.4.1991, NZA 1991, 615; OLG Hamm vom 11.1.1988, ZIP 1988, 1254; OLG Karlsruhe vom 30.9.1986, GmbHR 1987, 309.

[119] BGH vom 4.3.2002, GmbHR 2002, 431; BGH vom 26.3.1984, GHZ 91, 1; BGH vom 9.5.1968, NJW 1968, 1717; BGH vom 7.1.1965, WM 1965, 310.

schen Person bestellt worden sind, aber an der juristischen Person, z. B. einer GmbH, nicht als Gesellschafter kapitalmäßig beteiligt sind.

In der Literatur ist dies hingegen heftig umstritten. Insbesondere für nachvertragliche Wettbewerbsverbote mit Fremdorganen sollen die §§ 74 ff. HGB Anwendung finden. Als maßgebliches Argument wird angeführt, dass zumindest diese Fremdorgane in der Regel in wirtschaftlicher oder sozialer Abhängigkeit von der juristischen Person stehen und daher schutzbedürftig seien. Je nach Ausgestaltung ihres Dienstverhältnisses mit der juristischen Person würden diese sich dem Status eines schutzwürdigen Arbeitnehmers annähern, wenn sie hierdurch nicht ohnehin schon längst zu einem Arbeitnehmer geworden sind.

3.4.9.2 Gute Sitten als Prüfmaßstab

Obgleich die Rechtsprechung eine direkte oder analoge Anwendung der §§ 74 ff. HGB auf nachvertragliche Wettbewerbsverbote mit Organmitgliedern juristischer Personen strikt ablehnt, geht sie zugleich davon aus, dass solche nachvertraglichen Wettbewerbsverbote nicht schrankenlos und ohne die Möglichkeit einer gerichtliche Überprüfbarkeit vereinbart werden können.

Die Grenzen der vertraglichen Vereinbarung nachvertraglicher Wettbewerbsverbote werden durch § 138 BGB i.V.m. Art. 2, 12 GG und die hierzu ergangene Rechtsprechung gezogen.[120] Dabei sind bei der Prüfung der Zulässigkeit eines nachvertraglichen Wettbewerbsverbots und seines Inhalts keine zu geringen Anforderungen zu stellen.[121] Der verfassungsmäßig in Art 12 GG gesicherte Grundsatz der freien Berufswahl und -ausübung kann nur soweit eingeengt werden, wie besondere Umstände und Tatsachen anerkennenswerte Bedürfnisse eines Unternehmens begründen, sich davor zu schützen, dass ein Vertretungsorgan seine Tätigkeiten illoyal gegen das Unternehmen verwertet oder in sonstiger Weise seine Freiheit der Berufsausübung missbräuchlich nutzt.[122]

Dabei fließen die §§ 74 ff. HGB und die in ihnen zum Ausdruck gekommenen Rechtsgrundsätze als Bewertungsmaßstab mit in die Beurteilung eines nachvertraglichen Wettbewerbsverbots mit einem Vertretungsorgan einer juristischen Person ein. Hieraus folgt, dass nachvertragliche Wettbe-

[120] BGH vom 26.3.1984, BGHZ 91, 1.

[121] BGH vom 26.3.1984, BGHZ 91, 1; BGH vom 7.1.1965, WM 1965, 310.

[122] BGH vom 9.5.1968, 1717.

werbsverbote mit Vertretungsorganen juristischer Personen nur zulässig sind, wenn ein berechtigtes Interesse der juristischen Person an einem solchen besteht und hierdurch das berufliche Fortkommen des Vertretungsorgans in örtlicher, zeitlicher und gegenständlicher/inhaltlicher Hinsicht nicht unbillig erschwert wird.[123] So soll ein zwischen einer GmbH und ihrem Fremdgeschäftsführer entschädigungslos vereinbartes nachvertragliches Wettbewerbsverbot dann unwirksam sein, wenn der Geschäftsführer hierdurch übermäßig „geknebelt“ wird.[124]

3.4.9.3 Vertragliche Vereinbarung der §§ 74 ff. HGB

Selbstverständlich kann eine juristische Person als Dienstherr ihres Vertretungsorgans mit diesem als ihrem Dienstnehmer ein nachvertragliches Wettbewerbsverbot schließen und für dieses die Anwendbarkeit der §§ 74 ff. HGB vereinbaren. Soll ein nachvertragliches Wettbewerbsverbot vereinbart werden, so ist dieser Weg zu empfehlen. Denn hierdurch wird der vorgenannte Streit zwischen Rechtsprechung und Literatur umgangen und im Interesse der Parteien des nachvertraglichen Wettbewerbsverbots Rechtsklarheit und –sicherheit geschaffen.

Ist hingegen die spätere Bestellung eines Arbeitnehmers, z. B. eines leitenden Angestellten, zu einem Geschäftsführer einer GmbH vorgesehen, unterbleibt diese jedoch, finden die Regelungen der §§ 74 ff. HGB Anwendung. Gleiches gilt, wenn das Arbeitverhältnis vor der Bestellung zum Geschäftsführer einer GmbH endet.[125]

3.5 Zeitlicher Geltungsbereich des Wettbewerbsverbots nach § 74 HGB

Die §§ 74 ff. HGB gelten in zeitlicher Hinsicht nur für den Zeitraum nach der Beendigung eines Arbeitsverhältnisses. Keine Rolle spielt es dabei, weshalb das Arbeitsverhältnis sein Ende gefunden hat. Es kann wie folgt unterschieden werden:

---

[123] BGH vom 4.3.2002, GmbHR 2002, 431; BGH vom 26.3.1984, BGHZ 91, 1; BGH vom 9.5.1968, NJW 1968, 1717.

[124] BGH vom 17.2.1992, BB 1992, 723; a. A. aber OLG Düsseldorf vom 22.8.1996, WiB 1997, 84.

[125] BAG vom 24.9.2004, DB 2005, 779.

3.5.1 Kündigung des Arbeitsverhältnisses vor seinem Beginn

Unstreitig können Arbeitsverhältnisse auch in der Zeit zwischen dem Abschluss des Arbeitsvertrages und dem tatsächlichen Beginn des Arbeitsverhältnisses, also der erstmaligen Arbeitsaufnahme, gekündigt werden. Wird ein Arbeitsverhältnis in diesem Zeitraum gekündigt, so zu differenzieren:

Keine Kenntniserlangung

Sofern der Arbeitnehmer während der laufenden Kündigungsfrist mit der Erbringung seiner Tätigkeiten noch nicht begonnen hat, z. B. aufgrund einer nach der Kündigung erfolgten Freistellung von der Erbringung seiner Arbeitsleistungen oder weil die Kündigungsfrist vor dem vereinbarten Zeitpunkt der Arbeitsaufnahme abgelaufen ist, gilt das Wettbewerbsverbot im Zweifel nicht. Denn in diesem Fall wäre der Arbeitnehmer zu keinem Zeitpunkt mit dem Arbeitgeber, seinem Unternehmen und dessen Interna in Berührung gekommen, sodass schutzwürdige Interesse des Arbeitgebers an einem nachvertraglichen Wettbewerbsverbot nicht bestehen.[126]

Kenntniserlangung

Hat der Arbeitnehmer hingegen während der Kündigungsfrist bereits tatsächlichen Kontakt zum Unternehmen seines Arbeitgebers erlangt, z. B. in Form von Einführungsveranstaltungen oder Seminaren, hat er während der Kündigungsfrist bereits mit der Erbringung seiner Arbeitsleistungen begonnen oder wurde er während des Laufs der Kündigungsfrist vom Arbeitgeber bereits in seinen Tätigkeitsbereich eingewiesen, so behält das nachvertragliche Wettbewerbsverbot seine Gültigkeit und tritt ab der rechtlichen Beendigung des Arbeitsverhältnisses in Kraft.

Dies setzt jedoch voraus, dass der Arbeitnehmer hierdurch in die Interna des Unternehmens des Arbeitgebers Einblick erlangen und entsprechende Kenntnisse sammeln konnte.[127] Denn nur dann besteht eine entsprechende Interessenlage des Arbeitgebers an der Wirksamkeit eines nachvertraglichen Wettbewerbsverbots. Soweit der Einblick des Arbeitnehmers in die Interna des Unternehmens des Arbeitgebers oder die hieraus erlangten Kenntnisse nur marginaler Natur sind, dürfte das nachvertragliche Wettbewerbsverbot keinen Bestand haben. Denn in diesem Fall sind die schutzwürdigen Interessen des Arbeitgebers noch nicht hinreichend genug

[126] BAG vom 26.5.1992, DB 1992, 2300.

[127] BAG vom 3.2.1987, AP § 75 HGB Nr. 54.

beeinträchtigt. In welcher Tiefe ein Arbeitnehmer Einblick in die Interna des Unternehmens des Arbeitgebers erlangt haben muss, um hierdurch schutzwürdige Interessen des Arbeitgebers zu beeinträchtigen, wird regelmäßig im Rahmen einer Prüfung des jeweiligen konkreten Einzelfalls zu entscheiden sein. Hiervon wird abhängig sein, ob berechtigte Interessen des Arbeitgebers vorliegen, den Arbeitnehmer am nachvertraglichen Wettbewerbsverbot festzuhalten.

3.5.2 Ordentliche arbeitgeberseitige Kündigung

Kündigt ein Arbeitnehmer das Arbeitsverhältnis mit seinem Arbeitnehmer ordentlich, so ist wie folgt zu differenzieren:

3.5.2.1 Festhalten am nachvertraglichen Wettbewerbsverbot

Zunächst kann der Arbeitnehmer an dem vereinbarten nachvertraglichen Wettbewerbsverbot festhalten. Dies wird für ihn insbesondere dann interessant bzw. von Vorteil sein, wenn er im Anschluss an die Beendigung des Arbeitsverhältnisses voraussichtlich arbeitslos sein wird oder wenn er ein gesteigertes Interesse am Bezug der Karenzentschädigung hat.

3.5.2.2 Lossagung vom nachvertraglichen Wettbewerbsverbot nach § 75 Abs. 2 HGB

Hat der Arbeitgeber das Arbeitsverhältnis ordentlich gekündigt, so kann sich der Arbeitnehmer nach § 75 Abs. 2 HGB vom nachvertraglichen Wettbewerbsverbot lossagen.

Lossagung durch den Arbeitnehmer

Kündigt der Arbeitgeber das Arbeitsverhältnis mit seinem Arbeitnehmer ordentlich[128], so erlangt sein Arbeitnehmer gemäß § 75 Abs. 2 Satz 1 HGB i.V.m. § 75 Abs. 1 HGB ein Recht, sich vom Wettbewerbsverbot loszusagen. Dies gilt hingegen nach § 75 Abs. 2 Satz 1 HGB nicht, wenn für die ordentliche Kündigung ein erheblicher Anlass in der Person des Arbeitnehmers gegeben ist oder dass sich der Arbeitgeber bei der Kündigung bereit erklärt, während der Dauer der Beschränkung durch das nachvertragliche Wettbewerbsverbot die vollen zuletzt bezogenen vertragsmäßigen Leistungen zu gewähren. Was die Zahlung und die Berechnung dieser dann „vollen" Karenzentschädigung anbelangt, verweist § 75 Abs. 2 Satz

[128] BAG vom 26.9.1963, AP § 75 HGB Nr. 1.

2 HGB auf die Regelung des § 74 b HGB, die die Berechnung der Karenzentschädigung regelt. Ein Verweis auf § 74 c HGB, der die Anrechnung anderweitigen Erwerbs auf die Karenzentschädigung zum Inhalt hat, fehlt hingegen.

Das Lossagungsrecht des Arbeitnehmers ist zeitlich befristet. Nach § 75 Abs. 1 HGB muss der Arbeitnehmer sein Lossagungsrecht vor Ablauf eines Monats nach der Kündigung schriftlich erklären und zwar in der Weise, dass er sich an die nachvertragliche Wettbewerbsvereinbarung nicht gebunden erachte. Maßgeblich für den Beginn dieser Monatsfrist ist der Zugang der schriftlichen Kündigung des Arbeitgebers.

Das Lossagungsrecht des Arbeitnehmers nach § 75 Abs. 2 HGB stellt eine einseitige empfangsbedürftige Willenserklärung dar. Diese wird nach §§ 130 ff. BGB erst mit Zugang beim Arbeitgeber wirksam. Der Zugang muss innerhalb der Monatsfrist des § 75 Abs. 1 BGB beim Arbeitgeber erfolgen. § 75 Abs. 1 HGB schreibt vor, dass das Lossagungsrecht schriftlich erklärt werden muss. Der Arbeitnehmer muss dabei sein Lossagungsrecht nicht ausdrücklich erklären. Es genügt, dass dies konkludent geschieht, solange sich aus der Erklärung des Arbeitnehmers nur eindeutig ergibt, dass er sich nicht an das nachvertragliche Wettbewerbsverbot gebunden fühle und keine Karenzentschädigung verlange.[129]

Ein vertraglicher Ausschluss des Lossagungsrechts des Arbeitnehmers nach § 75 Abs. 2 HGB ist gemäß § 75 d HGB unwirksam.[130] Auf Vereinbarungen, die von §§ 74 bis 75 c HGB zum Nachteil des Arbeitnehmers abweichen, kann sich der Arbeitgeber nach § 75 d Satz 1 HGB nicht berufen.

Rechtsfolgen der Lossagung nach § 75 Abs. 2 HGB

Hat ein Arbeitnehmer wirksam das ihm zustehende Lossagungsrecht nach § 75 Abs. 2 HGB ausgeübt, so wird das vereinbarte nachvertragliche Wettbewerbsverbot mit Zugang der entsprechenden Willenserklärung des Arbeitnehmers beim Arbeitgeber wirkungslos.

Dies hat zur Folge, dass der Arbeitnehmer von seiner Verpflichtung zur Unterlassung von Wettbewerb nach Beendigung seines Arbeitsverhältnisses frei wird.

---

[129] BAG vom 13.4.1978, AP § 75 HGB Nr. 7.

[130] BAG vom 14.1.1981, AP § 75 HGB Nr. 8.

Der Arbeitgeber hingegen wird in diesem Augenblick von seiner Verpflichtung zur Zahlung einer Karenzentschädigung nach § 74 Abs. 2 HGB frei. Der Arbeitnehmer kann daher nach seinem wirksam ausgeübten Lossagungsrecht keine Karenzentschädigung vom Arbeitgeber verlangen.

Einschränkung des Lossagungsrechts des Arbeitnehmers nach § 75 Abs. 2 HGB

Dem Arbeitgeber stehen hingegen nach § 75 Abs. 2 HGB zwei Möglichkeiten zur Verfügung, das Lossagungsrecht des Arbeitnehmers entfallen zu lassen.

Zum einen entfällt das Lossagungsrecht des Arbeitnehmers nach § 75 Abs. 2 Satz 1 Var. 1 HGB dann, wenn für die Kündigung des Arbeitsverhältnisses durch den Arbeitgeber ein erheblicher Anlass in der Person des Arbeitnehmers gegeben ist. Als erheblicher Anlass in der Person des Arbeitnehmers kommen Gründe in Betracht, die den Arbeitgeber zu einer wirksamen verhaltensbedingten Kündigung des Arbeitsverhältnisses berechtigen. Insbesondere sind hier die wichtigen Gründe i.S.d. § 626 Abs. 1 BGB zu nennen, also solche, die den Arbeitgeber zu einer außerordentlichen Kündigung des Arbeitsverhältnisses berechtigen. Das ist der Fall, wenn Tatsachen vorliegen, auf Grund derer dem Arbeitgeber unter Berücksichtigung aller Umstände des Einzelfalls und unter Abwägung seiner Interessen und der des Arbeitnehmers die Fortsetzung des Arbeitsverhältnisses bis zum Ablauf der ordentlichen Kündigungsfrist oder bis zu seiner vereinbarten Beendigung nicht zugemutet werden kann. Ebenso ist aber auch ein Umstand als ein erheblicher Anlass zu werten, der den Arbeitgeber zu einer wirksamen personenbedingten Kündigung berechtigt. Zu denken ist hier z. B. an die Gründe für eine personenbedingte Kündigung wegen Krankheit des Arbeitnehmers. Keinen erheblichen Anlass i.S.d. § 75 Abs. 2 Satz 1 Var. 1 HGB stellen all jene Gründe dar, die den Arbeitgeber zu einer betriebsbedingten Kündigung i.S.d. § 1 KSchG, berechtigen. Denn eine betriebsbedingte Kündigung kann niemals auf einem Anlass in der Person des Arbeitnehmers beruhen. Der erhebliche in der Person des Arbeitnehmers vorliegende Anlass setzt kein Verschulden des Arbeitnehmers voraus, sodass auch unverschuldete Anlässe in der Person des Arbeitnehmers, z. B. dessen Krankheit, dessen Lossagungsrecht entfallen lassen können. Denn der Wegfall des Lossagungsrechts stellt keine Sanktion eines schuldhaften bzw. vorwerfbaren Fehlverhaltens des Arbeitnehmers dar, sondern die Konsequenz einer Abwägung der wechselseitigen Interessen des Arbeitgebers und seines Arbeitnehmers.

Zum anderen kann der Arbeitgeber das Lossagungsrecht des Arbeitnehmers nach § 75 Abs. 2 Satz 1 Var. 2 HGB dadurch abwenden, dass er ihm bei Ausspruch der Kündigung des Arbeitsverhältnisses, also bei Zugang der Kündigungserklärung, eine Karenzentschädigung in der vollen Höhe der zuletzt vom Arbeitnehmer bezogenen arbeitsvertragsmäßigen Leistungen anbietet. Nach § 74 Abs. 2 HGB muss ein Arbeitgeber sich ansonsten grundsätzlich nur dazu verpflichten, eine Karenzentschädigung zu zahlen, die für jedes Jahr des nachvertraglichen Wettbewerbsverbots mindestens der Hälfte der vom Arbeitnehmer zuletzt bezogenen arbeitsvertragsmäßigen Leistungen erreicht. Was die Zahlung und die Berechnung dieser erhöhten Karenzentschädigung anbelangt, verweist § 75 Abs. 2 Satz 2 HGB auf § 74 b HGB, der die Zahlung und Berechnung einer Karenzentschädigung regelt. Ein Verweis auf die Regelung des § 74 c HGB, der die Anrechnung anderweitigen Erwerbs des Arbeitnehmers im Falle einer Karenzentschädigung nach § 74 Abs. 2 HGB zum Gegenstand hat, fehlt. Ein anderweitiger Erwerb ist daher im Falle einer erhöhten Karenzentschädigung nach § 75 Abs. 2 Satz 1 Var. 2 HGB nicht anzurechnen[131], was jedoch in der Literatur anders bewertet wird. Hat sich der Arbeitgeber hingegen bereits von vornherein bei Abschluss des nachvertraglichen Wettbewerbsverbots nach § 74 Abs. 2 HGB arbeitsvertraglich zur Zahlung einer Karenzentschädigung verpflichtet, die der nach § 75 Abs. 2 Satz 1 Var. 2 HGB entspricht, so steht dem Arbeitnehmer ein Lossagungsrecht nach § 75 Abs. 2 Satz 1 HGB nicht mehr zu. Denn in diesem Fall steht dem Arbeitnehmer ohnehin seit Abschluss des nachvertraglichen Wettbewerbsverbots ein Anspruch auf eine erhöhte Karenzentschädigung zu.

3.5.3 Außerordentliche arbeitgeberseitige Kündigung

Die außerordentliche arbeitgeberseitige Kündigung des Arbeitsverhältnisses wegen arbeitsvertragswidrigen Verhaltens des Arbeitnehmers und die hiermit verbundenen Rechtsfolgen auf das nachvertragliche Wettbewerbsverbot sind in § 75 Abs. 3 HGB geregelt.

Ein Rückgriff auf § 75 Abs. 3 HGB ist jedoch nicht (mehr) möglich, da das BAG § 75 Abs. 3 HGB im Jahr 1977 für verfassungswidrig und nichtig erklärt hat[132], nachdem es bereits im Jahr 1973 erhebliche Zweifel an der Verfassungsmäßigkeit und damit an der Wirksamkeit dieser Vorschrift

[131] So schon RG vom 19.10.1926, RGZ 114, 418.

[132] BAG vom 23.2.1977, AP § 75 HGB Nr. 6.

geäußert hatte.[133] Denn § 75 Abs. 3 HGB verstößt gegen Art. 3 GG, da diese Regelung den Arbeitnehmer ohne sachlichen Grund schlechter stellt als seinen Arbeitgeber. So hat der außerordentlich kündigende Arbeitnehmer gemäß § 75 Abs. 1 HGB lediglich die Wahl zwischen Fortbestehen oder Wegfall des nachvertraglichen Wettbewerbsverbots, nicht aber die Möglichkeit die Karenzentschädigung zu beziehen und gleichzeitig Wettbewerb zu betreiben. Entsprechend § 75 Abs. 3 HGB sollte hingegen die Pflicht des Arbeitnehmers zur Unterlassung von nachvertraglichem Wettbewerb fortbestehen, der Anspruch auf Karenzentschädigung hingegen entfallen. Mit seiner Entscheidung aus dem Jahr 1977 hat das BAG den letzten Fall eines nachvertraglichen Wettbewerbsverbots ohne Karenzentschädigung beseitigt. Fortan gilt ausnahmslos der Grundsatz, dass es kein nachvertragliches Wettbewerbsverbot mehr ohne Karenzentschädigung gibt.

Die durch die Nichtigkeit von § 75 Abs. 3 HGB entstandene Lücke hat die Rechtsprechung seitdem durch eine Analogie zum Lossagungsrecht des Arbeitnehmers nach § 75 Abs. 1 HGB geschlossen.[134] Kündigt ein Arbeitgeber daher das Arbeitsverhältnis außerordentlich wegen vertragswidrigen Verhaltens seines Arbeitnehmers, so kann sich der Arbeitgeber analog § 75 Abs. 1 HGB vom nachvertraglichen Wettbewerbsverbot lossagen. Voraussetzung hierfür ist aber ebenso, dass der Arbeitgeber binnen einer Frist von einem Monat gerechnet ab Zugang der außerordentlichen Kündigung schriftlich erklärt, dass er sich an das nachvertragliche Wettbewerbsverbot nicht mehr gebunden erachtet.

3.5.3.1 Lossagung durch den Arbeitgeber analog § 75 Abs. 1 HGB

Kündigt der Arbeitgeber das Arbeitsverhältnis außerordentlich wegen vertragswidrigen Verhaltens des Arbeitnehmers, so erlangt der Arbeitgeber analog § 75 Abs. 1 HGB ein Recht, sich vom nachvertraglichen Wettbewerbsverbot loszusagen.

Vertragswidriges Verhalten des Arbeitnehmers

§ 75 Abs. 3 HGB verweist, was das arbeitsvertragswidrige Verhalten des Arbeitnehmers anbelangt, noch auf §§ 70, 72 HGB. Abgesehen davon,

---

[133] BAG vom 26.10.1973, AP § 75 HGB Nr. 5.

[134] BAG vom 19.5.1998, AP § 75 HGB Nr. 10; BAG vom 17.02. 1987, AP § 75 a HGB Nr. 4; BAG vom 23.2.1977, AP § 75 HGB Nr. 6.

dass § 75 Abs. 3 HGB, wie bereits dargelegt wurde, verfassungswidrig ist, sind auch die Vorschriften der §§ 70, 72 HGB durch das erste Arbeitsrechtsbereinigungsgesetz vom 14.8.1969[135] aufgehoben und durch § 626 BGB ersetzt worden.

Zur Prüfung, ob ein arbeitsvertragswidriges Verhalten eines Arbeitnehmers gegeben ist, ist daher auf die allgemeinen Regelungen zurückzugreifen. Von einem solchen kann insbesondere dann ausgegangen werden, wenn dieses einen wichtigen Grund i.S.d. § 626 Abs. 1 BGB darstellt, der den Arbeitgeber berechtigt, das Arbeitsverhältnis außerordentlich zu kündigen.

Ordentliche statt außerordentliche Kündigung des Arbeitgebers

Besonders hervorzuheben ist, dass das Lossagungsrecht des Arbeitgebers analog § 75 Abs. 1 HGB nicht nur dann besteht, wenn er das Arbeitsverhältnis mit dem Arbeitnehmer wegen dessen arbeitsvertragwidrigen Verhaltens kündigt, sondern auch dann, wenn er statt einer außerordentlichen Kündigung eine ordentliche Kündigung erklärt, einen Auflösungsantrag nach § 9 KSchG stellt oder einen Aufhebungsvertrag schließt.[136] Denn der Arbeitgeber darf nicht deshalb schlechter gestellt werden, nur weil er statt des schärferen Mittels der außerordentlichen Kündigung ein milderes wählt, wie z. B. eine ordentliche Kündigung.

Wählt der Arbeitgeber ein solches milderes Mittel, so muss er seinen Arbeitnehmer jedoch hierauf hinweisen, also darauf, dass er statt einer außerordentlichen Kündigung zu einer milderen Form der Beendigung des Arbeitsverhältnisses übergeht, um den Arbeitnehmer zu schonen. Zudem muss der Arbeitgeber den Arbeitnehmer innerhalb der Zwei-Wochen-Frist des § 626 Abs. 2 BGB – gerechnet ab Kenntniserlangung vom wichtigen Grund i.S.d. § 626 Abs. 1 BGB – davon in Kenntnis setzen, dass er das mildere Mittel der Beendigung des Arbeitsverhältnisses, z. B. die ordentliche Kündigung bzw. den Aufhebungsvertrag, wegen des vertragswidrigen Verhaltens des Arbeitnehmers wählt, anstatt das Arbeitsverhältnis mittels einer außerordentlichen Kündigung zu beenden. Dies sollte der Arbeitgeber aus Eigeninteresse tunlichst auch schriftlich in die Tat umsetzen, z. B. in einem Aufhebungsvertrag oder in einem Kündigungsschreiben, alleine

---

[135] BGBl. I, S. 1106.

[136] BAG vom 24.4.1970, AP § 74 HGB Nr. 25; BAG vom 2.12.1963, AP § 75 HGB Nr. 2.

um dies im Zweifel beweisen zu können und um seines Lossagungsrechts nicht verlustig zu gehen.

Zeitliche Befristung des Lossagungsrechts des Arbeitgebers

Das Lossagungsrecht des Arbeitgebers ist jedoch – wie auch das des Arbeitnehmers nach § 75 Abs. 2 HGB – zeitlich befristet. Analog § 75 Abs. 1 HGB muss der Arbeitgeber von seinem Lossagungsrecht vor Ablauf eines Monats nach der Kündigung schriftlich in der Weise Gebrauch machen, dass er seinem Arbeitnehmer gegenüber erklärt, dass er sich an die nachvertragliche Wettbewerbsvereinbarung nicht (mehr) gebunden erachte. Maßgeblich für den Beginn dieser Monatsfrist ist der Zugang der schriftlichen Kündigung des Arbeitgebers, nicht die Beendigung des Arbeitsverhältnisses. Dies gilt auch, wenn die Arbeitsvertragsparteien nach vorausgegangener außerordentlicher oder ordentlicher Kündigung des Arbeitgebers zu einem Aufhebungsvertrag (Abwicklungsvertrag) übergehen, um das Arbeitsverhältnis abzuwickeln. Wählt der Arbeitgeber von vornherein den Weg eines Aufhebungsvertrages, so beginnt die Monatsfrist bereits in dem Augenblick, in dem der Arbeitgeber sich auf das vertragswidrige Verhalten des Arbeitnehmers beruft und den Wunsch nach Auflösung des Arbeitsverhältnisses äußert.

Rechtsnatur und Ausübung des Lossagungsrechts des Arbeitgebers

Auch das Lossagungsrecht des Arbeitgebers analog § 75 Abs. 1 HGB stellt eine einseitige empfangsbedürftige Willenserklärung dar. Diese wird nach §§ 130 ff. BGB erst mit Zugang beim Arbeitnehmer wirksam. Der Zugang muss innerhalb der Monatsfrist des § 75 Abs. 1 BGB beim Arbeitnehmer erfolgen. § 75 Abs. 1 HGB schreibt vor, dass das Lossagungsrecht schriftlich erklärt werden muss.

Der Arbeitgeber muss – wie auch der Arbeitnehmer – sein Lossagungsrecht nicht ausdrücklich erklären. Es genügt, dass dies konkludent geschieht, solange sich aus seiner Erklärung hinreichend deutlich ergibt, dass er sich nicht an das Wettbewerbsverbot gebunden fühle und keine Karenzentschädigung zahlen wolle. Hier soll es z. B. genügen, dass sich ein Arbeitgeber gegenüber seinem Arbeitnehmer dahingehend erklärt, dass er diesen Arbeitnehmer vom nachvertraglichen Wettbewerbsverbot „entbinde“ und keine Karenzentschädigung zahlen werde.[137] Bei etwaigen Zwei-

[137] BAG vom 19.5.1998, AP § 75 HGB Nr. 10.

feln gehen diese zu Lasten des Arbeitgebers, sodass keine wirksame Lossagung gegeben ist.[138]

3.5.3.2 Rechtsfolgen der Lossagung des Arbeitgebers analog § 75 Abs. 1 HGB

Übt der Arbeitgeber sein Lossagungsrecht analog § 75 Abs. 1 HGB wirksam aus, so ergeben sich folgende Rechtsfolgen:

Wahlrecht des Arbeitgebers

Hat ein Arbeitgeber wirksam das ihm analog § 75 Abs. 1 HGB ausgeübt, so wird das vereinbarte nachvertragliche Wettbewerbsverbot mit Zugang der entsprechenden Willenserklärung des Arbeitgebers beim Arbeitnehmer wirkungslos. Dies hat zur Folge, dass der Arbeitnehmer von seiner Verpflichtung zur Unterlassung von Wettbewerb nach Beendigung seines Arbeitsverhältnisses frei wird.

Der Arbeitgeber hingegen wird in diesem Augenblick von seiner Verpflichtung zur Zahlung einer Karenzentschädigung nach § 74 Abs. 2 HGB frei. Der Arbeitnehmer kann daher nach dem von seinem Arbeitgeber wirksam ausgeübten Lossagungsrecht keine Karenzentschädigung mehr von diesem verlangen.

Auch dem Arbeitgeber steht mithin ein Wahlrecht zu, entweder wegen des vertragswidrigen Verhaltens seines Arbeitnehmers das Arbeitsverhältnis zu beenden und sich vom nachvertraglichen Wettbewerbsverbot loszusagen oder aber von seinem Lossagungsrecht keinen Gebrauch zu machen, um am nachvertraglichen Wettbewerbsverbot gegen Zahlung einer Karenzentschädigung festzuhalten.[139]

Schadensersatz und quasi-nachvertragliches Wettbewerbsverbot

Dem Arbeitgeber bleiben zudem weitergehende Ansprüche gegen seinen Arbeitnehmer erhalten.

So kann der Arbeitgeber nach § 628 Abs. 2 BGB Schadensersatz von seinem Arbeitnehmer wegen dessen vertragswidrigen Verhaltens verlangen, sofern dieses einen wichtigen Grund i.S.d. § 626 Abs. 1 BGB darstellt.[140] In diesem Fall kann der Arbeitgeber den tatsächlich entstandenen

---

[138] BAG vom 13.4.1978, AP § 75 HGB Nr. 7.

[139] BAG vom 18.11.1967, AP § 74 HGB Nr. 21.

[140] BAG vom 23.2.1977, AP § 75 HGB Nr. 6.

Schaden geltend machen. Er kann aber auch statt dessen nach § 249 BGB im Wege der sog. Naturalrestitution von dem wegen vertragswidrigen Verhaltens ausgeschiedenen Arbeitnehmer Schadensersatz in der Weise verlangen, dass dieser Wettbewerb nachvertraglich unterlässt, und zwar für den Zeitraum gerechnet ab Zugang der außerordentlichen Kündigung bis zum Ablauf der Kündigungsfrist, die bei einer ordentlichen Kündigung bis zum nächstmöglichen Kündigungstermin hätte eingehalten werden müssen (sog. quasinachvertragliches Wettbewerbsverbot).[141] Für dieses nachvertragliche Wettbewerbsverbot steht dem Arbeitnehmer kein Anspruch auf Zahlung einer Karenzentschädigung zu.[142] Dies stellt auch keinen Widerspruch zu dem Grundsatz dar, dass es kein nachvertragliches Wettbewerbsverbot ohne Zahlung einer Karenzentschädigung geben darf. Wegen dieses Grundsatzes hatte das BAG § 75 Abs. 3 HGB gerade wegen Verfassungswidrigkeit verworfen. Denn das nachvertragliche Wettbewerbsverbot erstreckt sich in diesem Fall nur auf den Zeitraum gerechnet ab dem Zugang der außerordentlichen Kündigung bis zum Ablauf der ordentlichen Kündigungsfrist und nicht auf den Zeitraum nach § 74 a Abs. 1 Satz 3 HGB, also für einem Zeitraum von nicht mehr als zwei Jahren.[143]

3.5.4 Ordentliche arbeitnehmerseitige Kündigung

Kündigt der Arbeitnehmer sein Arbeitsverhältnis ordentlich, so bleibt das nachvertragliche Wettbewerbsverbot bestehen. Es beginnt mit dem Ablauf der ordentlichen Kündigungsfrist, also mit der rechtlichen Beendigung des Arbeitsverhältnisses.

Lediglich für den Fall, dass der Arbeitnehmer sein Arbeitsverhältnis wegen vertragswidrigen Verhaltens seines Arbeitgebers ordentlich statt außerordentlich kündigt, kann er nach § 75 Abs. 1 HGB vorgehen. Hierzu nachfolgend mehr.

3.5.5 Außerordentliche arbeitnehmerseitige Kündigung

Die außerordentliche arbeitnehmerseitige Kündigung des Arbeitsverhältnisses wegen arbeitsvertragswidrigen Verhaltens des Arbeitgebers und die hiermit verbundenen Rechtsfolgen auf das nachvertragliche Wettbewerbsverbot sind in § 75 Abs. 1HGB geregelt.

---

[141] BAG vom 23.2.1977, AP § 75 HGB Nr. 6; a. A. OLG Frankfurt am Main vom 13.5.1977, GmbHR 1988, 376.

[142] BAG vom 23.2.1977, AP § 75 HGB Nr. 6.

[143] BAG vom 23.2.1977, AP § 75 HGB Nr. 6.

3.5.5.1 Lossagung durch den Arbeitnehmer nach § 75 Abs. 1 HGB

Kündigt der Arbeitnehmer das Arbeitsverhältnis außerordentlich wegen vertragswidrigen Verhaltens des Arbeitgebers, so erlangt der Arbeitnehmer gemäß § 75 Abs. 1 HGB ein Recht, sich vom nachvertraglichen Wettbewerbsverbot loszusagen.

Vertragswidriges Verhalten des Arbeitgebers

Was das vertragswidrige Verhalten des Arbeitgebers anbelangt, verweist § 75 Abs. 1 HGB noch auf die §§ 70, 71 HGB, die jedoch aufgrund des ersten Arbeitsrechtsbereinigungsgesetzes vom 14.8.1969[144] aufgehoben wurden. Sie sind durch § 626 BGB ersetzt worden.

Ein arbeitsvertragswidriges Verhalten des Arbeitgebers kann sich daher insbesondere aus den wichtigen Gründen ergeben oder auf solchen beruhen, die den Arbeitnehmer nach § 626 Abs. 1 BGB zu einer außerordentlichen Kündigung des Arbeitsverhältnisses berechtigen.

Zu beachten ist jedoch, dass das Vorliegen eines wichtigen Grundes i.S.d. § 626 Abs. 1 BGB alleine nicht ausreicht, um das Lossagungsrecht gemäß § 75 Abs. 1 HGB entstehen zu lassen. Hinzukommen muss vielmehr auch, dass sich der Arbeitgeber nach § 75 Abs. 1 HGB vertragswidrig verhält. Hieran fehlt es beispielsweise, wenn der Arbeitnehmer das Arbeitsverhältnis aus wichtigen Gründen i.S.d. § 626 Abs. 1 BGB kündigt, die aus seiner eigenen Sphäre herrühren, so z. B. die „einmalige“ Gelegenheit eines außergewöhnlichen beruflichen Fortkommens[145], das unzumutbare Absinken der Einkünfte eines auf Provisionsbasis arbeitenden Arbeitnehmers trotz gleich bleibenden Arbeitseinsatzes[146] oder die Berufung auf Gewissensgründe.

Ordentliche statt außerordentliche Kündigung des Arbeitnehmers

Besonders hervorzuheben ist auch hier, dass das Lossagungsrecht des Arbeitnehmers nach § 75 Abs. 1 HGB nicht nur dann besteht, wenn er das Arbeitsverhältnis mit dem Arbeitgeber wegen dessen arbeitsvertragwidrigen Verhaltens außerordentlich kündigt, sondern auch dann, wenn er statt einer außerordentlichen Kündigung einen anderen, weniger einschneiden-

---

[144] BGBl. I, S. 1106.

[145] LAG Schleswig-Holstein vom 31.7.1962, DB 1962, 1543.

[146] LAG Baden-Württemberg vom 24.7.1969, BB 1969, 1312.

den Weg der Beendigung seines Arbeitsverhältnisses wählt. Maßgeblich ist nur, dass der Arbeitnehmer zu einer außerordentlichen Kündigung berechtigt ist.[147] So findet § 75 Abs. 1 HGB auch dann Anwendung, wenn der Arbeitnehmer statt der für ihn rechtlich statthaften außerordentlichen Kündigung eine ordentliche Kündigung ausspricht, einen Auflösungsantrag nach § 9 KSchG stellt oder auf seine Veranlassung hin ein Aufhebungsvertrag geschlossen wird.[148] Denn der Arbeitnehmer darf nicht deshalb schlechter gestellt werden, nur weil er statt des schärferen Mittels der außerordentlichen Kündigung ein milderes, weniger einschneidendes wählt, wie z. B. eine ordentliche Kündigung.

Wählt der Arbeitnehmer ein solches milderes Mittel, so muss er, wenn er seines Lossagungsrechts nach § 75 Abs. 1 HGB nicht verlustig gehen will, seinen Arbeitgeber hierauf hinweisen, also darauf, dass er statt einer außerordentlichen Kündigung zu einer milderen Form der Beendigung des Arbeitsverhältnisses übergeht. Für den Arbeitgeber muss der Zusammenhang zwischen dem milderen Mittel der Beendigung des Arbeitsverhältnisses und seinem vertragswidrigen Verhalten klar zu erkennen sein. Ist dies nicht der Fall, so geht der Arbeitnehmer seines Lossagungsrechts nach § 75 Abs. 1 HGB verlustig.[149]

Zudem muss der Arbeitnehmer den Arbeitgeber innerhalb der Zwei-Wochen-Frist des § 626 Abs. 2 BGB – gerechnet ab Kenntniserlangung vom wichtigen Grund i.S.d. § 626 Abs. 1 BGB – davon in Kenntnis setzen, dass er statt einer außerordentlichen Kündigung des Arbeitsverhältnisses ein milderes Mittel seiner Beendigung wegen des vertragswidrigen Verhaltens des Arbeitgebers gewählt habe, z. B. eine ordentliche Kündigung bzw. einen Aufhebungsvertrag. Dies sollte der Arbeitnehmer aus Eigeninteresse tunlichst auch schriftlich in die Tat umsetzen, z. B. in einem Aufhebungsvertrag oder in einem Kündigungsschreiben, alleine um dies im Zweifel beweisen zu können und um seines Lossagungsrechts nicht verlustig zu gehen.

Zeitliche Befristung des Lossagungsrechts des Arbeitnehmers

---

[147] BAG vom 26.9.1963, § 75 HGB Nr. 1.

[148] BAG vom 18.11.1967, AP § 74 HGB Nr. 21; BAG vom 24.9.1965, AP § 74 HGB Nr. 3; BAG vom 2.12.1963, AP § 75 HGB Nr. 2; BAG vom 26.9.1963, AP § 75 HGB Nr. 1.

[149] BAG 18.11.1967, AP § 74 HGB Nr. 21; BAG vom 2.12.1963, AP § 75 HGB Nr. 2.

Das Lossagungsrecht des Arbeitnehmers ist zeitlich befristet. Nach § 75 Abs. 1 HGB muss der Arbeitnehmer von seinem Lossagungsrecht vor Ablauf eines Monats nach dem Zugang der Kündigung schriftlich in der Weise Gebrauch machen, dass er seinem Arbeitgeber gegenüber erklärt, dass er sich an die nachvertragliche Wettbewerbsvereinbarung nicht gebunden erachte. Maßgeblich für den Beginn dieser Monatsfrist ist der Zugang der schriftlichen Kündigung des Arbeitnehmers, nicht die Beendigung des Arbeitsverhältnisses. Dies gilt auch, wenn die Arbeitsvertragsparteien nach vorausgegangener außerordentlicher oder ordentlicher Kündigung des Arbeitnehmers zu einem Aufhebungsvertrag (Abwicklungsvertrag) übergehen, um das Arbeitsverhältnis abzuwickeln. Wählt der Arbeitnehmer von vornherein den Weg eines Aufhebungsvertrages, so beginnt die Monatsfrist bereits in dem Augenblick, in dem der Arbeitnehmer sich auf das vertragswidrige Verhalten seines Arbeitgebers beruft und den Wunsch nach Auflösung des Arbeitsverhältnisses äußert.

Rechtsnatur und Ausübung des Lossagungsrechts des Arbeitnehmers

Das Lossagungsrecht des Arbeitnehmers nach § 75 Abs. 1 HGB stellt eine einseitige empfangsbedürftige Willenserklärung dar. Diese wird nach §§ 130 ff. BGB erst mit Zugang beim Arbeitgeber wirksam. Der Zugang muss innerhalb der Monatsfrist des § 75 Abs. 1 BGB beim Arbeitgeber erfolgen. § 75 Abs. 1 HGB schreibt vor, dass das Lossagungsrecht schriftlich erklärt werden muss.

Der Arbeitnehmer muss sein Lossagungsrecht nicht ausdrücklich erklären. Es genügt, dass dies konkludent geschieht, solange sich aus seiner Erklärung hinreichend deutlich ergibt, dass er sich nicht an das nachvertragliche Wettbewerbsverbot gebunden fühle und keine Karenzentschädigung beanspruche. Bei etwaigen Zweifeln gehen diese zu Lasten des Arbeitnehmers.

3.5.5.2 Rechtsfolgen der Lossagung des Arbeitnehmers nach § 75 Abs. 1 HGB

Übt der Arbeitnehmer sein Lossagungsrecht nach § 75 Abs. 1 HGB wirksam aus, so ergeben sich folgende Rechtsfolgen:

Wahlrecht des Arbeitnehmers

Hat ein Arbeitnehmer wirksam das ihm nach § 75 Abs. 1 HGB zustehende Lossagungsrecht ausgeübt, so wird das vereinbarte nachvertragliche Wettbewerbsverbot mit Zugang der entsprechenden Willenserklärung des Arbeitnehmers beim Arbeitgeber wirkungslos. Dies hat zur Folge, dass der

Arbeitnehmer von seiner Verpflichtung zur Unterlassung von Wettbewerb nach Beendigung seines Arbeitsverhältnisses frei wird.

Der Arbeitgeber hingegen wird in diesem Augenblick von seiner Verpflichtung zur Zahlung einer Karenzentschädigung nach § 74 Abs. 2 HGB frei. Der Arbeitnehmer kann daher nach dem von ihm wirksam ausgeübten Lossagungsrecht keine Karenzentschädigung mehr von seinem Arbeitgeber verlangen.

Dem Arbeitnehmer steht mithin ein Wahlrecht zu, entweder wegen des vertragswidrigen Verhaltens seines Arbeitgebers das Arbeitsverhältnis zu beenden und sich vom nachvertraglichen Wettbewerbsverbot loszusagen oder aber von seinem Lossagungsrecht keinen Gebrauch zu machen, um am nachvertraglichen Wettbewerbsverbot gegen Zahlung einer Karenzentschädigung festzuhalten.[150]

Schadensersatz

Dem Arbeitnehmer bleiben zudem weitergehende Ansprüche gegen seinen Arbeitgeber erhalten.

So kann der Arbeitnehmer nach § 628 Abs. 2 BGB Schadensersatz von seinem Arbeitgeber wegen dessen vertragswidrigen Verhaltens verlangen, sofern dieses einen wichtigen Grund i.S.d. § 626 Abs. 1 BGB darstellt.[151] Der Arbeitnehmer kann dabei zum einen seine entgangene Vergütung, die er innerhalb der ordentlichen Kündigungsfrist vom Arbeitgeber bezogen hätte, als Schadensersatz geltend machen. Zum anderen kann er aber auch die ihm entgangene Karenzentschädigung i.S.d. § 74 Abs. 2 HGB, die er während des nachvertraglichen Wettbewerbsverbots von seinem Arbeitgeber erhalten hätte, als Schadensersatz verlangen.[152]

Rechtsfolgen einer unwirksamen Lossagung des Arbeitnehmers

Ist eine von einem Arbeitnehmer nach § 626 BGB erklärte außerordentliche Kündigung unwirksam, so z. B. weil er die Zwei-Wochen-Frist nach § 626 Abs. 2 BGB missachtet hat oder ein wichtiger Grund nach § 626 Abs. 1 BGB nicht gegeben war, so gilt:

---

[150] BAG vom 18.11.1967, AP § 74 HGB Nr. 21.

[151] BAG vom 23.2.1977, AP § 75 HGB Nr. 6.

[152] BAG vom 23.2.1977, AP § 75 HGB Nr. 6.

Besteht aufgrund der unwirksamen außerordentlichen Kündigung das Arbeitsverhältnis weiter, so unterliegt der Arbeitnehmer auch weiterhin dem gesetzlichen Wettbewerbsverbot nach § 60 HGB für die Dauer des bestehenden Arbeitsverhältnisses.

Kann hingegen die unwirksame außerordentliche Kündigung des Arbeitnehmers in eine ordentliche Kündigung gemäß § 140 BGB umgedeutet werden, so unterliegt der Arbeitnehmer während der ordentlichen Kündigungsfrist dem gesetzlichen Wettbewerbsverbot nach § 60 HGB, denn bis zu ihrem Ablauf dauert das Arbeitsverhältnis fort. An den Ablauf der ordentlichen Kündigungsfrist, also an die Beendigung des Arbeitsverhältnisses, schließt sich sodann das nachvertragliche Wettbewerbsverbot nach § 74 HGB für die vereinbarte Dauer gegen Zahlung der vereinbarten Karenzentschädigung nach § 74 Abs. 2 HGB an.

3.5.6 Befristetes Arbeitsverhältnis

Ist das Arbeitsverhältnis wirksam befristet worden und endet es aufgrund dieser Befristung, so ergeben sich keine anderen Rechtsfolgen, als wenn das Arbeitsverhältnis infolge einer Kündigung oder eines Aufhebungsvertrags beendet worden wäre.[153]

3.5.7 Vertragliche Modifizierung von Lossagungsrechten

Bei der Frage, ob Lossagungsrechte nach § 75 HGB modifiziert werden können, ist zu unterscheiden, ob es sich um solche des Arbeitnehmers oder des Arbeitgebers handelt.

Das Lossagungsrecht des Arbeitnehmers kann nach § 75 Abs. 1 HGB zu seinen Gunsten immer modifiziert bzw. erweitert werden. So kann z. B. vertraglich vereinbart werden, dass das Lossagungsrecht des Arbeitnehmers in Erweiterung der Regelung des § 75 Abs. 1 HGB nicht nur dann entstehen soll, wenn er das Arbeitsverhältnis wegen vertragswidrigen Verhaltens des Arbeitgebers beendet, sondern auch dann, wenn der Arbeitnehmer das Arbeitsverhältnis mit einer Eigenkündigung aus personenbedingten Gründen, z. B. wegen einer Erkrankung, beendet. Wir das Lossagungsrecht des Arbeitnehmers nach § 75 Abs. 1 HGB hingegen zu seinen Lasten modifiziert, so kann sich der Arbeitgeber hierauf gemäß § 75 d HGB nicht berufen.

---

[153] BAG vom 7.9.2004, DB 2005, 779.

Vereinbaren die Arbeitsvertragsparteien hingegen Modifizierungen des Lossagungsrechts des Arbeitgebers nach § 75 Abs. 2 HGB oder analog § 75 Abs. 1 HGB, so sind solche nur dann wirksam, wenn sich diese nicht zu Lasten des Arbeitnehmers auswirken. Wirken diese sich hingegen zu Lasten des Arbeitnehmers aus, so kann sich der Arbeitgeber auf solche gemäß § 75 d HGB nicht berufen.

Sind Modifizierungen nachvertraglicher Wettbewerbsverbote in Form Allgemeiner Geschäftsbedingungen gefasst, so sind diese ebenfalls - und ergänzend zu § 75 d HGB – anhand des Rechts der Allgemeinen Geschäftsbedingungen zu prüfen.

3.5.8 Verzicht des Arbeitgebers auf das Wettbewerbsverbot

Der Arbeitgeber kann gemäß § 75 a HGB vor der rechtlichen Beendigung eines Arbeitsverhältnisses durch eine schriftliche Erklärung auf das Wettbewerbsverbot mit der Wirkung verzichten, dass er mit Ablauf eines Jahres seit der Erklärung von der Verpflichtung zur Zahlung der Karenzentschädigung frei wird.

3.5.8.1 Rechtsnatur der Verzichtserklärung

Die Ausübung des Verzichts auf das Wettbewerbsverbot durch den Arbeitgeber erfolgt durch eine einseitige empfangsbedürftige Willenserklärung nach §§ 130 ff. BGB. Dies bedeutet, dass der Verzicht nach § 75 a HGB erst dann wirksam wird, wenn dem Arbeitnehmer die entsprechende Willenserklärung zugegangen ist.

3.5.8.2 Schriftform der Verzichtserklärung

Der Verzicht des Arbeitgebers auf das nachvertragliche Wettbewerbsverbot nach § 75 a HGB muss schriftlich erfolgen.

Bei der von § 75 a HGB vorgeschriebenen Schriftlichkeit handelt es sich um eine gesetzliche Schriftform i.S.d. § 126 BGB. Nach § 126 Abs. 1 BGB muss, wenn durch ein Gesetz die Schriftform vorgeschrieben ist, die Urkunde von dem Aussteller eigenhändig durch Namensunterschrift oder mittels notariell beglaubigten Handzeichens unterzeichnet werden. Wird eine gesetzliche Schriftform i.S.d. § 126 BGB nicht beachtet, so hat dies nach § 125 BGB die Nichtigkeit des Rechtsgeschäfts zu Folge, also auch die Nichtigkeit der Verzichtserklärung des Arbeitgebers nach § 75 a HGB.

Hieraus folgt, dass der Arbeitgeber auf das nachvertragliche Wettbewerbsverbot nach § 75 a HGB nicht per Telefax verzichten kann, da ein Telefax mangels Originalunterschrift nicht der Schriftform des § 126 Abs.

1 BGB genügt.[154] Maßgeblich ist daher allein der Zugang der schriftlichen Originalverzichtserklärung beim Arbeitnehmer.

Ebenso kann ein Arbeitgeber auch nicht per E-Mail auf das nachvertragliche Wettbewerbsverbot verzichten. Da sich aus § 75 a HGB aber gemäß § 126 Abs. 3 BGB nichts anderes ergibt, ist ein Verzicht nach § 75 a HGB mittels elektronischer Form, also mit qualifizierter elektronischer Signatur nach dem Signaturgesetz, gemäß §§ 126, 126 a BGB statthaft.

3.5.8.3 Inhalt der Verzichtserklärung

Der Verzicht i.S.d. § 75 a HGB muss eindeutig und unmissverständlich erfolgen.[155] Das Wort „Verzicht" braucht jedoch in der Erklärung nach § 75 a HGB nicht enthalten zu sein, solange sich aus dem Inhalt der Erklärung nur mit hinreichender Deutlichkeit ergibt, dass der Arbeitgeber auf das nachvertragliche Wettbewerbsverbot verzichten will. Etwaige Zweifel gehen zu Lasten des Arbeitgebers.

Da der Verzicht des Arbeitgebers nach § 75 a HGB ein einseitiges Gestaltungsrecht darstellt, ist er bedingungsfeindlich. Der Arbeitgeber kann daher einen Verzicht auf das nachvertragliche Wettbewerbsverbot nicht an Bedingungen knüpfen.

Ein Verzicht nach § 75 a HGB muss sich auf das gesamte nachvertragliche Wettbewerbsverbot, also auf sämtliche dem Arbeitgeber aus diesem Verbot zustehende Rechte, beziehen. Ausreichend ist hier, dass sich dies aus der Erklärung ergibt, ohne dass der Arbeitgeber dies ausdrücklich so formuliert haben oder gar jedes einzelne Recht aufzählen muss. Die Formulierung, dass er auf „das Wettbewerbsverbot" verzichte ist daher ausreichend.

Ein nur partieller Verzicht (Teilverzicht) des Arbeitgebers auf einzelne ihm aus einem nachvertraglichen Wettbewerbsverbot zustehende Rechte ist nicht statthaft, so dass in einem solchen Fall der Verzicht nach § 75 a HGB ins Leere geht. Mittels eines Verzichts nach § 75 a HGB kann daher auch nicht separat die Dauer des nachvertraglichen Wettbewerbsverbots verkürzt werden.

---

[154] BGH vom 28.1.1993, NJW 1993, 1126.

[155] BAG vom 20.10.1981, AP § 74 HGB Nr. 39.

3.5.8.4 Zeitpunkt der Verzichtserklärung

Eine Verzichtserklärung des Arbeitgebers i.S.d. § 75 a HGB kann nur nach der Begründung eines nachvertraglichen Wettbewerbsverbots und vor der Beendigung des Arbeitsverhältnisses, also bis zum Ablauf der Kündigungsfrist, wirksam erklärt werden.[156] Ein Verzicht kann daher auch noch am letzten Tag einer ordentlichen Kündigungsfrist erklärt werden, sofern die Verzichtserklärung dem Arbeitnehmer dann noch während des bestehenden Arbeitsverhältnisses zugeht. Maßgeblich ist die rechtliche Beendigung des Arbeitsverhältnisses, nicht die tatsächliche.

Erklärt der Arbeitgeber seinen Verzicht auf das nachvertragliche Wettbewerbsverbot erst nach der rechtlichen Beendigung des Arbeitsverhältnisses, so wird der Arbeitnehmer zwar mit sofortiger Wirkung vom Wettbewerbsverbot frei, der Arbeitgeber muss hingegen die Karenzentschädigung für die gesamte Dauer das vereinbarten nachvertraglichen Wettbewerbsverbots an den Arbeitnehmer entrichten. Dies gilt auch dann, wenn der Arbeitnehmer Wettbewerb gegen seinen ehemaligen Arbeitgeber betreibt.

Der Verzicht des Arbeitgebers ist grundsätzlich unabhängig vom Ausspruch einer ordentlichen Kündigung. Er kann vor einer solchen, zusammen mit einer solchen[157] oder auch nach einer solchen erklärt werden, solange er nur innerhalb des rechtlich bestehenden Arbeitsverhältnisses erklärt wird.

Die zwingende Erklärung des Verzichts nach § 75 a HGB während des bestehenden Arbeitsverhältnisses zwingt den Arbeitgeber, diesen im Falle einer außerordentlichen fristlosen Kündigung spätestens zusammen mit der Kündigung zu erklären. Ein später erklärter Verzicht führt nicht mehr zu den erwünschten Rechtsfolgen nach § 75 a HGB, selbst wenn er noch am Tag der außerordentlichen fristlosen Kündigung dem Arbeitnehmer zugehen sollte.[158] Konsequenz eines solchen verspäteten Verzichts nach vorausgegangener fristlosen Kündigung des Arbeitsverhältnisses ist vielmehr, dass der Arbeitnehmer mit sofortiger Wirkung vom Wettbewerbsverbot frei wird und der Arbeitgeber gleichwohl die Karenzentschädigung für die gesamte Dauer das vereinbarten nachvertraglichen Wettbewerbsverbots an den Arbeitnehmer zu entrichten hat. Dies gilt auch dann, wenn der Arbeitnehmer Wettbewerb gegen seinen ehemaligen Arbeitgeber be-

---

[156] BAG vom 12.7.1963, AP § 75 a HGB Nr. 2.

[157] BAG vom 17.2.1987, AP § 75 a HGB Nr. 4.

[158] BAG vom 31.7.2002, § 611 BGB Konkurrenzklausel Nr. 48.

treibt. Allenfalls wäre daran zu denken, dass dem Arbeitgeber in einem solchen Fall Schadensersatzansprüche gegen seinen ehemaligen Arbeitnehmer nach § 628 Abs. 2 BGB zustehen könnten, sofern diese nicht aufgrund seines verspäteten Verzichts ausscheiden.

3.5.8.5 Rechtsfolgen der Verzichtserklärung

Was die Rechtsfolgen einer Verzichtserklärung nach § 75 a HGB anbelangt, so muss zwischen den Rechtsfolgen für den Arbeitnehmer und den für den Arbeitgeber differenziert werden.

Rechtsfolgen für den Arbeitnehmer

Als Folge einer wirksamen Verzichtserklärung nach § 75 a HGB entfällt die Verpflichtung des Arbeitnehmers zur Unterlassung von nachvertraglichem Wettbewerb mit sofortiger Wirkung.[159] Dem entsprechend wird der Arbeitnehmer in der Verwertung seiner Arbeitskraft mit sofortiger Wirkung frei. Die ihm vertraglich zustehende Karenzentschädigung kann der Arbeitnehmer hingegen für die Dauer eines Jahres ab Zugang der Verzichtserklärung des Arbeitgebers weiterhin von diesem fordern.

Zu berücksichtigen ist hierbei jedoch, dass dies nur für das nachvertragliche Wettbewerbsverbot nach § 74 HGB gilt. Während der Dauer des Arbeitsverhältnisses unterliegt ein Arbeitnehmer trotz Verzichts des Arbeitgebers nach § 75 a HGB immer noch dem gesetzlichen Wettbewerbsverbot nach § 60 HGB. Eine Verzichtserklärung nach § 75 a HGB bedeutet nicht zugleich auch einen Verzicht auf das gesetzliche Wettbewerbsverbot nach § 60 HGB. Dass auch ein Verzicht auf das gesetzliche Wettbewerbsverbot nach § 60 HGB erklärt werden soll, müsste sich ansonsten aus der Verzichtserklärung nach § 75 a HGB mit hinreichender Deutlichkeit ergeben.

Rechtsfolgen für den Arbeitgeber

Erklärt ein Arbeitgeber gemäß § 75 a HGB seinen Verzicht auf das nachvertragliche Wettbewerbsverbot, so wird er hingegen erst mit Ablauf eines Jahres seit seiner Verzichtserklärung von der Verpflichtung zur Zahlung einer Karenzentschädigung nach § 74 Abs. 2 HGB frei.

Dieses Jahr der fortwirkenden Verpflichtung des Arbeitgebers zur Zahlung einer Karenzentschädigung berechnet sich vom Datum des Zugangs der Verzichtserklärung beim Arbeitnehmer bis zum entsprechenden Datum

---

[159] BAG vom 17.2.1987, AP § 75 a HGB Nr. 4.

des nächsten Jahres. Der Tag des Zugangs der Verzichtserklärung wird nach §§ 187, 188 Abs. 2 BGB nicht mitgerechnet.[160] Ist einem Arbeitnehmer die Verzichtserklärung seines Arbeitgebers nach § 75 a HGB z. B. am 9. Juni eines Jahres zugegangen, so endet der Jahreszeitraum am 09. Juni des darauf folgenden Jahres.

Ob und wie lange ein Arbeitgeber aber überhaupt (noch) eine Karenzentschädigung an den Arbeitnehmer nach einem erklärten Verzicht nach § 75 a HGB zu zahlen hat, hängt davon ab, wie lange vor der rechtlichen Beendigung des Arbeitsverhältnisses der Arbeitgeber einen entsprechenden Verzicht erklärt hat. Lag ein entsprechender Verzicht eines Arbeitgebers ein Jahr oder länger vor der rechtlichen Beendigung des Arbeitsverhältnisses, so muss der Arbeitgeber überhaupt keine Karenzentschädigung mehr an seinen Arbeitnehmer zahlen.[161] Denn die Verpflichtung zur Zahlung einer Karenzentschädigung beginnt im Falle eines Verzichts nach § 75 a HGB – wie auch sonst – mit der rechtlichen Beendigung des Arbeitsverhältnisses und nicht bereits mit Zugang der Verzichtserklärung des Arbeitgebers.

Wird die Dauer eines nachvertraglichen Wettbewerbsverbots für einen Zeitraum von weniger als einem Jahr vereinbart, so endet die Verpflichtung des Arbeitgebers zur Zahlung einer Karenzentschädigung nicht erst ein Jahr nach der Erklärung des Verzichts nach § 75 a HGB, sondern bereits mit Ablauf der vereinbarten Laufzeit des nachvertraglichen Wettbewerbsverbots, wenn dieser Termin früher liegt.[162] Die in § 75 a HGB festgelegte Jahresfrist gilt daher unabhängig davon, wie lange das nachvertragliche Wettbewerbsverbot an sich dauern soll. So gilt die Jahresfrist des § 75 a HGB auch dann, wenn das nachvertragliche Wettbewerbsverbot nur für die Dauer von einem Jahr vereinbart wurde.[163]

Die Verpflichtung des Arbeitgebers zur Zahlung der Karenzentschädigung besteht unabhängig davon, wie sich der Arbeitnehmer verhält. Dies bedeutet, dass der Arbeitgeber die Karenzentschädigung auch dann zu zahlen hat, wenn der Arbeitnehmer im Anschluss an die Beendigung des Arbeitsverhältnisses unverzüglich zu ihm Wettbewerb betreibt. Die Zahlung der Entschädigung ist in diesem Fall keine eigentliche Karenzentschädigung,

---

[160] BAG vom 23.11.2004, AP § 74 HGB Nr. 75.

[161] BAG vom 31.07.2002, § 611 BGB Konkurrenzklausel Nr. 48.

[162] LAG Rheinland-Pfalz vom 26.3.1998, LAGE § 75 a HGB Nr. 1.

[163] LAG Rheinland-Pfalz vom 26.3.1998, LAGE § 75 a HGB Nr. 1.

da der Arbeitnehmer sie unabhängig davon erhält, ob er nun Wettbewerb zu seinem bisherigen Arbeitgeber betreibt oder sich dessen enthält.

3.5.8.6 Vertragliche Modifizierung einer Verzichtserklärung nach § 75 a HGB

Hinsichtlich der Frage, ob eine Verzichtserklärung des Arbeitgebers nach § 75 a HGB vertraglich modifiziert werden kann, ist zu unterscheiden:

Zu Gunsten des Arbeitnehmers kann eine Verzichtserklärung des Arbeitgebers immer abgeändert werden. So ist z. B. eine Regelung, dass im Falle einer Verzichtserklärung des Arbeitgebers nach § 75 a HGB dieser für länger als ein Jahr zur Zahlung der Karenzentschädigung verpflichtet sein soll, statthaft.

Soll hingegen zu Lasten des Arbeitnehmers von § 75 a HGB abgewichen werden, so könnte sich ein Arbeitgeber wegen § 75 d HGB auf eine solche Vereinbarung nicht berufen.

3.5.9 Aufhebung des nachvertraglichen Wettbewerbsverbots

Ein nachvertragliches Wettbewerbsverbot kann ebenso auch durch einen Aufhebungsvertrag zwischen dem Arbeitgeber und Arbeitnehmer aufgehoben werden. Hier ist wie folgt zu differenzieren:

3.5.9.1 Aufhebung nur des nachvertraglichen Wettbewerbsverbots

Zunächst kann das nachvertragliche Wettbewerbsverbot separat durch eine Aufhebungsvereinbarung beendet werden.

Aufgrund der aus der Privatautonomie folgenden Vertragsfreiheit kann ein Wettbewerbsverbot jederzeit, also während eines Arbeitsverhältnisses, im Zusammenhang mit seiner Beendigung oder auch danach einvernehmlich durch eine formlose Vereinbarung aufgehoben werden. Das Schriftformerfordernis des § 74 Abs. 1 HGB gilt hierfür nicht, so dass eine einvernehmliche Aufhebung auch mündlich erfolgen kann[164]. Von letzterem ist aber alleine aus Gründen der Beweisbarkeit abzuraten.

Ebenso ist es möglich, ein nachvertragliches Wettbewerbsverbot dadurch konkludent aufzuheben, dass der ausgeschiedene Arbeitnehmer in Kenntnis des Arbeitgebers zu einem Wettbewerber wechselt, der bisherige

---

[164] BAG vom 10.1.1989, AP § 74 HGB Nr. 57.

Arbeitgeber hierauf aber nicht reagiert, z. B. keine Unterlassung dieses verbotenen Wettbewerbs fordert.[165] Erforderlich hierfür ist jedoch, dass der Arbeitnehmer davon Kenntnis hat, dass dies seinem ehemaligen Arbeitgeber bekannt ist. Fehlt diese Kenntnis, so kommt eine einvernehmliche Aufhebung des nachvertraglichen Wettbewerbsverbots nicht in Betracht, auch dann nicht, wenn der bisherige Arbeitgeber seinen ehemaligen Arbeitnehmer bei dem Wettbewerber gewähren lässt.

Bei der Beantwortung der Frage, ob ein nachvertragliches Wettbewerbsverbot konkludent aufgehoben wurde, ist Vorsicht walten zu lassen. Diese Frage kann immer nur anhand der konkreten Umstände des jeweiligen Einzelfalls geklärt werden.

3.5.9.2 Aufhebung des Arbeitsverhältnisses insgesamt

Ebenso kann ein nachvertragliches Wettbewerbsverbot auch im Rahmen eines Aufhebungsvertrages aufgehoben werden, der das Arbeitsverhältnis insgesamt beendet.

Ausdrückliche Aufhebung des nachvertraglichen Wettbewerbsverbots

Die sicherste Möglichkeit, in einem das gesamte Arbeitsverhältnis betreffenden Aufhebungsvertrag auch ein nachvertragliches Wettbewerbsverbot aufzuheben, ist es, dessen Aufhebung ausdrücklich anzusprechen und zu regeln.

Konkludente Aufhebung des nachvertraglichen Wettbewerbsverbots

Ebenso kann in einem das gesamte Arbeitsverhältnis betreffenden Aufhebungsvertrag ein nachvertragliches Wettbewerbsverbot aber auch konkludent aufgehoben werden.

Diese Vorgehensweise birgt jedoch Unsicherheiten in sich. Denn in diesem Fall muss der Aufhebungsvertrag ausgelegt werden, ob mit diesem auch ein nachvertragliches Wettbewerbsverbot beseitigt werden soll. Im Zweifel wird ein nachvertragliches Wettbewerbsverbot aber nicht dadurch einvernehmlich aufgehoben, dass auch das Arbeitsverhältnis einvernehmlich aufgehoben wird.[166] Vielmehr ist davon auszugehen, dass in einem solchen Fall das nachvertragliche Wettbewerbsverbot gelten soll, denn es

---

[165] LAG Baden-Württemberg vom 22.9.1995, NZA-RR 1996, 163.

[166] BAG vom 26.9.1963, AP § 75 HGB Nr. 1; LAG Baden-Württemberg vom 22.9.1995, NZA-RR 1996, 163.

wurde schließlich gerade für den Fall der Beendigung des Arbeitsverhältnisses vereinbart.

Vielmehr ist in einem solchen Fall grundsätzlich § 75 HGB entsprechend anzuwenden, sofern eine Aufhebungsvereinbarung an die Stelle einer ansonsten auszusprechenden Kündigung treten soll.[167]

Aufhebung des nachvertraglichen Wettbewerbsverbots mittels einer Ausgleichsklausel oder Erledigungsklausel

Die Aufhebung eines nachvertraglichen Wettbewerbsverbots mittels einer Ausgleichs- oder Erledigungsklausel ist mittlerweile von der Rechtsprechung anerkannt. Eine solche Vorgehensweise birgt jedoch zahlreiche Probleme und Gefahren in sich.

Zum einen sind sich die Parteien eines Aufhebungsvertrages nicht immer darüber bewusst, dass sie mit einer entsprechenden Ausgleichs- oder Erledigungsklauseln auch nachvertragliche Wettbewerbsverbote aufheben. Zum anderen bieten entsprechende Klauseln je nach Ungenauigkeit ihrer Formulierungen oftmals auch Rechtsunsicherheit, die der anschließenden Auslegung durch Gerichte bedarf, die sowohl für den Arbeitgeber als auch für den Arbeitnehmer zu unbefriedigenden Ergebnissen führen können.

Eine Ausgleichs- oder Erledigungsklausel soll separat oder als Bestandteil eines außergerichtlichen oder auch gerichtlichen Aufhebungsvertrages bzw. –vergleichs für die Beteiligten Parteien zu Rechtssicherheit führen. Dies geschieht dadurch, dass in einer solchen geregelt wird, dass mit dem Abschluss des Aufhebungsvertrages sämtliche Ansprüche aus dem Arbeitsverhältnis und – je nach ihrer Formulierung – auch seiner Beendigung erledigt bzw. ausgeglichen sein sollen. Die Besonderheit einer Ausgleichs- oder Erledigungsklausel liegt dabei darin, dass in einer solchen nur pauschal von sämtlichen Rechten und Pflichten gesprochen wird, ohne diese konkret zu benennen.

Das BAG vertrat zunächst die Ansicht, dass eine separate Ausgleichsquittung regelmäßig keine wirksame Aufhebung nachvertraglicher Wettbewerbsverbote bedeute bzw. in sich berge.[168] Das Gleiche sollte nach einem

---

[167] BAG vom 24.4.1970, AP § 74 HGB Nr. 25; BAG vom 18.11.1967, AP § 74 HGB Nr. 21; BAG vom 11.11.1958, AP § 611 BGB Konkurrenzklausel Nr. 1; BAG vom 26.9.1957, AP § 74 HGB Nr. 2.

[168] BAG vom 20.10.1981, AP § 74 HGB Nr. 39.

Teil der Rechtsprechung auch für Ausgleichs- oder Erledigungsklauseln gelten, die Bestandteil eines Aufhebungsvertrages sind.[169]

In der jüngeren Zeit rückte das BAG jedoch von seiner bisherigen Sichtweise ab und vertritt nun den Standpunkt, dass je nach den Umständen des konkreten Einzelfalls Ausgleichs- oder Erledigungsklauseln auch nachvertragliche Wettbewerbsverbote erfassen und entsprechend aufheben können.[170] Zu diesen Umständen des jeweiligen Einzelfalls gehören u. a. die Kenntnisse der Parteien und ihre Interessenlage, der Wortlaut der Ausgleichs- oder Erledigungsklausel, der Gesamtzusammenhang des Aufhebungsvertrages sowie das Verhalten der Parteien nach Abschluss des Aufhebungsvertrages.[171] In jüngster Zeit hat das BAG diese Sichtweise bestätigt und dabei herausgearbeitet, das nachvertragliche Wettbewerbsverbote nicht nur durch Ausgleichs- oder Erledigungsklauseln in außergerichtlichen Aufhebungsverträgen, sondern auch durch solche in gerichtlichen Vergleichen wirksam aufgehoben werden können.[172] Ausgleichs- oder Erledigungsklauseln seien im Interesse klarer Verhältnisse grundsätzlich weit auszulegen, denn in einem gerichtlichen oder außergerichtlichen Aufhebungsvertrag wollen dessen Parteien das Arbeitsverhältnis grundsätzlich abschließend bereinigen und alle Ansprüche erledigen, gleich ob sie an diese dachten oder nicht.[173]

Eine Augleichs- oder Erledigungsklausel mit dem Wortlaut „alle beiderseitigen Ansprüche aus dem Arbeitsverhältnis sind abgegolten“ kann daher ein nachvertragliches Wettbewerbsverbot und auch eine aus diesem fließende Verpflichtung zur Zahlung einer Karenzentschädigung umfassen, auch wenn der weitere Zusatz „und seiner Beendigung, seien sie bekannt

---

[169] LAG Baden-Württemberg vom 22.9.1995, NZA-RR 1996, 163; OLG Köln vom 25.3.1997, BB 1997, 1328.

[170] BAG vom 8.3.2006, NZA 2006, 854; BAG vom 7.9.2004, DB 2005, 779; BAG vom 19.11.2003, NZA 204, 554; BAG vom 31.7.2002, AP § 74 Nr. 74; BAG vom 31.7.2002, AP § 611 BGB Konkurrenzklausel Nr. 48.

[171] BAG vom 22.10.2008, NZA 2009, 139; BAG vom 31.7.2002, AP § 611 BGB Konkurrenzklausel Nr. 48; BAG vom 31.7.2002, AP § 74 HGB Nr. 74; BAG vom 19.11.2003, NZA 2004, 554.

[172] BAG vom 22.10.2008, NZA 2009, 139.

[173] BAG vom 22.10.2008, NZA 2009, 139; BAG vom 31.7.2002, AP § 611 BGB Konkurrenzklausel Nr. 48.

oder unbekannt" fehlt.[174] Denn Ansprüche aus einem nachvertraglichen Wettbewerbsverbot sind Ansprüche aus einem Arbeitsverhältnis, denn das nachvertragliche Wettbewerbsverbot ist Bestandteil eines Arbeitsverhältnisses, auch wenn dessen Wirkung erst für die Zeit nach der Beendigung des Arbeitsverhältnisses vereinbart worden ist. Ansprüche aus einem nachvertraglichen Wettbewerbsverbot folgen dem aktiven Arbeitsverhältnis lediglich nach.[175] Dies gilt daher erst recht, wenn die Ausgleichs- oder Erledigungsklausel solche weiteren Zusätze wie z. B. „und seiner Beendigung, seien sie bekannt oder unbekannt"[176] oder „und aus dessen Beendigung"[177] enthält. Gleiches gilt für die Formulierung wie z. B. Erledigung „aller Ansprüche gleich aus welchem Rechtsgrund"[178].

In jüngster Zeit hat das BAG ebenso zutreffend dahingehend erkannt, dass ein nachvertragliches Wettbewerbsverbot auch durch eine allgemeine Abgeltungsklausel in einem sog. Abwicklungsvertrag aufgehoben werden kann.[179] Dies gilt z. B. dann, wenn eine solche allgemeine Abgeltungsklausel dahingehend formuliert ist, dass „mit der Erfüllung der in einem Abwicklungsvertrag geregelten Verpflichtungen alle gegenseitige Ansprüche aus dem Arbeitsverhältnis und aus Anlass seiner Beendigung, mögen sie bekannt sein oder nicht, gleich aus welchem Rechtsgrund abschließend erledigt" seien. Ein Abwicklungsvertrag stellt eine besondere Form eines Aufhebungsvertrages dar. Während ein Aufhebungsvertrag ein Arbeitverhältnis an sich beendet, also einen eigenen Beendigungstatbestand darstellt, geht einem Abwicklungsvertrag regelmäßig eine Kündigung des Arbeitsverhältnisses voraus, die den Beendigungstatbestand darstellt. Der Abwicklungsvertrag regelt dann nur noch die Art und Weise der Abwicklung des Arbeitsverhältnisses.

---

[174] BAG vom 22.10.2008, NZA 2009, 139; BAG vom 31.7.2002, § 611 BGB Konkurrenzklausel Nr. 48.

[175] BAG vom 22.10.2008, NZA 2009, 139; BAG vom 31.7.2002, AP § 611 BGB Konkurrenzklausel Nr. 48.

[176] BAG vom 22.10.2008, NZA 2009, 139.

[177] OLG Düsseldorf vom 18.12.1998, NZG 1999, 595; a. A. OLG Köln vom 25.3.1997, BB 1997, 1328.

[178] BAG vom 31.7.2002, § 611 BGB Konkurrenzklausel Nr. 48.

[179] BAG vom 19.11.2008, NJW 2009, 1019.

3.5.10 Ruhestandsverhältnis

Scheidet ein Arbeitnehmer aufgrund des Erreichens einer Altersgrenze oder aufgrund eines anderen, ein (gesetzliches) Rentenverhältnis begründenden Umstands aus dem Arbeitsverhältnis aus, so führt dies für sich alleine nicht zu einem nachvertraglichen Wettbewerbsverbot. Ein solches lässt sich auch nicht aus einer wie auch immer gearteten nachvertraglichen Treuepflicht des Arbeitnehmers herleiten. So ist ein Arbeitnehmer auch dann nicht einem nachvertraglichen Wettbewerbsverbot unterworfen, wenn er nach seinem Ausscheiden aus dem Arbeitsverhältnis in den Ruhestand tritt und eine Betriebsrente bezieht. Auch die Zusage erhöhter Versorgungsleistungen durch den Arbeitgeber begründet keine Verpflichtung des Arbeitnehmers, sich nach Eintritt in den Ruhestand einer Konkurrenztätigkeit zu enthalten.[180]

Wurde mit einem Arbeitnehmer jedoch noch während des bestehenden Arbeitsverhältnisses ein nachvertragliches Wettbewerbsverbot nach §§ 74 ff. HGB vereinbart, so gilt dieses auch dann, wenn er in ein Ruhestandsverhältnis wechselt und/oder eine Betriebsrente bezieht. Auch in einem solchen Fall bleibt ein nachvertragliches Wettbewerbsverbot bestehen.[181]

Somit hat auch der sich im Ruhestand befindliche Arbeitnehmer Anspruch auf Zahlung der vollen Karenzentschädigung nach § 74 Abs. 2 HGB als Gegenleistung für seine Unterlassung nachvertraglichen Wettbewerbs.[182] Will der Arbeitgeber dies verhindern, so muss er rechtzeitig nach § 75 a HGB auf das Wettbewerbsverbot verzichten.

Nachvertragliche Wettbewerbsverbote enden bzw. erlöschen auch nicht, wenn der Arbeitnehmer die Regelaltersgrenze der gesetzlichen Altersversorgung erreicht.[183] Hieran ändert auch nichts, wenn dem Arbeitnehmer

---

[180] BAG vom 15.6.1993, DB 1993, 1291; BAG vom 11.12.1967, AP § 242 Nachvertragliche Treuepflicht Nr. 4.

[181] BAG vom 3.7.1990, AP § 74 HGB Nr. 61; BAG vom 30.10.1984, AP § 74 HGB Nr. 46.

[182] BAG vom 15.6.1993, AP § 611 BGB Konkurrenzklausel Nr. 40; BAG vom 3.7.1990, AP § 74 HGB Nr. 61; a. A. OLG Stuttgart vom 18.5.1979, BB 1980, 527.

[183] BAG vom 3.7.1990, § 74 HGB Nr. 61; BAG vom 26.2.1985, § 611 BGB Konkurrenzklausel Nr. 30.

ein Anspruch auf Zahlung einer Betriebsrente zusteht oder er eine solche oder eine Altersrente aus der gesetzlichen Sozialversicherung bezieht.[184]

Um dies zu verhindern, können die Arbeitsvertragsparteien aber die Anrechnung einer Betriebsrente auf die nach § 74 Abs. 2 HGB zu zahlende Karenzentschädigung vereinbaren oder das nachvertragliche Wettbewerbsverbot auflösend auf den Eintritt in den Ruhestand bedingen.[185] Ebenso kann ein nachvertragliches Wettbewerbsverbot bereits von vornherein bei seiner Vereinbarung zeitlich auf ein bestimmtes Lebensalter begrenzt werden. Gleichermaßen kann vereinbart werden, dass ein nachvertragliches Wettbewerbsverbot automatisch endet, wenn dem Arbeitnehmer eine Rente wegen Minderung der Erwerbsfähigkeit oder wegen Berufsunfähigkeit zuerkannt wird oder wenn der Arbeitnehmer einen Anspruch auf Betriebsrente hat.

3.6 Räumlicher Geltungsbereich des Wettbewerbsverbots nach § 74 HGB

Was den räumlichen Geltungsbereich eines nachvertraglichen Wettbewerbsverbots anbelangt, so ist zwischen einem tätigkeitsbezogenen und einem unternehmensbezogenen nachvertraglichem Wettbewerbsverbot zu unterscheiden.

3.6.1 Tätigkeitsbezogenes nachvertragliches Wettbewerbsverbot

Tätigkeitsbezogene nachvertragliche Wettbewerbsverbote können räumlich begrenzt werden, sei es für ein Bundesland, die Bundesrepublik Deutschland, die Europäische Union oder letztlich die ganze Welt. Ebenso sind aber auch räumliche Begrenzungen in der Form möglich, dass ein nachvertragliches Wettbewerbsverbot räumlich nur für die Länder gelten soll, in denen der betroffene Arbeitnehmer innerhalb eines bestimmten Zeitraumes vor der Beendigung seines Arbeitsverhältnisses tätig gewesen ist.

Wurde ein nachvertragliches Wettbewerbsverbot noch vor der Wiedervereinigung Deutschlands für den Bereich der „alten" Bundesrepublik Deutschland abgeschlossen, so soll dieses zutreffenderweise seit der Wie-

---

[184] BAG vom 26.2.1985, AP § 611 BGB Konkurrenzklausel Nr. 30.

[185] BAG vom 26.2.1985, AP § 611 BGB Konkurrenzklausel Nr. 30; BAG vom 30.10.1984, AP § 74 HGB Nr. 46.

dervereinigung auch das Gebiet der „neuen“ Bundesländer umfassen.[186] Denn seit der Wiedervereinigung umfasst das Gebiet der Bundesrepublik Deutschland auch die „neuen“ Bundesländer. Ein solches nachvertragliches Wettbewerbsverbot ist daher in räumlicher Hinsicht dynamisch zu verstehen.

Wurde ein nachvertragliches Wettbewerbsverbot für „sämtliche EG-Staaten“ oder für das „Gebiet der EG“ vereinbart, so ist im Zweifel davon auszugehen, dass dieses räumlich die Europäische Union in ihrer jeweiligen räumlichen Gestaltung umfasst. Auch ein solches nachvertragliches Wettebewerbsverbot ist daher in der Regel in räumlicher Hinsicht dynamisch zu verstehen, weshalb es auch die zukünftig der Europäischen Unon beitretende Staaten umfassen dürfte.

Ist das nachvertragliche Wettbewerbsverbot als Allgemeine Geschäftsbedingung gestaltet worden, so gilt auch hier das Transparenzgebot des § 307 Abs. 1 Satz 2 BGB, das bei einer Verletzung zur Unwirksamkeit des nachvertraglichen Wettbewerbsverbots führt. Ungeachtet dessen gilt aber auch hier nach § 305 c Abs. 2 BGB, dass Zweifel in der Auslegung einer solchen zu Lasten des Verwenders gehen, also in der Regel zu Lasten des Arbeitgebers.

Fehlt hingegen jegliche räumliche Begrenzung eines nachvertraglichen Wettbewerbsverbots, so gilt dies im Zweifel räumlich unbeschränkt, also weltweit. Hierbei ist jedoch zu beachten, dass an einer weltweiten Geltung eines nachvertraglichen Wettbewerbsverbots das berechtigte Interesse des Arbeitgebers gemäß § 74 a Abs. 1HGB fehlen kann. In diesem Fall ist das entsprechende nachvertragliche Wettbewerbsverbot unverbindlich, wobei die Unverbindlichkeit nur für den „räumlich zu weit geratenen“ Teil des nachvertraglichen Wettbewerbsverbots gilt, sodass es ansonsten, also für den räumlich statthaften Bereich, wirksam ist.

3.6.2 Unternehmensbezogenes nachvertragliches Wettbewerbsverbot

Bei nachvertraglichen Wettbewerbsverboten, die einen unternehmensbezogen Geltungsbereich aufweisen, ist bei der Frage ihres räumlichen Geltungsbereichs Vorsicht walten zu lassen.

Denn bei solchen ist regelmäßig zu klären, ob sich räumliche Eingrenzungen bzw. Beschränkungen der nachvertraglichen Wettbewerbstätigkeit auf

[186] LAG Berlin vom 26.3.1991, NZA 1991, 674.

den Sitz eines Konkurrenzunternehmens oder auf den Ort der konkurrierenden Tätigkeit des Arbeitnehmers beziehen sollen.

Ist eine entsprechende Regelung als Allgemeine Geschäftsbedingung ausgestaltet, so gelten auch hier §§ 305 ff. BGB. Unternehmensbezogene Geltungsbereiche nachvertraglicher Wettbewerbsverbote sind daher nach § 307 Abs. 1 Satz 2 BGB transparent zu formulieren, da sie ansonsten unwirksam sind. Unklarheiten bei ihrer Auslegung gehen nach § 305 c Abs. 2 BGB zu Lasten des Arbeitgebers als dem Verwender der Allgemeinen Geschäftsbedingung.

3.7 Abschluss der Wettbewerbsabrede nach § 74 HGB

Ein nachvertragliches Wettbewerbsverbot nach § 74 ff. HGB besteht nicht per Gesetz, sondern nur, wenn ein solches vertraglich vereinbart wird.

3.7.1 Rechtsnatur des nachvertraglichen Wettbewerbsverbots

Ein nachvertragliches Wettbewerbsverbot nach § 74 ff. HGB stellt, wenn es einzelvertraglich – und nicht kollektivrechtlich – vereinbart wird einen gegenseitigen Vertrag i.S.d. §§ 320 ff. BGB zwischen dem Arbeitgeber und seinem Arbeitnehmer dar.[187] Ein nachvertragliches Wettbewerbsverbot wird somit zwischen seinen Parteien gemäß §§ 145 ff. BGB durch ein entsprechendes Angebot und eine entsprechende Annahme des Angebots begründet.

Ein nachvertragliches Wettbewerbsverbot kann sowohl im Arbeitsvertrag geregelt werden als aber auch in einer separaten Wettbewerbsvereinbarung losgelöst vom eigentlichen Arbeitsvertrag. Wird es in einem Arbeitsvertrag geregelt, so handelt es sich mithin um einen „Vertrag in einem Vertrag“.

3.7.2 Nachvertragliches Wettbewerbsverbot als Allgemeine Geschäftsbedingung

Mittlerweile ist es die Regel, dass nachvertragliche Wettbewerbsverbote in Arbeitsverträgen oder in separaten Wettbewerbsvereinbarungen als Allgemeine Geschäftsbedingungen formuliert werden.

---

[187] BAG vom 23.11.2004, AP § 74 HGB Nr. 75; OLG Rostock vom 9.6.1994, NJW-RR, 1995, 173.

Auch in der Arbeitswelt werden Arbeitsverträge ganz überwiegend in Form Allgemeiner Geschäftsbedingungen verwandt, so z. B. in Muster- bzw. Formulararbeitsverträgen. Solche werden fast ausschließlich vom Arbeitgeber als ihrem Verwender und dem vertragsstärkeren Vertragspartner vorgegeben.

Werden nachvertragliche Wettbewerbsverbote in Gestalt von Allgemeinen Geschäftsbedingungen verwandt, so findet nach § 310 Abs. 4 Satz 2 BGB das Recht der Allgemeinen Geschäftsbedingungen gemäß §§ 305 ff. BGB auch auf das nachvertragliche Wettbewerbsverbot Anwendung. Nach § 310 Abs. 4 Satz 2 BGB sind bei der Anwendung des Rechts der Allgemeinen Geschäftsbedingungen auf Arbeitsverträge die im Arbeitsrecht geltenden Besonderheiten angemessen zu berücksichtigen.

Das Recht der Allgemeinen Geschäftsbedingungen ist hingegen nach § 310 Abs. 4 Satz 1 BGB nicht auf Tarifverträge sowie Betriebs- und Dienstvereinbarungen anwendbar. Werden nachvertragliche Wettbewerbsverbote, was statthaft ist, in Tarifverträgen oder in Betriebs- oder Dienstvereinbarungen geregelt, so scheidet eine Anwendung der §§ 305 ff. BGB auf diese nachvertraglichen Wettbewerbsverbote aus.

Gemäß § 305 c Abs. 1 BGB werden überraschende Klauseln, also Bestimmungen in Allgemeinen Geschäftsbedingungen, die nach den Umständen, insbesondere nach dem äußeren Erscheinungsbild des Vertrags, so ungewöhnlich sind, dass der Vertragspartner des Verwenders der Allgemeinen Geschäftsbedingungen mit ihnen nicht zu rechnen braucht, jedoch nicht Bestandteil eines Vertrages. Noch zu Zeiten des AGBG, dem Vorläufer der § 305 ff. BGB, vertrat die Rechtsprechung die Ansicht, dass eine Allgemeine Geschäftsbedingung, die an unerwarteter Stelle des Vertrags formuliert ist, eine überraschende Klausel darstellen kann.[188]

Gleiches gilt grundsätzlich auch für ein als eine Allgemeine Geschäftsbedingung gekleidetes nachvertragliches Wettbewerbsverbot, das an einer für den Arbeitnehmer nicht zu vermutenden oder zu erwartenden Stelle im Arbeitsvertrag „versteckt" wird. Hier ist jedoch zu differenzieren:

Grundsätzlich sind nachvertragliche Wettbewerbsverbote im Arbeitsrecht nicht so ungewöhnlich, dass ein Arbeitnehmer in seinem Arbeitsvertrag nicht mit einem solchen zu rechnen braucht. Überraschend kann daher ein nachvertragliches Wettbewerbsverbot grundsätzlich nicht sein.

---

[188] BAG vom 29.11.1995, AP § 3 AGBG Nr. 1.

Etwas anderes gilt jedoch dann, wenn ein nachvertragliches Wettbewerbsverbot für einen bestimmten Arbeitnehmer oder eine bestimmte „Art" von Arbeitnehmern so ungewöhnlich ist, dass mit einem nachvertraglichen Wettbewerbsverbot für diese nicht gerechnet zu werden braucht. Dies ist z. B. dann der Fall, wenn mit einem solchen Arbeitnehmer in aller Regel kein nachvertragliches Wettbewerbsverbot abgeschlossen wird, so z. B. mit nur geringfügig oder in untergeordneter Position beschäftigten Arbeitnehmern. Dies gilt ebenso, wenn ein nachvertragliches Wettbewerbsverbot im Arbeitsvertrag derartig „versteckt" wird, z. B. unter einer anders lautenden oder irreführenden Überschrift, dass ein Arbeitnehmer mit einem solchen überraschenden nachvertraglichen Wettbewerbsverbot nicht zu rechnen bzw. ein solches nicht „aufzufinden" braucht.[189]

In Allgemeine Geschäftsbedingungen gekleidete nachvertragliche Wettbewerbsverbote sind zudem nach § 307 Abs. 1 Satz 2 BGB so zu formulieren, dass sie für den Arbeitnehmer klar und verständlich, also transparent sind. Ist dies nicht der Fall, so stellt eine solche Allgemeine Geschäftsbedingung eine unangemessene Benachteiligung des Arbeitnehmers i.S.d. § 307 Abs. 1 Satz 1 BGB dar und ist unwirksam.

Zweifel und Unklarheiten bei der Auslegung Allgemeiner Geschäftsbedingungen gehen nach § 305 c Abs. 2 BGB zu Lasten des Arbeitgebers als deren Verwender.

3.7.3 Nachvertragliches Wettbewerbsverbot und bestehendes Arbeitsverhältnis

Grundsätzlich setzen § 110 GewO i.V.m. §§ 74 ff. HGB voraus, dass zwischen den Parteien eines nachvertraglichen Wettbewerbsverbots auch ein Arbeitsverhältnis existiert. Andererseits ist eine nachvertragliche Wettbewerbsvereinbarung ein separater gegenseitiger Vertrag, sodass ein bestehendes Arbeitsverhältnis keine zwingende Voraussetzung für ein nachvertragliches Wettbewerbsverbot darstellt.

3.7.3.1 Nichtiges nachvertragliches Wettbewerbsverbot

Sofern ein nachvertragliches Wettbewerbsverbot nichtig sein sollte, z. B. weil es mit einem Geschäftsunfähigen nach § 104 BGB abgeschlossen wurde, so hat dieser Umstand grundsätzlich keinen Einfluss auf den Bestand des Arbeitsvertrags (§ 139 BGB).

---

[189] LAG Hamm vom 10.9.2004, LAGE § 305 c BGB Nr. 2; LAG Berlin vom 18.1.1993, LAGE § 4 KSchG Ausgleichsquittung Nr. 3.

3.7.3.2 Nichtiger oder wirksam angefochtener Arbeitsvertrag

Ist ein Arbeitsvertrag nichtig, z. B. weil er mit einem Geschäftsunfähigen i.S.d. § 104 BGB abgeschlossen oder wegen Täuschung, Drohung oder Irrtums nach §§ 123, 119 BGB wirksam – und somit zurückwirkend auf dessen Abschluss (ex tunc) – angefochten wurde, so ist er nicht existent. Wurde zwischen den Parteien dieses Arbeitsvertrages das Arbeitsverhältnis bereits in Vollzug gesetzt, so wurde hierdurch ein sog. faktisches Arbeitsverhältnis begründet. Nach der Rechtsprechung ist dabei zu differenzieren:

Wurde das Arbeitsverhältnis zwischen dessen Parteien noch nicht in Vollzug gesetzt, so wird der Arbeitnehmer grundsätzlich noch keine schützenswerten Interna des Unternehmens des Arbeitgebers erfahren haben, weshalb das Wettbewerbsverbot noch keine Wirkungen entfalten konnte, sodass der Arbeitnehmer hieran nicht gebunden ist.[190] Ist dagegen das Arbeitsverhältnis bereits in Vollzug gesetzt worden, hat der Arbeitnehmer also die von ihm arbeitsvertraglich geschuldeten Tätigkeiten aufgenommen und schützenswerte Interna des Unternehmens des Arbeitgebers erfahren, so wird ein vereinbartes nachvertragliches Wettbewerbsverbot wirksam und ist zu beachten.[191]

3.7.4 Zeitpunkt des Abschlusses eines nachvertraglichen Wettbewerbsverbots

Ein nachvertragliches Wettbewerbsverbot nach §§ 74 ff. HGB kann zu verschiedenen Zeitpunkten wirksam vereinbart werden.

3.7.4.1 Abschluss des nachvertraglichen Wettbewerbsverbots vor Begründung des Arbeitsverhältnisses

Ein nachvertragliches Wettbewerbsverbot nach §§ 74 ff. HGB kann auch vor Abschluss eines Arbeitsvertrages wirksam vereinbart werden.

Die Vorschriften der §§ 74 ff. HGB finden auch auf ein isoliertes nachvertragliches Wettbewerbsverbot Anwendung, das zu einem Zeitpunkt vereinbart wird, in dem ein Arbeitsvertrag noch nicht abgeschlossen bzw.

---

[190] BAG vom 3.2.1987, AP § 74 HGB Nr. 54; BAG vom 19.5.1983, AP § 123 BGB Nr. 25.

[191] BAG vom 3.2.1987, AP § 74 HGB Nr. 54; LAG Köln vom 31.10.1990, LAGE § 74 HGB Nr. 4.

noch nicht vollständig ausgehandelt ist. In solchen Fällen wird der Abschluss des Arbeitsvertrags in der Regel eine aufschiebende Bedingung des Wettbewerbsverbots darstellen.

So kann ein nachvertragliches Wettbewerbsverbot auch im Rahmen eines Vorvertrags vereinbart werden[192], sofern auch für diesen die Schriftform des § 74 Abs. 1 HGB beachtet wird und dem Arbeitnehmer eine unterzeichnete Urkunde mit dem Inhalt des Vorvertrags ausgehändigt wird. Zu beachten ist dabei jedoch, dass die Vereinbarung eines nachvertraglichen Wettbewerbsverbots in einem Vorvertrag nicht in der Weise erfolgen darf, dass keine zeitlichen Grenzten für den Anspruch des Arbeitgebers auf Abschluss des nachvertraglichen Wettbewerbsverbots geregelt werden. Denn dies würde letztlich zu einem entschädigungslosen nachvertraglichen Wettbewerbsverbot führen. Der Abschluss eines in einem Vorvertrag geregelten nachvertraglichen Wettbewerbsverbots darf daher von einem Arbeitgeber nicht mehr eingefordert werden, sobald das Arbeitsverhältnis gekündigt ist.[193]

Ein tätigkeitsbezogenes nachvertragliches Wettbewerbsverbot kann jedoch grundsätzlich nur dann in Kraft treten, wenn der Arbeitnehmer seine Tätigkeit aufgenommen hat.[194]

3.7.4.2 Abschluss des nachvertraglichen Wettbewerbsverbots bei Begründung des Arbeitsverhältnisses

Ein nachvertragliches Wettbewerbsverbot i.S.d. § 74 HGB kann selbstverständlich zeitgleich mit dem Abschluss des Arbeitsvertrages begründet werden. Dies dürfte in der Praxis auch die Regel sein.

Dabei kann ein nachvertragliches Wettbewerbsverbot zunächst auch in einem befristeten Probearbeitsverhältnis wirksam vereinbart werden, auch wenn dieses mit Ablauf der Probezeit oder zuvor beendet wird[195], wie dies auch der Fall ist, wenn die Parteien eines Arbeitsvertrages eine Probezeit vereinbaren und das Arbeitsverhältnis bereits während des Probezeit beendet wird.

---

[192] BAG vom 18.4.1969, AP § 133 f GewO Nr. 22.

[193] BAG vom 18.4.1969, AP § 133 f GewO Nr. 22.

[194] BAG vom 26.5.1992, AP § 74 HGB Nr. 63.

[195] BAG vom 19.5.1983, AP § 123 BGB Nr. 25; BAG vom 5.10.1971, AP § 628 BGB Nr. 6; BAG vom 2.8.1971, AP § 615 BGB Nr. 25; BAG vom 24.4.1970, AP § 75 HGB Nr. 25.

Statthaft ist es zudem, dass ein nachvertragliches Wettbewerbsverbot auch von der Bedingung abhängig gemacht werden kann, dass das Arbeitsverhältnis über den Ablauf der Probezeit hinaus fortbesteht.[196]

Auch kann wirksam vereinbart werden, dass ein nachvertragliches Wettbewerbsverbot erst nach Ablauf einer bestimmten Wartezeit in Kraft treten soll.[197] Eine solche Vereinbarung ist durchaus dann sinnvoll, wenn der Arbeitnehmer nicht sofort, sondern erst nach einiger Zeit über schutzwürdige Interna des Unternehmens des Arbeitgebers Kenntnis erlangt hat.

3.7.4.3 Abschluss des nachvertraglichen Wettbewerbsverbots während des Arbeitsverhältnisses

Ein nachvertragliches Wettbewerbsverbot kann auch während eines andauernden Arbeitsverhältnisses wirksam begründet werden. Ein Arbeitsverhältnis ist ein Rechtsverhältnis, das täglich gelebt wird und sich somit auch täglich entwickelt. Die Notwendigkeit eines nachvertraglichen Wettbewerbsverbots kann sich daher auch erst im Laufe eines andauernden Arbeitsverhältnisses ergeben.

Gleiches gilt für solche Wettbewerbsverbote, die nach Erklärung einer Kündigung aber vor Ablauf der Kündigungsfrist und somit vor der rechtlichen Beendigung des Arbeitsverhältnisses – also noch während des bestehenden Arbeitsverhältnisses – abgeschlossen werden.

Zu berücksichtigen ist jedoch, dass von einem Arbeitnehmer der Abschluss eines nachvertraglichen Wettbewerbsverbots nicht erzwungen werden kann. Geschieht dies, z. B. mittels einer Drohung mit einer ansonsten in Aussicht gestellten Kündigung des Arbeitsverhältnisses, so kann ein nachvertragliches Wettbewerbsverbots durch den Arbeitnehmer nach § 123 BGB angefochten werden.[198]

3.7.4.4 Abschluss des nachvertraglichen Wettbewerbsverbots nach Beendigung des Arbeitsverhältnisses

Wird ein nachvertragliches Wettbewerbsverbot erst nach der Beendigung eines Arbeitsverhältnisses, also nach Ablauf der ordentlichen Kündigungs-

---

[196] BAG vom 27.4.1986, AP § 620 BGB Probearbeitsverhältnis Nr. 16; BAG vom 27.4.1982, AP § 620 BGB Probearbeitsverhältnis Nr. Nr. 16; BAG vom 24.4.1970, AP § 75 HGB Nr. 25; BAG vom 2.8.1971, AP § 615 BGB Nr. 25.

[197] LAG Hamm vom 10.9.2004, LAGE § 305 c HGB Nr. 2.

[198] BAG vom 16.1.1992, NZA 1992, 1023.

frist oder im Fall einer außerordentlichen fristlosen Kündigung, vereinbart, so finden die Regelungen der §§ 74 ff. HGB keine Anwendung mehr. Das Arbeitverhältnis ist beendet, der Arbeitnehmer befindet sich zu diesem Zeitpunkt nicht mehr in einem persönlichen Abhängigkeitsverhältnis zum bisherigen Arbeitgeber. Wie eine solche Wettbewerbsabrede nach der rechtlichen Beendigung des nachvertraglichen Wettbewerbsverbots zustande gekommen ist, so z. B. in Wege eines Prozessvergleichs oder im Rahmen einer außergerichtlichen Abrede, ist unmaßgeblich, sofern nur das Arbeitsverhältnis bereits beendet ist.[199]

Wird ein Wettbewerbsverbot erst nach der Beendigung eines Arbeitsverhältnisses begründet, so finden zwar die §§ 74 ff. HGB keine Anwendung mehr. Ein solches Wettbewerbsverbot entzieht sich jedoch nicht der rechtlichen Prüfung. Vielmehr bestimmen sich die Grenzen eines solchen Wettbewerbsverbots und damit dessen rechtliche Bewertung anhand der Vorschriften der §§ 242, 138 BGB.

3.7.4.5 Abschluss des nachvertraglichen Wettbewerbsverbots in einem Aufhebungsvertrag

Wird ein nachvertragliches Wettbewerbsverbote im Rahmen eines außergerichtlichen Aufhebungsvertrags vereinbart, so gelten nach der neueren Rechtsprechung die Regelungen der § 74 ff. HGB auch für solche Wettbewerbsverbote.[200]

Bislang ging die Rechtsprechung davon aus, dass ein nachvertragliches Wettbewerbverbot in einem außergerichtlichen Aufhebungsvertrag nicht unter den Anwendungsbereich der §§ 74 HGB fällt, wenn dieses das Arbeitsverhältnis mit sofortiger Wirkung beendet, also bei Beendigung des Arbeitsverhältnisses begründet wird.[201] Gleiches sollte nach in der Literatur vertretener Ansicht auch für solche nachvertraglichen Wettbewerbsverbote gelten, die in Aufhebungsverträgen geregelt werden, die zugleich rückwirkend die Wirksamkeit einer Kündigung feststellen oder in denen das Arbeitsverhältnis erst zu einem späteren, also zukünftigen Zeitpunkt, z. B. unter Einhaltung der Kündigungsfrist, beendet wird.

---

[199] BAG vom 11.3.1968, AP § 74 HGB Nr. 23; BAG vom 5.8.1968, AP § 74 HGB Nr. 25.

[200] BAG vom 3.5.1994, AP § 74 HGB Nr. 65.

[201] LAG Niedersachsen vom 11.9.1992 – 15 Sa 219/92, n.v.; LAG Düsseldorf vom 6.6.1974, DB 1974, 1915.

Nach der neueren Rechtsprechung des BAG hingegen finden die Regelungen der §§ 74 ff. HGB auch auf solche nachvertraglichen Wettbewerbsverbote Anwendung, die im Rahmen eines außergerichtlichen Aufhebungsvertrages oder –vergleichs begründet werden. In seiner Entscheidung vom 03.05.1994 hat das BAG den Grundsatz aufgestellt, dass die Vorschriften der §§ 74 ff. HGB stets anwendbar seien, „solange das Wettbewerbsverbot noch im Zusammenhang mit dem Arbeitsverhältnis und seiner Abwicklung vereinbart" werde. Denn solange bestehe auch eine soziale Schutzbedürftigkeit des Arbeitnehmers.[202]

3.7.4.6 Abschluss des nachvertraglichen Wettbewerbsverbots in einem gerichtlichen Vergleich

Was für den Abschluss eines nachvertraglichen Wettbewerbsverbots in einem außergerichtlichen Aufhebungsvertrag oder –vergleich gilt, muss auch – unter Berücksichtigung der jüngeren Rechtsprechung[203] –für solche nachvertraglichen Wettbewerbsverbote gelten, die im Rahmen von gerichtlichen Vergleichen begründet und geregelt werden. Denn es macht keinen Unterschied, ob solche außergerichtlich oder gerichtlich vereinbart und geregelt werden.

3.7.4.7 Abschluss des nachvertraglichen Wettbewerbsverbots bei Weiterbeschäftigung

Auch im Rahmen einer Weiterbeschäftigung während eines arbeitsgerichtlichen Verfahrens kann ein nachvertragliches Wettbewerbverbot zwischen Arbeitgeber und Arbeitnehmer wirksam begründet werden.

Wird einem Arbeitnehmer das Arbeitsverhältnis gekündigt und wird dieser nach Erhebung einer Kündigungsschutzklage auf Grund eines erst- oder zweitinstanzlichen Urteils weiterbeschäftigt, so kann auch während dieser Weiterbeschäftigung ein nachvertragliches Wettbewerbsverbot wirksam vereinbart werden, auf das der Regelungsbereich der §§ 74 ff. HGB Anwendung findet.

Wird nämlich die Kündigung später – rechtskräftig – für unwirksam erklärt, so besteht das Arbeitsverhältnis unverändert und ungekündigt fort. Das während des arbeitsgerichtlichen Verfahrens begründete nachvertragliche Wettbewerbsverbot wäre in diesem Fall während eines bestehenden

---

[202] BAG vom 3.5.1994, AP § 74 HGB Nr. 65.

[203] BAG vom 3.5.1994, AP § 74 HGB Nr. 65.

– fortdauernden – Arbeitsverhältnisses begründet worden. Im Rahmen eines bestehenden Arbeitsverhältnisses aber kann unstreitig ein nachvertragliches Wettbewerbsverbot wirksam vereinbart werden, das dem Anwendungsbereich der §§ 74 ff. HGB unterfällt.

Wird die Kündigung hingegen – rechtskräftig – arbeitsgerichtlich für wirksam erklärt, so würde das Arbeitsverhältnis nach Ablauf der Kündigungsfrist enden. Dann aber bestand zum Zeitpunkt des Abschlusses des nachvertraglichen Wettbewerbsverbots entweder noch ein Arbeitsverhältnis während der noch laufenden Kündigungsfrist, binnen dessen ein nachvertragliches Wettbewerbsverbot wirksam hätte vereinbart werden können. Oder aber es bestand nach Ablauf der Kündigungsfrist zumindest noch ein faktisches Arbeitsverhältnis, in dem der Arbeitgeber nicht weniger schutzbedürftig gewesen wäre, als im Rahmen eines rechtlich bestehenden Arbeitsverhältnisses. Auch während eines faktischen Arbeitsverhältnisses kann nämlich der Arbeitnehmer Kenntnis von schutzbedürftigen Interna des Unternehmens des Arbeitgebers erlangen oder vertiefen. Dann aber kann auch für diesen Fall wirksam ein nachvertragliches Wettbewerbsverbot vereinbart werden, das dem Anwendungsbereich der §§ 74 ff. HGB unterliegt.

3.7.5 Form des nachvertraglichen Wettbewerbsverbots

Nach § 74 Abs. 1 HGB bedarf ein nachvertragliches Wettbewerbsverbot der Schriftform sowie der Aushändigung einer vom Arbeitgeber unterzeichneten Urkunde, die die vereinbarten Bestimmungen des Wettbewerbsverbots enthält. § 74 Abs. 1 HGB enthält mithin eine „doppelte" Formvorschrift.

3.7.5.1 Schriftform

Bei Abschluss einer nachvertraglichen Wettbewerbsabrede ist die gesetzliche Schriftform gemäß § 126 BGB zu beachten.

Sinn und Zweck des Schriftformerfordernisses

Der Sinn und Zweck des Schriftformerfordernisses des § 74 Abs. 1 HGB liegt zum einen in der hiermit verbundenen Warnfunktion. Der Arbeitnehmer soll aufgrund der erforderlichen Schriftlichkeit sowie des Erfordernisses seiner Unterschrift vor Abschluss eines nachvertraglichen Wettbewerbsverbots vor dessen Folgen gewarnt werden.

Zum anderen wird hiermit zugleich aber auch ein Schutz vor Übereilung bezweckt. Der Arbeitnehmer soll durch das Schriftformerfordernis des §

74 Abs. 1 HGB in die Lage versetzt werden, sich darüber Gewissheit zu verschaffen, ob er ein solches abzuschließen wünscht. Vorschnelle Entscheidungen sollen mithin verhindert werden.

Schließlich liegt der Sinn und Zweck des Schriftformerfordernisses sicherlich auch in der Dokumentationsfunktion begründet, also der Möglichkeit, eine nachvertragliche Wettbewerbsabrede auch nach Jahren noch belegen und beweisen zu können.

Eigenhändige Unterzeichnung

Die nach § 74 Abs. 1 HGB erforderliche Schriftform hat den Anforderungen der §§ 126 ff. BGB zu genügen.

Das nachvertragliche Wettbewerbsverbot bedarf mithin gemäß § 126 Abs. 1 BGB der eigenhändigen Originalunterschrift der jeweiligen Vertragspartei.[204] Es genügen aber auch notariell beglaubigte Handzeichen auf derselben Vertragsurkunde.

Dies bedeutet, dass gemäß § 126 Abs. 2 Satz 1 BGB der Arbeitgeber und der Arbeitnehmer das nachvertragliche Wettbewerbsverbot grundsätzlich auf derselben Urkunde zu unterzeichnen haben. Es genügt jedoch nach § 126 Abs. 2 Satz 2 BGB auch, dass über ein nachvertragliches Wettbewerbsverbot mehrere gleich lautende Urkunden abgefasst werden, solange jede Arbeitsvertragspartei die für die Gegenseite bestimmte Urkunde unterzeichnet.

Kopien oder Telefaxe genügen dem Schriftformerfordernis der §§ 74 Abs. 1 HGB, 126 BGB nicht. Denn eine Kopie oder ein Telefax tragen keine Originalunterschrift der jeweiligen Partei einer nachvertraglichen Wettbewerbsabrede. Lediglich im Falle einer notariellen Beurkundung eines nachvertraglichen Wettbewerbsverbots ersetzt diese gemäß § 126 Abs. 4 BGB die erforderliche Schriftform des 74 Abs. 1 HGB.

Sollte ein nicht unterzeichnetes nachvertragliches Wettbewerbsverbot in einer separaten Urkunde enthalten sein, genügt es dem Formerfordernis der §§ 74 Abs. 1 HGB, 126 BGB auch, wenn diese fest mit dem von beiden Vertragsparteien unterzeichneten Arbeitsvertrag zu einer Gesamturkunde verbunden ist (zusammenhängende Urkunde) und im Arbeitsvertrag auf das nachvertragliche Wettbewerbsverbot verwiesen wird.[205] Dem

---

[204] BGH vom 28.1.1993, NJW 1993, 1126.

[205] BAG vom 30.10.1984, AP § 74 HGB Nr. 46.

Schriftformerfordernis der §§ 74 Abs. 1 HGB, 126 BGB genügt es hingegen nicht, wenn das nachvertragliche Wettbewerbsverbot als bloße nicht unterschriebene Anlage zu einem Arbeitsvertrag genommen wird oder einfach nur in Bezug genommen wird, ohne fest mit diesem verbunden zu sein.[206] Die Bezugnahme selber muss den Schriftformvoraussatzungen der §§ 74 Abs. 1 HGB, 126 BGB entsprechen.[207]

Gleichfalls ist dem Schriftformerfordernis der §§ 74 Abs. 1 HGB, 126 BGB nicht Genüge getan, wenn der Arbeitgeber ein vom ihm unterzeichnetes Schreiben an den Arbeitnehmer übersendet, das den Abschluss einer nachvertraglichen Wettbewerbsvereinbarung bestätigt. Denn in diesem Fall existiert keine Urkunde, die von beiden Parteien der nachvertraglichen Wettbewerbsabrede unterzeichnet ist.[208]

Elektronische Form

Nach § 74 Abs. 1 HGB ist für ein nachvertragliches Wettbewerbsverbot grundsätzlich die Schriftform erforderlich. Diese kann jedoch durch die elektronische Form nach § 126 a BGB ersetzt werden, sofern sich gemäß § 126 Abs. 3 BGB nichts anderes aus der gesetzlichen Regelung ergibt, die die schriftliche Form vorschreibt. Da sich aus § 74 Abs. 1 HGB nichts anderes ergibt, kann die Schriftform des § 126 BGB gemäß § 126 Abs. 3 BGB durch die elektronische Form des § 126 a BGB ersetzt werden. In diesem Fall muss der Aussteller einer Erklärung seinen Namen hinzufügen und das elektronische Dokument mit einer qualifizierten elektronischen Signatur nach dem Signaturgesetzt versehen.

Kollektivrechtliche nachvertragliche Wettbewerbsverbote

Werden nachvertragliche Wettbewerbsverbote in kollektivrechtlichen Regelungswerken begründet, so z. B. in Betriebs- bzw. Dienstvereinbarungen oder in Tarifverträgen, so genügt dies der Schriftform. Gleiches gilt für die Fälle, in denen nachvertragliche Wettbewerbsverbote in kollektivrechtlichen Regelungswerken abgeändert werden.

Umfang der Schriftform

---

[206] BAG vom 30.10.1984, AP § 74 HGB Nr. 46; LAG Hamm vom 19.10.1973, DB 1974, 1532.

[207] Sächsisches LAG vom 10.3.1998 – 9 Sa 1297/07, n.v.

[208] RAG vom 12.7.1933, ARS Bd. 18, 320.

Weiterhin muss die Schriftform eines nachvertraglichen Wettbewerbsverbots i.S.d. § 74 Abs. 1 HGB grundsätzlich sämtliche zu ihr gehörende Inhalte, Regelungen und eventuelle Nebenabreden umfassen. Dies gilt auch für die einem Arbeitnehmer günstigen Regelungen und Inhalte.[209] Mithin ist es nach §§ 74 Abs. 1 HGB, 126 BGB nicht ausreichend, wenn lediglich die Hauptpflichten eines nachvertraglichen Wettbewerbsverbots in einer Urkunde enthalten sind, die den Schriftformerfordernissen der §§ 74 Abs. 1 HGB, 126 BGB genügt, wohingegen Nebenabreden zu diesem nachvertraglichen Wettbewerbsverbot in nicht unterzeichneten und getrennten Unterlagen enthalten sind.[210]

Übertrieben formalistisch ist hingegen die Ansicht, dass das nachvertragliche Wettbewerbsverbot nach § 74 Abs. 1 HGB sowie die nach § 74 Abs. 2 HGB erforderliche Regelung einer Karenzentschädigung in einer Urkunde zusammenzufassen und zu unterzeichnen sind.[211] Es genügt vielmehr, dass die zwingend erforderliche Karenzentschädigung in einer separaten Urkunde geregelt wird, solange diese von den Vertragsparteien unterzeichnet ist und in der Schriftform der §§ 74 Abs. 1 HGB, 126 BGB auf die Urkunde Bezug nimmt, die die Hauptpflichten des nachvertraglichen Wettbewerbsverbot regelt.

3.7.5.2 Schriftform und nachträgliche Änderungen des nachvertraglichen Wettbewerbsverbots

Das Schriftformerfordernis gemäß §§ 74 Abs. 1 HGB, 126 BGB erstreckt sich auch auf nachträgliche Änderungen eines nachvertraglichen Wettbewerbsverbots, so z. B. dessen Erweiterungen (bspw. Erhöhung der Karenzentschädigung) oder Einschränkungen (bspw. präzisere Eingrenzung oder Erweiterung der untersagten Tätigkeiten des Arbeitnehmers).

Die einvernehmliche Aufhebung eines nachvertraglichen Wettbewerbsverbots bedarf hingegen keiner Schriftform. Eine solche ist auch mündlich statthaft. Gleichwohl sollte eine solche einvernehmliche Aufhebung alleine aus Gründen der Beweisbarkeit ebenfalls schriftlich erfolgen.

---

[209] BAG vom 14.8.1975, AP § 74 HGB Nr. 35; LAG Baden-Württemberg vom 6.9.1977, AR-Blattei ES 1830 Entscheidung 121 „Ausschluss der Anrechnung nach § 74 c HGB".

[210] BAG vom 14.8.1975, AP § 74 HGB Nr. 35.

[211] LAG Baden-Württemberg vom 12.3.1969, BB 1969, 404.

3.7.5.3 Aushändigung

§ 74 Abs. 1 HGB erfordert zudem die Aushändigung einer vom Arbeitgeber unterzeichneten, die vereinbarten Bestimmungen der nachvertraglichen Wettbewerbsabrede enthaltenden Urkunde an den Arbeitnehmer.

Aushändigung des nachvertraglichen Wettbewerbsverbots im Original

Nach § 74 Abs. 1 HGB ist die zumindest vom Arbeitgeber unterzeichnete und der Schriftform der §§ 74 Abs. 1 HGB, 126 BGB genügende Urkunde, die das nachvertragliche Wettbewerbsverbot enthält, nach ihrer Unterzeichnung dem Arbeitnehmer nicht nur vorübergehend, sondern dauernd auszuhändigen. Gleiches gilt für den Fall, dass das nachvertragliche Wettbewerbsverbot wirksam auf mehrere Urkunden verteilt ist, die den Schriftformerfordernissen der §§ 74 Abs. 1, 126 BGB entsprechen. Dabei kann ein nachvertragliches Wettbewerbsverbot sowohl im Rahmen eines Arbeitsvertrags als auch in einer separaten Urkunde enthalten sein. Erforderlich ist jedoch, dass die Urkunde, die das nachvertragliche Wettbewerbverbot enthält, auch sämtliche Nebenabreden der Vertragsparteien zum nachvertraglichen Wettbewerbsverbot enthält. Nur dann kann der Informationsfunktion, die der Aushändigung der Urkunde innewohnt, genüge getan werden.

Erforderlich ist immer, dass dem Arbeitnehmer das Original der Urkunde, die das nachvertragliche Wettbewerbsverbot enthält und vom Arbeitgeber unterzeichnet ist, ausgehändigt wird. Die Aushändigung einer Kopie oder eines Telefaxes derselben ist daher nicht ausreichend.

Erhält der Arbeitnehmer eine vom Arbeitgeber unterzeichnete und ein nachvertragliches Wettbewerbsverbot enthaltende Urkunde, macht er sich von dieser eine Kopie und reicht danach die Originalurkunde wieder an den Arbeitgeber zurück, so sind sowohl das Schriftformerfordernis nach §§ 74 Abs. 1 BGB, 126 BGB als auch das Formerfordernis der Aushändigung nach § 74 Abs. 1 HGB gewahrt.[212] Denn der Arbeitnehmer hat in diesem Fall die das nachvertragliche Wettbewerbsverbot enthaltende Urkunde im Original ausgehändigt erhalten. Wie er im Anschluss hieran mit dieser verfährt, ist Angelegenheit des Arbeitnehmers.

In den Fällen, in denen eine nicht von den Arbeitsvertragsparteien bzw. dem Arbeitgeber unterzeichnete Urkunde, die ein nachvertragliches Wett-

[212] LAG Hamm vom 18.7.2003 – 7 Sa 734/02, n.v.

bewerbsverbot zum Gegenstand hat, einem Arbeitsvertrag lediglich angeheftet wird, ist zu unterscheiden: Ist der Arbeitsvertrag nicht von den Arbeitsvertragsparteien unterzeichnet, so ist dem Formerfordernis der Aushändigung i.S.d. § 74 Abs. 1 HGB wie auch dem nach §§ 74 Abs. 1, 126 BGB nicht Genüge getan. Ist der Arbeitsvertrag von den Arbeitsvertragsparteien hingegen unterzeichnet, wird aber auf die angeheftete Urkunde im Arbeitsvertrag kein Bezug genommen, so ist das Formerfordernis der Aushändigung der Urkunde i.S.d. § 74 Abs. 1 HGB ebenfalls nicht beachtet. [213] Denn in diesem Fall wird dem Arbeitnehmer zwar der Text eines nachvertraglichen Wettbewerbsverbots überreicht; die entsprechende Urkunde ist aber entspricht weder für sich dem Formerfordernis der §§ 74 Abs. 1 HGB, 126 BGB noch ist sie Bestandteil des unterzeichneten Arbeitsvertrages geworden. Ist der Arbeitsvertrag von den Arbeitsvertragsparteien aber unterzeichnet und wird in ihm auf die ihm angeheftete Urkunde Bezug genommen, so muss in diesem Fall dem Formerfordernis der Aushändigung i.S.d. § 74 HGB Genüge getan sein, da diese Urkunde durch die Bezugnahme Bestandteil des Arbeitsvertrages geworden ist, der der Form der §§ 74 Abs. 1 HGB, 126 BGB entspricht und dem Arbeitnehmer übergeben wurde.[214]

Aushändigung von geänderten nachvertraglichen Wettbewerbsverboten

Ändern die Parteien eines nachvertraglichen Wettbewerbsverbots nach § 74 Abs. 1 HGB dasselbe ab, so ist es ebenfalls erforderlich, dass auch die Urkunde, die diese schriftliche Änderung des nachvertraglichen Wettbewerbsverbots enthält, an den Arbeitnehmer ausgehändigt wird. Das Formerfordernis der Aushändigung betrifft daher nicht nur die ursprüngliche nachvertragliche Wettbewerbsabrede, sondern auch sämtliche eventuell nachfolgenden Änderungen, z. B. Erweiterungen oder Beschränkungen, desselben.

Zeitpunkt der der Aushändigung

Der Arbeitgeber darf sich nicht zu lange Zeit mit der Aushändigung des nachvertraglichen Wettbewerbsverbots lassen. Denn die Urkunde, die das

[213] LAG Köln vom 14.12.1983, EzA § 74 HGB Nr. 43.

[214] Vgl. BAG vom 30.10.1984, AP § 74 HGB Nr. 46.

nachvertragliche Wettbewerbsverbot enthält, muss innerhalb einer angemessenen Frist an den Arbeitnehmer ausgehändigt werden.[215]

Geschieht dies nicht, so wird das nachvertragliche Wettbewerbsverbot nicht wirksam. Erfolgt hingegen eine Aushändigung der Urkunde, die das nachvertragliche Wettbewerbsverbot enthält, innerhalb einer angemessenen Frist an den Arbeitnehmer, wird dieses wirksam.

Eine persönliche Aushändigung dieser Urkunde an den Arbeitnehmer ist für das Wirksamwerden des nachvertraglichen Wettbewerbsverbots nicht erforderlich. Der Zugang der entsprechenden Urkunde per Post oder per Boten ist ausreichend.

Verzögert der Arbeitgeber die Aushändigung einer das nachvertragliche Wettbewerbsverbot enthaltenden Urkunde, sodass sie nicht mehr rechtzeitig innerhalb einer angemessenen Frist beim Arbeitnehmer zugeht, so hängt die Wirksamkeit des nachvertraglichen Wettbewerbsverbots vom Verhalten des Arbeitnehmers ab. Unter Anwesenden kann der Arbeitnehmer die ihm übergebene Urkunde zurückweisen, sodass das nachvertragliche Wettbewerbsverbot nicht wirksam wird. Nimmt er diese hingegen an, so ist der Mangel der verspäteten Aushändigung der Urkunde geheilt, sodass das nachvertragliche Wettbewerbsverbot vollumfänglich wirksam wird. Geht dem Arbeitnehmer die Urkunde verspätet unter Abwesenden zu, z. B. per Post oder per Boten, so muss er seinem Arbeitgeber gegenüber unverzüglich anzeigen, dass er diese nicht mehr annehme. Tut er dies nicht, so wird das nachvertragliche Wettbewerbsverbot auch in diesem Fall wirksam.

In den Fällen einer verspäteten Aushändigung einer ein nachvertragliches Wettbewerbsverbot enthaltenden Urkunde sind jedoch die Umstände des Einzelfalls zu berücksichtigen, da ein Arbeitnehmer nicht in jedem Fall mit der Annahme einer ihm verspätet ausgehändigten Urkunde das nachvertragliche Wettbewerbsverbot wirksam werden lassen will. Erforderlich ist vielmehr, dass der Arbeitnehmer weiß und will, dass er mit der Annahme einer solchen Urkunde das nachvertragliche Wettbewerbsverbot wirksam werden lässt. So scheidet z. B. eine nachträgliche Wirksamkeit eines nachvertraglichen Wettbewerbsverbots aus, bei dem der Arbeitnehmer die entsprechende Urkunde erst nach elf Jahren von seinem Arbeitgeber ausgehändigt erhalten hat, wobei er bereits zuvor um eine vorzeitige

[215] LAG Nürnberg vom 21.7.1994, NZA 1995, 532.

Beendigung seines Arbeitsverhältnisses nachgesucht hatte.[216] Hier musste der Arbeitgeber davon ausgehen, dass sich der Arbeitnehmer – trotz der Entgegennahme der Urkunde – nicht an das nachvertragliche Wettbewerbsverbot halten wollte.

Vereitelt bzw. hintertreibt der Arbeitnehmer die Aushändigung einer ein nachvertragliches Wettbewerbsverbot enthaltenden Urkunde, so hat er sich analog § 162 BGB so behandeln zu lassen, als wäre ihm diese Urkunde in angemessener Frist, also fristgemäß, zugegangen. Die Urkunde gilt in einem solchen Fall als ordnungsgemäß i.S.d. § 74 Abs. 1 HGB an den Arbeitnehmer ausgehändigt. Solche Fälle einer Aushändigungsvereitelung sind z. B. gegeben, wenn der Arbeitnehmer bewusst eine falsche Adresse angibt oder die Annahme der das nachvertragliche Wettbewerbsverbot enthaltenden Urkunde verweigert.

Aus Gründen der besseren Beweisbarkeit und Rechtssicherheit sollte sich ein Arbeitgeber die Aushändigung einer ein nachvertragliches Wettbewerbsverbot enthaltenden Urkunde von seinem Arbeitnehmer quittieren lassen oder aber die Aushändigung mittels eines Boten durchführen, der hierfür später als Zeuge zur Verfügung stehen kann.

Kollektivrechtliche nachvertragliche Wettbewerbsverbote

Sollte ein nachvertragliches Wettbewerbsverbot nach § 74 Abs. 1 BGB in einer Betriebsvereinbarung oder einem Tarifvertrag geregelt sein, ersetzt dies die Schriftform nach § 74 Abs. 1 HGB nur dann, wenn die entsprechende Betriebsvereinbarung oder der entsprechende Tarifvertrag wegen der Informationsfunktion des § 74 Abs. 1 HGB dem Arbeitnehmer ausgehändigt wird.

Nachvertragliches Wettbewerbsverbot in notarieller Urkunde

Ist das nachvertragliche Wettbewerbsverbot nach § 74 Abs. 1 HGB in einer notariellen Urkunde enthalten, so ist es ausreichend, dass dem Arbeitnehmer diese ausgehändigt wird, da die Schriftform der §§ 74 Abs. 1 HGB, 126 BGB durch die notarielle Form ersetzt wird. Darüber hinaus ist nach § 47 BeurkG ohnehin die Übergabe einer Ausfertigung einer notariellen Urkunde ausreichend.

Wird aber eine Urkunde, die ein nachvertragliches Wettbewerbsverbot enthält, lediglich bei einem Notar hinterlegt, so stellt dies keine Aushändigung i.S.d. § 74 Abs. 1 HGB dar, insbesondere dann nicht, wenn dieses

---

[216] LAG Nürnberg vom 21.7.1994, NZA 1995, 532.

nur zusammen an den Arbeitgeber und den Arbeitnehmer herausgegeben werden darf.[217]

Nachvertragliches Wettbewerbsverbot in elektronischer Form
Die von § 74 Abs. 1 HGB geforderte Aushändigung einer ein nachvertragliches Wettbewerbsverbot enthaltenden Urkunde kann nicht in elektronischer Form erfolgen. §§ 74 Abs. 1 HGB, 126 Abs. 3 BGB, 126 a BGB regeln lediglich die Ersetzung der schriftlichen Form durch die elektronische Form. Die nach § 74 Abs. 1 HGB geforderte Aushändigung, also die tatsächliche Übergabe, stellt jedoch keine Schriftform i.S.d. § 126 BGB dar, sondern ein neben dem Schriftformerfordernis nach § §§ 74 Abs. 1, 126 BGB bestehendes zusätzliches Erfordernis in tatsächlicher Hinsicht.

3.7.5.4 Rechtsfolgen eines Formverstoßes

Hinsichtlich der Rechtsfolgen eines Verstoßes gegen das Schriftformerfordernisses nach §§ 74 Abs. 1 HGB, 126 BGB ist zwischen einem Verstoß gegen die Schriftform sowie einem Verstoß gegen die Aushändigung der ein nachvertragliches Wettbewerbsverbot enthaltenden Urkunde zu unterscheiden.

Verstoß gegen die Schriftform nach §§ 74 Abs. 1 HGB, 126 BGB

Wird die Schriftform des §§ 74 Abs. 1, 126 BGB nicht beachtet, so ist das nachvertragliche Wettbewerbsverbot nach § 125 BGB nichtig[218]. Die Nichtigkeit wirkt ex tunc, mithin also zeitlich zurückwirkend auf dessen Abschluss. Platz für eine Unverbindlichkeit mit der Folge, dass dem Arbeitnehmer ein Wahlrecht zustünde, besteht nicht.

Diese Nichtigkeitsfolge gilt auch dann, wenn nur die Vereinbarung einer Karenzentschädigung nicht der Schriftform nach §§ 74 Abs. 1 HGB, 126 BGB genügt´. Ob der restliche Teil eines nachvertraglichen Wettbewerbsverbots unter Beachtung des Schriftformerfordernisses nach §§ 74 Abs. 1 HGB, 126 BGB abgeschlossen wurde, ist in einem solchen Fall nicht von Bedeutung.

Ist ein nachvertragliches Wettbewerbsverbot wegen Nichtbeachtung der Schriftform gemäß §§ 74 Abs. 1 HGB, 126 BGB nichtig, so können sich sowohl der Arbeitgeber als auch der Arbeitnehmer auf diese Nichtigkeit

---

[217] LAG Nürnberg vom 21.7.1994, NZA 1995, 532.

[218] BAG vom 24.10.1972, AP § 74 HGB Nr. 31; BAG vom 26.9.1957, AP § 74 HGB Nr. 2.

berufen. Aufgrund dessen kann z. B. der Arbeitgeber die Zahlung einer Karenzentschädigung verweigern, wohingegen der Arbeitnehmer nach Beendigung seines Arbeitsverhältnisses Wettbewerb gegen seinen bisherigen Arbeitgeber betreiben kann. Dies gilt aber nicht, wenn entweder der Arbeitgeber oder aber der Arbeitnehmer sich treuwidrig auf den Mangel der Schriftform berufen. Treuwidrig ist zum einen, wenn die Berufung auf den Schriftformmangel unter Berücksichtigung des früheren Verhaltens desjenigen, der sich auf den Schriftformmangel beruft, gegen die guten Sitten oder gegen Treu und Glauben verstößt.[219] Beruft sich z. B. diejenige Partei einer nachvertraglichen Wettbewerbsabrede auf deren Nichtigkeit wegen eines Verstoßes gegen §§ 74 Abs. 1, 126 BGB, die die Verletzung der Schriftform bereits bei Abschluss der nachvertraglichen Wettbewerbsabrede erkannt und die andere Vertragspartei im Glauben an deren Wirksamkeit gelassen hatte, so handelt diese treuwidrig.[220] Sie kann sich dann auf die Nichtigkeit des nachvertraglichen Wettbewerbsverbots nicht berufen. Darüber hinaus kann eine unzulässige Rechtsausübung auch vorliegen, wenn die Partei des nachvertraglichen Wettbewerbsverbots, die den Schriftformmangel zu vertreten hat, sich im Nachhinein auf diesen beruft.

Verstoß gegen das Erfordernis der Aushändigung der Urkunde nach § 74 Abs. 1 HGB

Wird nach § 74 Abs. 1 HGB die unterzeichnete Urkunde, die das nachvertragliche Wettbewerbsverbot enthält, nicht fristgemäß an den Arbeitnehmer ausgehändigt, so schließen sich hieran andere Rechtsfolgen an als bei der Nichtbeachtung der Schriftform nach §§ 74 Abs. 1 HGB, 126 BGB.

Die ist zum einen darin begründet, dass die Aushändigung i.S.d. § 74 Abs. 1 HGB eine tatsächliche Handlung ist, die von § 126 BGB nicht erfasst wird. Zum anderen ergibt sich dies daraus, dass der fristgemäßen Aushändigung der unterzeichneten und das nachvertragliche Wettbewerbsverbot enthaltenden Urkunde an den Arbeitnehmer eine Informations- und Dokumentationsfunktion zukommt, die alleine den Arbeitnehmer schützt. Eine solche Aushändigung stellt daher auch aus diesem Grund kein gesetzliches Formerfordernis i.S.d. § 125 BGB dar, weshalb deren Verletzung auch nicht zur Nichtigkeit des nachvertraglichen Wettbewerbsverbots führen kann.[221]

---

[219] BAG vom 26.9.1957, AP § 74 HGB Nr. 2.

[220] BAG vom 26.9.1957, AP § 74 HGB Nr. 2.

[221] BAG vom 23.11.2004, NZA 2005, 411.

Unterbleibt die Aushändigung der Urkunde, die eine nachvertragliche Wettbewerbsabrede enthält, unter Verstoß gegen § 74 Abs. 1 HGB, so hat dies statt der Nichtigkeit nach § 125 BGB die Unverbindlichkeit der nachvertraglichen Wettbewerbsabrede zur Folge.[222] Dies bedeutet, dass der Arbeitnehmer nach Beendigung seines Arbeitsverhältnisses Wettbewerb gegen seinen bisherigen Arbeitgeber betreiben kann, ohne jedoch eine Karenzentschädigung zu erhalten. Enthält er sich hingegen dieses Wettbewerbs, so kann er von seinem bisherigen Arbeitgeber die Zahlung der vereinbarten Karenzentschädigung verlangen, ohne dass dieser mit Hinweis auf die unterbliebene Aushändigung der Urkunde die Zahlung verweigern kann.[223]

3.7.5.5 Nachträgliche Änderungen des nachvertraglichen Wettbewerbsverbots und deren Aushändigung

Erfolgen nachträgliche Änderungen eines nachvertraglichen Wettbewerbsverbots, so müssen diese zunächst der Schriftform der §§ 74 Abs. 1 HGB, 126 BGB genügen. Darüber hinaus müssen diese Änderungen aber auch in einer erneuten Urkunde niedergelegt werden, die sodann nach § 74 Abs. 1 HGB dem Arbeitnehmer auszuhändigen ist. Dabei ist es ausreichend, dass die entsprechende Urkunde lediglich die Änderungen des nachvertraglichen Wettbewerbsverbots enthält, eine Erstellung einer vollständig neuen Gesamturkund bedarf es hingegen nicht.

3.7.5.6 Beweislast

Die Beweislast für die Einhaltung der Schriftform nach §§ 74 Abs. 1 HGB, 126 BGB sowie für die gemäß § 74 Abs. 1 HGB erforderliche Aushändigung der vom Arbeitgeber unterzeichneten und das nachvertragliche Wettbewerbsverbot enthaltenden Urkunde folgt den allgemeinen Beweislastgrundsätzen.

Hiernach trägt derjenige die Beweislast für die Beachtung der Formvorschriften nach §§ 74 Abs. 1, 126 HGB, der aus dem nachvertraglichen Wettbewerbsverbot Rechte herleiten will.

Beruft sich der Arbeitgeber auf die Wirksamkeit des nachvertraglichen Wettbewerbsverbots, so muss er dessen Zustandekommen beweisen. Dies ist z. B. dann der Fall, wenn er den Arbeitnehmer wegen des Verstoßes

---

[222] BAG vom 23.11.2004, NZA 2005, 411.

[223] BAG vom 23.11.2004, NZA 2005, 411.

gegen das nachvertragliche Wettbewerbsverbot auf Unterlassung in Anspruch zu nehmen gedenkt. Beruft sich jedoch der Arbeitnehmer auf ein wirksames nachvertragliches Wettbewerbsverbot, z. B. wenn er eine Karenzentschädigung gegenüber seinem Arbeitgeber geltend macht, so trägt er die entsprechende Beweislast[224]

Derjenige, der die Beweislast für die Beachtung der §§ 74 Abs. 1 HGB, 126 BGB trägt, hat, wie bereits ausgeführt wurde, auch zu beweisen, dass die das nachvertragliche Wettbewerbsverbot enthaltende Urkunde ausgehändigt wurde. Eine solche Aushändigung sollte daher der besseren Beweisbarkeit dokumentiert werden. Hierfür ist die weit verbreitete Praxis jedoch nicht ausreichend, dass der Arbeitnehmer mit seiner Unterschrift unter einen Arbeitsvertrag bestätigt, eine solche Urkunde erhalten zu haben. Die Rechtsprechung vertritt nämlich zutreffenderweise die Ansicht, das § 308 Ziffer 5 BGB auch für Arbeitsverträge gilt, und dies auch dann, wenn diese nicht für eine unbestimmte Vielzahl von Fällen vorformuliert sind (§ 310 Abs. 3 Nr. 2 BGB).[225] Daher ist es erforderlich, dass der Arbeitnehmer ein gesondertes Empfangsbekenntnis unterzeichnet. Dies kann auch in einem Arbeitsvertrag geschehen, sofern dort durch separate Unterschrift des Arbeitnehmers bestätigt wird, dass er eine vom Arbeitgeber unterzeichnete und eine nachvertragliche Wettbewerbsabrede enthaltende Urkunde ausgehändigt erhalten hat.

3.8 Inhaltlicher Geltungsbereich des Wettbewerbsverbots nach § 74 HGB

Der Inhalt einer nachvertraglichen Wettbewerbsabrede wird grundsätzlich durch ihre Vertragsparteien bestimmt. Der Regelungsbereich der §§ 74 ff. HGB gibt die seitens des Gesetzgebers aufgegebenen Grenzen einer inhaltlichen Ausformung eines nachvertraglichen Wettbewerbsverbots vor. Im Nachfolgenden soll ein Überblick über mögliche inhaltliche Ausgestaltungen einer nachvertraglichen Wettbewerbsabrede gegeben werden.

3.8.1 Parteivereinbarung

Ein nachvertragliches Wettbewerbsverbot ist grundsätzlich dann gegeben, wenn ein Arbeitnehmer für die Zeit nach der Beendigung seines Arbeitsverhältnisses in seiner gewerblichen bzw. beruflichen Tätigkeit beschränkt

---

[224] LAG Hamm vom 8.2.2001 – 16 Sa 1243/00, n.v.

[225] BAG vom 16.3.1994, DB 1994, 1726.

wird. Von einem Wettbewerbsverbot ist auch dann auszugehen, wenn einem Arbeitnehmer zwar nicht jegliche gewerbliche bzw. berufliche Tätigkeiten untersagt werden, diese Tätigkeiten aber inhaltlichen, zeitlichen oder örtlichen Begrenzungen unterworfen werden.

Für den Inhalt eines nachvertraglichen Wettbewerbsverbots ist grundsätzlich die Wettbewerbsabrede seiner Parteien maßgeblich. Die Grenzen einer solchen Wettbewerbsabrede ergeben sich aus §§ 74 ff. HGB. Welche Betätigungen einem Arbeitnehmer daher untersagt sind, richtet sich nach den zwischen ihm und seinem Arbeitgeber getroffenen Vereinbarungen, soweit diese nach den gesetzlichen Regelungen zulässig sind.

3.8.2 Inhaltlicher Geltungsbereich und AGB-Kontrolle

Wie bereits erwähnt wurde, unterliegen auch als Allgemeine Geschäftsbedingungen vorformulierte Arbeitsverträge, z. B. in Form sog. Musterarbeitsverträge, der Kontrolle gemäß der §§ 305 ff. BGB. Gleiches gilt für nachvertragliche Wettbewerbsverbote, sofern sie als Allgemeine Geschäftsbedingungen ausgestaltet sind, sei es in einem Arbeitsvertrag oder in einer separaten Nebenabrede.

3.8.3 Gewerbliche bzw. berufliche Tätigkeit

§ 74 Abs. 1 HGB geht davon aus, dass ein nachvertragliches Wettbewerbsverbot die „gewerbliche Tätigkeit" eines Arbeitnehmers beschränkt. § 110 Satz GewO hingegen spricht von der Beschränkung der „beruflichen Tätigkeit" des Arbeitnehmers.

Beide Vorschriften sprechen somit von einer „Tätigkeit", nicht hingegen vom Abschluss eines Rechtsgeschäfts, das keine Tätigkeit erfordert. „Tätigkeit" bedeutet dabei nicht, dass der ausgeschiedene Arbeitnehmer seine neue „Tätigkeit" im Rahmen eines Arbeitsvertrages ausübt, da jede Form eines tatsächlichen Tätigwerdens für einen Verstoß gegen ein nachvertragliches Wettbewerbsverbot ausreichend ist, so z. B. auch eine Tätigkeit als Selbständiger. „Tätigkeit" bedeutet zudem nicht, dass der Arbeitnehmer diese Tätigkeit unbedingt selber ausüben muss. Zu den untersagten tatsächlichen Tätigkeiten zählen daher auch solche, die von einem Strohmann, z. B. einem Familienangehörigen, für den Arbeitnehmer vorgenommen werden.[226]

---

[226] LAG Baden-Württemberg vom 30.11.1061, AR-Blattei ES Nr. 16/1830; vgl. auch BGH vom 6.7.1970, BB 1970, 1374; OLG Celle vom 29.1.1971, DB 1971, 865.

Zu den „Tätigkeiten“ i.S.d §§ 74 Abs. 1 HGB, 110 GewO, die während eines nachvertraglichen Wettbewerbsverbots nicht untersagt sind, zählen solche, die als Vorbereitungshandlungen für eine Tätigkeit nach Ablauf des nachvertraglichen Wettbewerbsverbots zu bewerten sind, so z. B.:

- Bewerbung bei einem anderen Arbeitgeber,
- Abschluss eines Arbeitsvertrags mit einem konkurrierenden Unternehmen für die Zeit nach einem nachvertraglichen Wettbewerbsverbot,
- Hinweis des ausgeschiedenen Arbeitnehmers auf sein nachvertragliches Wettbewerbsverbot in einem Rundschreiben an die bisher von ihm betreuten Kunden[227],
- Vorbereitungshandlungen für die Gründung einer eigenen Existenz nach Ablauf des nachvertraglichen Wettbewerbsverbots,
- Betreibung der Zulassung zu einem Beruf,[228]
- Anmeldung des künftigen Unternehmens zum Handelsregister,[229]
- Anmieten von Geschäftsräumen und Anstellung von Arbeitnehmern[230], sofern diese nicht beim bisherigen Arbeitgeber abgeworben werden,
- Abschluss von Franchiseverträgen[231],
- Anmeldung von gewerblichen Schutzrechten, z. B. einer Marke oder eines Geschmacksmusters,
- Erzielung bzw. Gewinnung neuer Forschungsergebnisse bis zur industriellen Verwertbarkeit, es sei denn, dass diese noch während des nachvertraglichen Wettbewerbsverbots am Markt genutzt werden.

Vorbereitungshandlungen eines ausgeschiedenen Arbeitnehmers, der einem nachvertraglichem Wettbewerbsverbot unterliegt, sind hingegen bereits dann als verbotene nachvertragliche Wettbewerbshandlungen untersagt, wenn

- die Vorbereitung einzelner Konkurrenzgeschäfte bereits eine unmittelbare Gefährdung der Interessen des bisherigen Arbeitgebers bedeutet,

---

227 OLG Nürnberg vom 23.9.1960, BB 1961, 729.

228 BAG vom 13.6.1958, BB 1958, 877.

229 LAG Kiel vom 24.1.1956, BB 1956, 338.

230 BAG vom 30.1.1963, BAGE 14, 72.

231 Vgl. BAG vom 30.5.1978, AP § 60 HGB Nr. 9 für das gesetzliche Wettbewerbsverbot während des andauernden Arbeitsverhältnisses.

- die konkurrierenden Tätigkeiten bzw. Leistungen des ausgeschiedenen Arbeitnehmers am Markt angebotenen werden, auch wenn es zu deren Ausführung nicht kommt,[232] da bereits deren Angebot am Markt die Interessen des bisherigen Arbeitgebers gefährden und eine werbende Tätigkeit des Arbeitnehmers bedeuten können.

3.8.4 Selbständige oder unselbständige Tätigkeit

Ein nachvertragliches Wettbewerbsverbot kann das Verbot jeglicher Konkurrenztätigkeiten beinhalten, gleich ob diese selbständig oder unselbständig bzw. abhängig ausgeführt werden.[233] Entsprechend können nachvertragliche Wettbewerbsverbote differenziert werden. Von §§ 74 ff. HGB werden mithin auch solche Regelungen erfasst, die die Aufnahme einer nicht selbständigen Tätigkeit verbieten, insbesondere die Begründung eines Arbeitsverhältnisses bei einem mit dem bisherigen Arbeitgeber konkurrierenden Unternehmen.

Ebenso gelten die §§ 74 ff. HGB auch für nachvertragliche Wettbewerbsverbote im Bereich der sog. „freien Berufe".[234]

Probleme können aber durch eine ungenaue Formulierung einer Wettbewerbsabrede entstehen:

Wird lediglich die Aufnahme eines Arbeitsverhältnisses bei konkurrierenden Unternehmen untersagt, so soll eine selbständige Tätigkeit nach der Beendigung des Arbeitsverhältnisses gestattet sein.[235] Wird hingegen allgemein untersagt, „Konkurrenz zu machen", so sollen hierdurch lediglich selbständige Tätigkeiten des Arbeitnehmers umfasst sein, sodass er nach der Beendigung seines Arbeitsverhältnisses ein neues bei einem mit seinem bisherigen Arbeitgeber konkurrierenden Unternehmen begründen können soll. Wird aber in einem nachvertraglichen Wettbewerbsverbot verboten, „Tätigkeiten für ein Konkurrenzunternehmen" auszuüben, so sollen hiervon sowohl selbständige als auch unselbständige Tätigkeiten eines Arbeitnehmers nach der Beendigung seines Arbeitsverhältnisses umfasst sein. Jedenfalls ist eine Umgehung eines nachvertraglichen Wett-

---

[232] LAG Frankfurt am Main vom 28.4.1998, LAGE § 1 KSchG Verhaltendbedingte Kündigung Nr. 65.

[233] BAG vom 15.12.1987, AP § 611 BGB Betriebsgeheimnis Nr. 5.

[234] BAG vom 13.9.1969, AP § 611 BGB Konkurrenzklausel Nr. 24.

[235] OLG Frankfurt am Main vom 6.12.1972, DB 1973, 139; LAG Hamburg vom 20.9.1968, BB 1969, 362; a. A. LAG Hamm vom 16.6.1959, BB 1959, 1064.

bewerbsverbots mittels Strohmänner auch in der Hinsicht unstatthaft, als fraglich ist, ob eine selbständige oder unselbständige Tätigkeit verboten sein soll.[236]

Bei der Formulierung eines nachvertraglichen Wettbewerbsverbots ist daher Vorsicht geboten. Denn stellt ein nachvertragliches Wettbewerbsverbot eine Allgemeine Geschäftsbedingung dar, was in der Regel der Fall sein dürfte, so gehen Zweifel bei dessen Auslegung nach § 305 c Abs. 2 BGB zu Lasten des Arbeitgebers als dem Verwender dieser Allgemeinen Geschäftsbedingung. Unklare und unverständliche Formulierungen können zudem auch zu einer Intransparenz des nachvertraglichen Wettbewerbsverbots gemäß § 307 Abs. 1 Satz 2 BGB führen, also zu seiner Unangemessenheit und somit Unwirksamkeit nach § 307 Abs. 1 Satz 1 BGB.

3.8.5 Unmittelbare oder mittelbare Tätigkeit

Nachvertragliche Wettbewerbsverbote nach § 74 HGB können zudem sowohl unmittelbare als auch mittelbare Tätigkeiten eines Arbeitnehmers untersagen.

Unter unmittelbaren Tätigkeiten sollen insbesondere solche bei einem mit dem bisherigen Arbeitgeber in Wettbewerb stehenden Unternehmen zu verstehen sein. Mittelbare Tätigkeiten sollen insbesondere solche durch Strohmänner umfassen. Eine klare und nachvollziehbare Abgrenzung zwischen beiden Varianten ist in der Praxis nicht immer leicht.

Bei der Formulierung eines nachvertraglichen Wettbewerbsverbots ist daher auch in dieser Hinsicht Vorsicht geboten. Dies gilt insbesondere dann, wenn eine nachvertragliche Wettbewerbsabrede als eine Allgemeine Geschäftsbedingung darstellt, was in der Regel der Fall sein dürfte. Denn in diesem Fall gehen Zweifel bei ihrer Auslegung nach § 305 c Abs. 2 BGB zu Lasten des Arbeitgebers als dem Verwender dieser Allgemeinen Geschäftsbedingung. Unklare und unverständliche Formulierungen können zudem zu einer Intransparenz des nachvertraglichen Wettbewerbsverbots gemäß § 307 Abs. 1 Satz 2 BGB führen, also zu seiner Unangemessenheit und somit Unwirksamkeit nach § 307 Abs. 1 Satz 1 BGB.

[236] BGH vom 6.7.1970, BB 1970, 1374.

3.8.6 Tätigkeits- oder unternehmensbezogene nachvertragliche Wettbewerbsverbote

Ein nachvertragliches Wettbewerbsverbot kann als ein tätigkeitsbezogenes oder als ein unternehmensbezogenes nachvertragliches Wettbewerbsverbot ausgestaltet sein.[237]

3.8.6.1 Tätigkeitsbezogenes nachvertragliches Wettbewerbsverbot

Wird zwischen den Parteien einer nachvertraglichen Wettbewerbsabrede ein tätigkeitsbezogenes Wettbewerbsverbot vereinbart, so sind dem Arbeitnehmer lediglich bestimmte Tätigkeiten untersagt, so z. B. auf den Gebieten, auf denen er bei seinem früheren Arbeitgeber tätig gewesen ist. Der Focus liegt in diesem Fall daher auf diesen bestimmten Tätigkeiten.[238]

Für einen Arbeitgeber birgt ein tätigkeitsbezogenes nachvertragliches Wettbewerbsverbot Nachteile, da er nicht überprüfen kann, welche Tätigkeiten der Arbeitnehmer in einem neuen Unternehmen oder als selbständiger Unternehmer ausführt. Weiterhin folgen solche tätigkeitsbezogenen Wettbewerbsabreden auch nicht dem beruflichen Werdegang des Arbeitnehmers, so dass die in der nachvertraglichen Wettbewerbsabrede genannten Tätigkeiten nicht mehr mit denen übereinstimmen müssen, die der Arbeitnehmer zuletzt vor der Beendigung seines Arbeitsverhältnisses ausgeübt hat. Eine Untersagung der im nachvertraglichen Wettbewerbsverbot genannten Tätigkeiten hat für den Arbeitgeber in diesem Fall (eventuell) gar keine Bedeutung mehr. Eine (regelmäßige) vertragliche Anpassung des nachvertraglichen Wettbewerbsverbots an die tatsächlichen Tätigkeiten eines Arbeitnehmers hingegen kann nur einvernehmlich mit dem Arbeitnehmer erfolgen. In der Literatur wird hier die Möglichkeit einer Anpassung eines nachvertraglichen Wettbewerbsverbots im Wege einer Änderungskündigung nach § 2 KSchG diskutiert. Dem kann jedoch nicht zugestimmt werden, da ein geänderter Tätigkeitsbereich eines Arbeitnehmers regelmäßig arbeitgeberseitig bedingt bzw. veranlasst ist und daher keine dringenden betrieblichen Erfordernisse i.S.d. § 1 Abs. 2 KSchG bestehen können. Diese wären ansonsten vom Arbeitgeber „selbst gemacht“, sodass er sich auf diese nicht berufen kann.

---

[237] BAG vom 30.1.1970, AP § 133 f GewO Nr. 24.

[238] BAG vom 26.5.1992, AP § 74 HGB Nr. 63.

Wurde hingegen mit einem Arbeitnehmer ein tätigkeitsbezogenes nachvertragliches Wettbewerbsverbot vereinbart und wird dieser nach der Beendigung seines Arbeitsverhältnisses Vertretungsorgan einer juristischen Person, die zum bisherigen Arbeitgeber in Konkurrenz steht, so ist der Umfang dieser nachvertraglichen Wettbewerbsabrede, also die „gesperrten" Tätigkeiten nicht mehr von Belang. Denn als Vertretungsorgan ist der bisherige Arbeitnehmer allzuständig, also somit zuständig für jegliche Tätigkeit.

3.8.6.2 Unternehmensbezogenes nachvertragliches Wettbewerbsverbot

Vereinbaren die Parteien hingegen ein unternehmensbezogenes nachvertragliches Wettbewerbsverbot, sind dem Arbeitnehmer Tätigkeiten für namentlich genannte Unternehmen, Unternehmen einer namentlich benannten Branche oder mit dem Arbeitgeber konkurrierende Unternehmen untersagt. So kann einem Arbeitnehmer bspw. jede Tätigkeit bei einem mit seinem bisherigen Arbeitgeber konkurrierenden Unternehmen untersagt werden, das in demselben Marktsegment wie sein bisheriger Arbeitgeber tätig oder vertreten ist. Eine auch nur teilweise Deckung der Marktsegmente, in denen der bisherige und der neue Arbeitgeber des Arbeitnehmers tätig oder vertreten sind, ist für ein unternehmensbezogenes nachvertragliches Wettbewerbsverbot ausreichend.[239]

Unternehmensbezogene nachvertragliche Wettbewerbsverbote bringen für einen Arbeitnehmer den nicht unerheblichen Nachteil mit sich, dass solche zu einem nahezu vollständigen Verbot einer Tätigkeit bei einem mit dem bisherigen Arbeitgeber konkurrierenden Unternehmen führen können. Dies liegt darin begründet, dass ein unternehmensbezogenes nachvertragliches Wettbewerbsverbot den Arbeitnehmer für bestimmte Unternehmen sperrt, ungeachtet seiner beim bisherigen Arbeitgeber ausgeübten Tätigkeiten.[240] Um solche Nachteile zu vermeiden gibt es in verschiedenen Bereichen der Industrie, so z. B. in der chemischen Industrie, Tarifverträge, die nur tätigkeitsbezogene nachvertragliche Wettbewerbsverbote zulassen.

---

[239] BAG vom 18.2.1987, AP § 133 f GewO Nr. 19; BAG vom 30.1.1970, AP § 133 f GewO Nr. 42.

[240] BAG vom 16.12.1968, AP § 133 f GewO Nr. 24; LAG Frankfurt am Main vom 10.2.1997, LAGE § 74 a HGB Nr. 1.

3.8.6.3 Abgrenzung zwischen tätigkeits- und unternehmensbezogenen nachvertraglichen Wettbewerbsverboten

Oftmals ist die Abgrenzung zwischen tätigkeits- und unternehmensbezogenen nachvertraglichen Wettbewerbsverboten schwierig. Auch hier bleibt zunächst nichts weiter übrig, als dies anhand der jeweiligen Umstände des konkreten Einzelfalls festzumachen.

Die höchstrichterliche Rechtsprechung führte diesbezüglich – wenig hilfreich – aus, dass die Grenzen zwischen beiden Arten von nachvertraglichen Wettbewerbsverboten fließend seien. Im Zweifel bedürfe es einer Auslegung der nachvertraglichen Wettbewerbsabrede, um Klarheit zu schaffen.[241] Instanzgerichte gingen soweit nicht und lehnten eine solche Auslegung ab.[242]

Sowohl bei der Formulierung als auch bei der Prüfung eines nachvertraglichen Wettbewerbsverbots ist daher auch in dieser Hinsicht Vorsicht geboten. Zum einen sind die konkreten Umstände des jeweiligen Einzelfalls genau zu ermitteln, was bereits mit Schwierigkeiten verbunden sein kann. Zum anderen ist abzuklären, ob ein nachvertragliches Wettbewerbsverbot eine Allgemeine Geschäftsbedingung darstellt, was in der Regel der Fall sein dürfte. Denn dann gehen Zweifel bei deren Auslegung nach § 305 c Abs. 2 BGB zu Lasten des Arbeitgebers als des Verwenders dieser Allgemeinen Geschäftsbedingung. Unklare und unverständliche Formulierungen können zudem zu einer Intransparenz des nachvertraglichen Wettbewerbsverbots gemäß § 307 Abs. 1 Satz 2 BGB führen, also zu seiner Unangemessenheit und somit Unwirksamkeit gemäß § 307 Abs. 1 Satz 1 BGB.

3.8.7 Konzernunternehmen

Der Begriff des Konzernunternehmens ist gesetzlich nicht geregelt. Um zu bewerten, ob ein Konzernunternehmen gegeben ist, ist vielmehr auf die jeweiligen Umstände des konkreten Einzelfalls abzustellen.

---

241 BAG vom 30.1.1970, AP § 133 f GewO Nr. 24.

242 LAG Frankfurt am Main vom 10.2.1997, AP § 74 a HGB Nr. 1.

3.8.7.1 Parteivereinbarung

Natürlich können die Parteien eines nachvertraglichen Wettbewerbsverbots vereinbaren, was unter einem Konkurrenzunternehmen zu verstehen ist bzw. welche namentlich benannten Unternehmen hierzu gehören sollen.

Dies birgt jedoch die Gefahr in sich, dass sich im Laufe des Arbeitsverhältnisses die tatsächlichen Markt- und Konzerngegebenheiten ändern können, sodass bei Beendigung des Arbeitsverhältnisses die im nachvertraglichen Wettbewerbsverbot vereinbarten Konkurrenzunternehmen nicht mehr solche darzustellen brauchen, dafür aber andere, nicht benannte, zu solchen geworden sein können.

3.8.7.2 Kein gesetzlicher Begriff des Konkurrenzunternehmens

Das Gesetz selber definiert nicht, was unter einem Konkurrenzunternehmen zu verstehen ist.

So wird in der Literatur die Ansicht vertreten, dass man sich am kartellrechtlichen Wettbewerbsbegriff orientieren müsse, wonach ein Konkurrenzverhältnis zwischen dem Unternehmen des Arbeitgebers und dem seines Konkurrenten in räumlicher und gegenständlicher Hinsicht durch den relevanten Markt nach § 19 GWB gebildet werde. Von einem solchen Konkurrenzverhältnis sei dann auszugehen, wenn sich beide Unternehmen auf bzw. an einem Markt beteiligen, auf dem dieselben Nachfrager von Waren und Dienstleistungen auftreten. Dies führt jedoch in vielen Fällen zu unbefriedigenden Ergebnissen, da hiernach z. B. zwischen einem Groß- und einem Einzelhändler kein Konkurrenzverhältnis bestünde.

Dagegen ist eher der Ansicht zuzustimmen, die ein Wettbewerbsverhältnis für den Anwendungsbereich der §§ 74 ff. HGB dann annimmt, wenn die Unternehmen zumindest gleichartige Produkte und Dienstleistungen herstellen oder vertreiben, wobei verschiedene Handelsstufen, z. B. der Groß- oder der Einzelhandel, sowie Preissegmente und Marktbekanntheiten der Unternehmen außer Betracht bleiben. Ist nichts anderes vereinbart, so soll ein Konkurrenzverhältnis aber voraussetzen, dass Konkurrenzunternehmen auf denselben räumlichen Märkten aufzutreten haben. Zu zumindest gleichartigen Produkten zählen auch solche, die am Markt substituierbar, also gegenseitig austauschbar, sind.[243]

---

[243] LAG Frankfurt am Main vom 10.2.1997, LAGE § 74 a HGB Nr. 1.

Nicht ausreichend dürfte hingegen sein, dass Waren- und Dienstleistungsportfolios von Unternehmen erst noch entwickelt und in den Markt eingeführt werden, um zu Konkurrenzunternehmen zu werden, oder dass Unternehmen zukünftig über den gleichen Kundenkreis verfügen können. Dies gilt zumindest dann, wenn ein nachvertragliches Wettbewerbsverbot als Allgemeine Geschäftsbedingung ausgestaltet ist. Denn eine solche wäre für den Arbeitnehmer nach § 307 Abs. 1 Satz 2 BGB vollkommen intransparent, da er in einem solchen Fall bei Abschluss des nachvertraglichen Wettbewerbsverbots nicht wüsste, worauf er sich zukünftig einließe.

Nicht erforderlich ist hingegen, dass sich die Waren- und Dienstleistungsportfolios der miteinander konkurrierenden Unternehmen komplett decken müssen, damit sich diese in einem Wettbewerbsverhältnis befinden. Ausreichend ist vielmehr, dass sich diese Portfolios zumindest teilweise überschneiden, wobei die Rechtsprechung eine Quote von 10% bereits als ausreichend gelten lässt.[244]

3.8.8 Kunden- bzw. Mandantenschutzklauseln

Mandanten- bzw. Kundenschutzklauseln verbieten nicht wie ein gewöhnliches nachvertragliches Wettbewerbsverbot den Wettbewerb schlechthin, sondern nur bezogen auf Kunden bzw. Mandanten des bisherigen Arbeitgebers.

Solche Klauseln können den Mandanten- bzw. Kundenstamm des bisherigen Arbeitgebers generell umfassen oder aber auch nur einen bestimmten Teil dieses Stammes. Den ausscheidenden Arbeitnehmern wird dabei das Herantreten an diesen Mandanten- bzw. Kundenkreis bzw. dessen Bearbeitung untersagt. Mandantenschutzklauseln sind insbesondere in Beschäftigungsverhältnissen mit Angehörigen der freien Berufe weit verbreitet, so z. B. bei Rechtsanwälten, Steuerberatern und Wirtschaftsprüfern.

Eine pauschale Vereinbarung von „Mandantenschutz" oder „Kundenschutz" ohne jede weitere Konkretisierung ist jedoch nicht ausreichend, da sie zu unbestimmt und daher unwirksam ist.[245]

Mandantenschutzklauseln sind aufgrund des Berufs- bzw. Standesrecht der jeweiligen freien Berufe entschädigungslos zulässig, wenn sie lediglich das Verbot zum Inhalt haben, sich aktiv um Mandanten des bisherigen

---

[244] BAG vom 16.12.1968, AP § 133 f GewO Nr. 21.

[245] OLG Düsseldorf vom 29.4.1993, BB 1994, 1958.

Arbeitgebers zu bemühen (sog. beschränkte Mandantenschutzklauseln).[246] Konkretisierungen haben daher in puncto Bestimmung des gesperrten Kunden- bzw. Mandantenkreises, Bestimmung der untersagten Tätigkeit sowie der Zeitdauer dieses Verbots zu erfolgen. Ebenso sollte konkretisiert werden, welche Art von Tätigkeiten untersagt sein sollen, z. B. lediglich die Ansprache bzw. die Abwerbung dieser Mandanten bzw. Kunden oder aber auch deren nachfolgende Betreuung insgesamt. Wird in einer nachvertraglichen Mandanten- bzw. Kundenschutzklausel formuliert, dass dem Arbeitnehmer das Abwerben eines bestimmten Kunden- oder Mandantenstammes untersagt sei, so kann er gleichwohl diesen später betreuen. Ist hingegen formuliert, dass die Betreuung dieses Stammes verboten sei, so kann er diesen gleichwohl versuchen abzuwerben. Dessen Betreuung wäre ihm in diesem Fall aber untersagt.

Verbieten Mandanten- bzw. Kundenschutzklauseln darüber hinaus jede Betreuung von Mandanten des früheren Arbeitgebers im Rahmen einer selbständigen oder angestellten Tätigkeit (sog. allgemeine Mandantenschutzklauseln), so gelten die §§ 74 ff. HGB entsprechend, da solche Klausel einem nachverträglichen Wettbewerbsverbot gleichkommen.[247]

Das in der Berufsordnung für Ärzte enthaltene nachvertragliche Wettbewerbsverbot, durch das dem zum Facharzt weitergebildeten Arzt untersagt wird, sich innerhalb eines Zeitraums von 2 Jahren im Einzugsbereich der Praxis niederzulassen, in der die Weiterbildung erfolgte, beinhaltet im Falle von Fachärzten für Laboratoriumsmedizin im Hinblick auf die Länge der Karenzfrist einen unverhältnismäßigen und daher unstatthaften Eingriff in die Berufsfreiheit.[248]

3.8.9 Kapitalmäßige Beteiligungen an Wettbewerbsunternehmen

Oftmals finden sich in nachvertraglichen Wettbewerbsverboten auch Regelungen, dass einem Arbeitnehmer eine kapitlamäßige Beteiligung an einem Unternehmen untersagt ist, das sich mit dem des Arbeitgebers in Wettbewerb befindet. Da eine kapitalmäßige Beteiligung jedoch keine Tätigkeit i.S.d. § 74 Abs. 1 HGB darstellt, fallen entsprechende Verbote

---

[246] BAG vom 27.9.1988, AP § 611 BGB Konkurrenzklausel Nr. 35; BAG vom 16.7.1971, AP § 611 BGB Konkurrenzklausel Nr. 25.

[247] BAG vom 27.9.1988, AP § 611 BGB Konkurrenzklausel Nr. 35.

[248] BGH vom 13.6.1996, WM 1997, 86.

nicht unter den Anwendungsbereich der §§ 74 ff. HGB, sondern unter den der §§ 242, 241 Abs. 2, 138 BGB. Werden hingegen mit einer solchen kapitalmäßigen Beteiligung auch Tätigkeiten entfaltet, so finden die Regelungen der §§ 74 ff. HGB Anwendung.[249]

Wird in einer nachvertraglichen Mandanten- oder Kundenschutzklausel die Beteiligung an einem Konkurrenzunternehmen verboten, so soll damit zugleich auch die Gründung eines solchen Konkurrenzunternehmens verboten sein. Ebenso soll das Verbot einer unmittelbaren oder auch nur mittelbaren Beteiligung an einem Konkurrenzunternehmen auch das Verbot des Eintritts in ein solches erfassen. Dem ist jedoch mit Zweifeln zu begegnen, zumindest wenn solche Mandanten- bzw. Kundenschutzklauseln in Form Allgemeiner Geschäftsbedingungen gekleidet sind. Denn stellt ein nachvertragliches Wettbewerbsverbot eine Allgemeine Geschäftsbedingung dar, was in der Regel der Fall sein dürfte, so gehen Zweifel bei dessen Auslegung nach § 305 c Abs. 2 BGB zu Lasten des Arbeitgebers als des Verwenders dieser Allgemeinen Geschäftsbedingung. Unklare und unverständliche Formulierungen können auch zu einer Intransparenz des nachvertraglichen Wettbewerbsverbots gemäß § 307 Abs. 1 Satz 2 BGB führen, also zu seiner Unangemessenheit und somit Unwirksamkeit. Wenn das Verbot einer kapitalmäßigen Beteiligung an einem Konkurrenzunternehmen mit einem Arbeitnehmer vereinbart wird, so dürfte ohne anderweitige Erwähnung oder Formulierung damit nicht zugleich auch der Eintritt in ein solches Konkurrenzunternehmen oder dessen Gründung für den Arbeitnehmer klar und verständlich untersagt sein.

Gegen das Verbot einer kapitalmäßigen Beteiligung des Arbeitnehmers an einem mit seinem Arbeitgeber in Wettbewerb stehenden Unternehmen kann bereits dadurch verstoßen werden, dass ein Arbeitnehmer einem solchen Wettbewerber Kredite gewährt bzw. Bürgschaften erteilt.[250] Dies gilt selbst dann, wenn es sich bei einem solchen mit dem Arbeitgeber in Wettbewerb stehenden Unternehmen um ein Unternehmen handelt, das ein Familienmitglied des Arbeitnehmers betreibt.[251] Ob ein entsprechender Verstoß gegeben ist, ist im Zweifel durch Auslegung anhand der Umstände des konkreten Einzelfalls zu ermitteln.

---

[249] OLG Frankfurt am Main vom 6.12.1972, DB 1973, 139; LAG Hamm vom 16.6.1959, BB 1959, 1064.

[250] So schon RG vom 6.10.1906, JW 1906, 736; RG vom 15.12.1930, JW 1931, 801.

[251] RG vom 15.12.1930, JW 1931, 801.

3.8.10 Nachvertragliche Schweige- bzw. Geheimhaltungspflicht

Von einem nachvertraglichen Wettbewerbsverbots nach § 74 HGB ist eine Vereinbarung zwischen dem Arbeitgeber und seinem Arbeitnehmer zu unterscheiden, in dessen Rahmen sich der Arbeitnehmer verpflichtet, auch nach Beendigung seines Arbeitsverhältnisses Betriebs- und Geschäftsgeheimnisse zu wahren.

Der Inhalt solcher Vereinbarungen über nachvertragliche Verschwiegenheitspflichten richtet sich grundsätzlich nicht nach den §§ 74 ff. HGB. Eine solche ist daher z. B. nicht wie ein nachvertragliches Wettbewerbsverbot von einer Karenzentschädigung nach § 74 Abs. 2 HGB abhängig oder gemäß § 74 a Abs. 1 Satz 3 HGB auf die Dauer von zwei Jahren begrenzt.

Die Regelungen der §§ 74 ff. HGB finden hingegen dann Anwendung auf solche Verschwiegenheitsverpflichtungen des Arbeitnehmers, wenn das berufliche Fortkommen des ausgeschiedenen Arbeitnehmers im konkreten Fall mit der Preisgabe oder Verwertung eines Geheimnisses verknüpft ist, sodass eine entsprechende Vereinbarung von Verschwiegenheitsverpflichtungen einem nachvertraglichen Wettbewerbsverbot nach § 74 Abs. 1 HGB gleichkommt. So findet der Regelungsbereich der §§ 74 ff. HGB auch dann auf eine Verschwiegenheitsverpflichtung des Arbeitnehmers Anwendung, wenn diese dazu führt, dass die Schutzvorschriften der §§ 74 ff. HGB umgangen werden.[252]

3.8.11 Kunden- bzw. Lieferantenanschriften und -daten

Eine Vereinbarung mit einem Außendienstmitarbeiter, dass diesem untersagt ist, Kunden- bzw. Lieferantenanschriften bzw. andere Daten dieses Personenkreises nach der Beendigung seines Arbeitsverhältnisses in einem neuen Anstellungsverhältnis bei einem anderen Arbeitgeber zu verwenden, kann ein nachvertragliches Wettbewerbsverbot darstellen.[253]

Jedes nachvertragliche Wettbewerbsverbot ist ein Eingriff in das durch Art. 12 GG geschützte Recht der freien Berufsausübung des Arbeitnehmers. Daher muss nach § 74 a HGB ein nachvertragliches Wettbewerbsverbot berechtigten Interessen des Arbeitgebers dienen, was nur geschäft-

[252] BAG vom 15.12.1987, EzA § 611 BGB Betriebsgeheimnis Nr. 1; BAG vom 16.3.1982, AP § 611 BGB Betriebsgeheimnis Nr. 1.

[253] BAG vom 19.2.1959, AP § 74 HGB Nr. 10.

liche Interessen, nicht aber private Interessen des Arbeitgebers sein können. Ein nachvertragliches Wettbewerbsverbot kann daher nur dann rechtfertigt sein, wenn höherrangige Interessen des Arbeitgebers geschützt werden sollen. Solche durch nachvertragliche Wettbewerbsverbote zu schützenden höherrangigen Interessen des Arbeitgebers sind in der Regel der Schutz seiner Geschäfts- und Betriebsgeheimnisse sowie seines Kunden- bzw. Lieferantenkreises.[254]

3.8.12 Forschungsergebnisse und Erfindungen

Auch Vereinbarungen hinsichtlich der Verwertung von Forschungsergebnissen oder Erfindungen für die Zeit nach der Beendigung des Arbeitsverhältnisses können nachvertragliche Wettbewerbsverbote i.S.d. § 74 HGB darstellen.

Wird mit einem Arbeitnehmer vereinbart, dass dieser nach Beendigung seines Arbeitsverhältnisses seinem bisherigen Arbeitgeber für alle zukünftigen, ein bestimmtes Gebiet betreffende Forschungsergebnisse eine „weltweit ausschließliche Option auf die Verwertung einschließlich der Anmeldung von Schutzrechten anzubieten" habe, so kann hierin – nach der zutreffenden Bewertung der Rechtsprechung – ein nachvertragliches Wettbewerbsverbot i.S.d. § 74 HGB bestehen. Denn aufgrund einer solchen Regelung kann der betroffene Arbeitnehmer keinen neuen Arbeitgeber oder Auftraggeber mehr finden, für den er auf seinem Spezialgebiet tätig werden könnte. Für die Geltung der Schutzvorschriften der §§ 74 ff. HGB ist es daher ausreichend, dass der Arbeitnehmer auch nur teilweise an der (zukünftigen) Verwertung seiner Arbeitskraft gehindert wird.[255]

3.8.13 Dauer nachvertraglicher Wettbewerbsverbote

Nach § 74 a Abs. 1 Satz 3 HGB kann ein nachvertragliches Wettbewerbsverbot nicht auf einen Zeitraum von mehr als zwei Jahren von der Beendigung des Arbeitsverhältnisses an erstreckt werden. Gemeint ist hierbei die rechtliche Beendigung des Arbeitsverhältnisses.

In nachvertraglichen Wettbewerbsverboten i.S.d. § 74 1 HGB ist daher angesichts dessen zu regeln, für welchen Zeitraum nach der Beendigung des Arbeitsverhältnisses dem ehemaligen Arbeitnehmer Wettbewerb untersagt sein soll. Lässt sich keine ausdrücklich geregelte oder aus den

---

[254] BAG vom 1.8.1995, AP § 74 a HGB Nr. 5.

[255] BAG vom 9.3.1993 – 9 AZR 390/91, n. v.

Umständen herleitbare Geltungsdauer des nachvertraglichen Wettbewerbsverbots ermitteln, so ist dieses wegen inhaltlicher Unbestimmtheit unwirksam.

In der Praxis lassen sich häufig Regelungen antreffen, nach denen ein nachvertragliches Wettbewerbsverbot zwei Jahre nach „Kündigung des Arbeitsverhältnisses“ gelten solle. In einem solchen Fall soll davon auszugehen sein, dass das nachvertragliche Wettbewerbsverbot nicht für den so festgelegten Zeitraum gelten soll, sondern der in § 74 a Abs. 1 Satz 3 HGB gesetzlich geregelte Zeitraum von zwei Jahren „von der Beendigung des Dienstverhältnisses an“.[256] Dieser Sichtweise begegnen jedoch Bedenken. Denn diese Auslegung widerspricht der eindeutigen und klaren Vereinbarung zwischen Arbeitgeber und Arbeitnehmer, die die Dauer des nachvertraglichen Wettbewerbsverbotes eindeutig an den Zugang der Kündigung angeknüpft haben und nicht an das rechtliche Ende des Arbeitsverhältnisses. Ist eine solche Regelung zudem als Allgemeine Geschäftsbedingung formuliert, so wäre eine entsprechende Auslegung ebenso unstatthaft, da sie nach § 307 Abs. 1 Satz 2 BGB intransparent wäre. Denn für den Arbeitnehmer wäre dann nicht transparent, ob die Dauer des nachvertraglichen Wettbewerbsverbots ab Zugang der Kündigung oder ab der rechtlichen Beendigung des Arbeitsverhältnisses zu berechnen wäre. Die Dauer eines nachvertraglichen Wettbewerbsverbots ist für den Arbeitnehmer aber ein Umstand von erheblicher (wirtschaftlicher) Bedeutung. Zudem würden Unklarheiten und Zweifel bei der Auslegung von Allgemeinen Geschäftsbedingungen nach § 305 c Abs. 2 BGB zu Lasten des Verwenders, also des Arbeitgebers gehen.

Ein nachvertragliches Wettbewerbsverbot nach § 74 HGB beginnt mit der rechtlichen Beendigung des Arbeitsverhältnisses. Ist vertraglich vereinbart worden, dass das nachvertragliche Wettbewerbsverbot mit dem „Ausscheiden“ des Arbeitnehmers beginnt, so kann dies nicht dahingehend ausgelegt werden, dass dieses bereits mit einer während der laufenden Kündigungsfrist erfolgenden Freistellung des Arbeitnehmers zu laufen beginnt. Denn eine Freistellung des Arbeitnehmers von der Verpflichtung zur Erbringung seiner Arbeitsleistung stellt kein „Ausscheiden“ des Arbeitnehmers aus seinem Arbeitsverhältnis dar. Das Arbeitsverhältnis dauert auch in diesem Fall bis zum Ablauf der Kündigungsfrist fort.[257]

---

[256] OLG Celle vom 13.9.2000, NZG 2001, 131.

[257] A. A. jedoch OLG Köln vom 4.2.2000, NZG 2000, 740.

3.8.14 Räumlicher Geltungsbereich nachvertraglicher Wettbewerbsverbote

Der räumliche Geltungsbereich eines nachvertraglichen Wettbewerbsverbots nach § 74 HGB und dessen Reichweite ist ebenfalls Gegenstand der inhaltlichen Ausgestaltung einer nachvertraglichen Wettbewerbsabrede. Auch hier kann zwischen tätigkeits- oder unternehmensbezogenen nachvertraglichen Wettbewerbsverboten unterschieden werden. Wird ein nachvertragliches Wettbewerbsverbot als Allgemeine Geschäftsbedingung formulieret, so sind auch hier §§ 305 ff. BGB zu beachten, insbesondere das Transparenzgebot nach § 307 Abs. 1 Satz 2 BGB sowie die Unklarheitenregelung gemäß § 305 c Abs. 2 BGB.

3.9 Karenzentschädigung nach § 74 Abs. 2 HGB

Gemäß § 74 Abs. 2 HGB ist ein nachvertragliches Wettbewerbsverbot nur dann verbindlich, wenn sich der Arbeitgeber verpflichtet, für die Dauer des Wettbewerbsverbots eine Entschädigung zu zahlen, die für jedes Jahr mindestens die Hälfte der von dem Arbeitnehmer zuletzt bezogenen vertragsmäßigen Leistungen erreicht.

Im Recht des nachvertraglichen Wettbewerbsverbots nach §§ 74 ff. HGB gilt somit lückenlos der Grundsatz der bezahlten Karenz. Ohne einen finanziellen Ausgleich in Form einer Karenzentschädigung kann kein wirksames nachvertragliches Wettbewerbsverbot vereinbart werden. Mittlerweile existiert kein Fall mehr, in dem die Rechtsprechung ein entschädigungsloses Verbot des nachvertraglichen Wettbewerbs hinnimmt.

3.9.1 Rechtsnatur einer Karenzentschädigung

Die Karenzentschädigung i.S.d. § 74 Abs. 2 HGB stellt die zwischen dem Arbeitgeber und Arbeitnehmer vertraglich vereinbarte Gegenleistung für die Unterlassung von nachvertraglichem Wettbewerb durch den Arbeitnehmer dar.

Die Karenzentschädigung ist somit kein Schadensersatz. Sie steht dem Arbeitnehmer daher auch dann zu, wenn er tatsächlich – etwa wegen Krankheit – gar nicht in der Lage ist, seinem bisherigen Arbeitgeber nachvertragliche Konkurrenz zu machen.[258] Ist ein nachvertragliches Wettbewerbsverbot nach § 74 Abs. 1 HGB vereinbart worden, so besteht der Anspruch auf Zahlung einer Karenzentschädigung auch dann, wenn der

[258] BAG vom 8.2.1974, AP § 74 a HGB Nr. 4.

Arbeitnehmer in den Ruhestand getreten oder berufs- oder erwerbsunfähig geworden ist.

Etwas anderes gilt gemäß § 74 c Abs. 1 Satz 3 HGB allerdings dann, wenn der Arbeitnehmer eine Freiheitsstrafe verbüßt. Für die Dauer der Verbüßung der Freiheitsstrafe entfällt die Entschädigungspflicht des Arbeitgebers. Erlangt der Arbeitnehmer vor Ablauf der Karenzzeit die Freiheit wieder, lebt die Entschädigungspflicht wieder auf. Die Ausnahmevorschrift des § 74 c Abs. 1 Satz 3 HGB ist auf andere Fälle, in denen der Arbeitnehmer ebenfalls keine Tätigkeiten ausüben kann, nicht analog anwendbar.

Die Zusage einer Karenzentschädigung ist unabhängig vom Umfang der Unterlassungsverpflichtung des Arbeitnehmers aus dem nachvertraglichen Wettbewerbsverbot. Eine Abfindung für den Verlust des Arbeitsplatzes stellt keine Karenzentschädigung dar.[259]

3.9.2 Zusage einer Karenzentschädigung

Ein nachvertragliches Wettbewerbsverbot ist nur dann wirksam, wenn es eine Regelung der vom Arbeitgeber nach § 74 Abs. 2 HGB als Gegenleistung für den nachvertraglich vom Arbeitnehmer zu unterlassenden Wettbewerb zu zahlenden Karenzentschädigung enthält.

3.9.2.1 Formulierung einer Zusage

Die Zusage einer solchen Karenzentschädigung hat so eindeutig und klar zu erfolgen, dass für den Arbeitnehmer kein Zweifel über den Anspruch auf Zahlung einer Karenzentschädigung bestehen kann.[260] Dabei soll es ausreichen, wenn lediglich die Zahlung einer Karenzentschädigung vereinbart und hinsichtlich ihrer Höhe und/oder ihrer Berechnung auf § 74 Abs. 2, 74 b HGB verwiesen wird.

Dies bedeutet für einen Arbeitgeber, der ein nachvertragliches Wettbewerbsverbot in Form Allgemeiner Geschäftsbedingungen kleidet, nicht unerhebliche Risiken. Denn die Zusage einer Karenzentschädigung nach § 74 Abs. 2 HGB hat dann entsprechend dem Transparenzgebot des § 307 Abs. 1 Satz 2 BGB klar und eindeutig zu erfolgen. Geschieht dies nicht, so benachteiligt die Allgemeine Geschäftsbedingung den Arbeitnehmer unangemessen und ist deshalb unwirksam. Unklarheiten und Zweifel bei

[259] BAG vom 3.5.1994, AP § 74 HGB Nr. 65.

[260] BAG vom 5.9.1995, AP § 74 HGB Nr. 67.

der Auslegung einer Allgemeinen Geschäftsbedingung, also auch einer eine Karenzentschädigung zusagenden, gehen nach § 305 c Abs. 2 BGB zu Lasten des Verwenders, also in der Regel des Arbeitgebers.

3.9.2.2 Zeitpunkt einer Zusage

Die Zusage einer Karenzentschädigung gemäß § 74 Abs. 2 HGB muss nicht zeitgleich mit dem Abschluss einer nachvertraglichen Wettbewerbsabrede erfolgen.[261]

So kann ein ohne Zusage einer Karenzentschädigung zunächst unwirksames nachvertragliches Wettbewerbsverbot auch dadurch geheilt werden, dass die Vereinbarung einer Karenzentschädigung später nachgeholt wird. Dies kann jedoch nur in Form einer Vereinbarung erfolgen, da auch das nachvertragliche Wettbewerbsverbot eine Vereinbarung in Form eines gegenseitigen Vertrages darstellt. Eine einseitige Zusage einer Karenzentschädigung durch den Arbeitgeber kann daher nicht genügen und würde eine nachvertragliche Wettbewerbsabrede, die keine Zusage einer Karenzentschädigung enthält, nicht heilen.[262]

3.9.3 Höhe der Karenzentschädigung

Nach § 74 Abs. 1 HGB muss eine Karenzentschädigung der Höhe nach mindestens die Hälfte der vom Arbeitnehmer zuletzt bezogenen vertragsmäßigen Leistungen erreichen.

Berechnet man hiernach die Höhe einer Karenzentschädigung, so sind nicht sämtliche arbeitsvertraglichen Leistungen, die ein Arbeitnehmer von seinem Arbeitgeber erhält, zur Berechnung heranzuziehen. Hinsichtlich der zu berücksichtigenden und nicht zu berücksichtigenden Leistungen ist zu unterscheiden:

3.9.3.1 Zu berücksichtigende vertragsmäßigen Leistungen

Die Höhe der Karenzentschädigung muss gemäß § 74 Abs. 2 HGB mindestens die Hälfte der zuletzt bezogenen vertragsmäßigen Leistungen des Arbeitnehmers betragen.

Bezieht der Arbeitnehmer neben dem eigentlichen Gehalt weitere arbeitsvertragsmäßige Leistungen, so ist eine Karenzentschädigung, die lediglich

---

[261] A. A. LAG Baden-Württemberg vom 12.3.1969, BB 1969, 404.

[262] BAG vom 5.8.1966, AP § 74 HGB Nr. 19.

die Hälfte des eigentlichen Gehalts ausmacht und die weiteren vertragsmäßigen Leistungen unberücksichtigt lässt, nicht ausreichend.[263] Bei der Berechnung sind daher alle Einkommensbestandteile zu berücksichtigen, die ein Arbeitnehmer als Gegenleistung für seine Tätigkeit erhält.

Zu berücksichtigen sind jedoch nur Leistungen aus dem Arbeitsverhältnis zwischen dem Arbeitgeber und seinem Arbeitnehmer, nicht jedoch auch solche Leistungen, die dem Arbeitnehmer aus Nebenbeschäftigungen, früheren Arbeitsverhältnissen, so z. B. nachträglich ausgezahlte Bezüge, etc. zustehen.

Arbeitvertraglich geschuldetes Grundgehalt

Zu den laufenden vertragsmäßigen Leistungen des Arbeitnehmers, die bei der Berechnung der Karenzentschädigung nach § 74 Abs. 2 HGB zu berücksichtigen sind, gehört zunächst das vom Arbeitgeber geschuldete Grundgehalt.

Weitere laufende Gehaltsbestandteile

Weiterhin fallen unter die vertragsmäßigen Leistungen i.S.d. § 74 Abs. 2 HGB auch weitere laufende Gehaltsbestandteile wie z. B. vermögenswirksame Leistungen, Zulagen, Provisionen, Tantiemen, Boni, Gratifikationen, 13. Monatsgehalt, Leistungszulagen oder Sonderzuwendungen.

Sachleistungen

Daneben sind auch Sachleistungen bei der Berechnung der Karenzentschädigung gemäß § 74 abs. 2 HGB einzubeziehen, sofern ihnen in steuerlicher Hinsicht ein geldwerter Vorteil zukommt.

Zu solchen Sachleistungen gehören u. a. Dienstwagen, Werkswohnungen, Rabatte auf Produkte des Arbeitgebers, Deputate, Freiflüge.[264] Voraussetzung hierfür ist jedoch, dass diese Sachleistungen zu den von einem Arbeitgeber arbeitsvertraglich geschuldeten Gegenleistungen für die Arbeitsleistung des Arbeitnehmers gehören und nicht nur anlässlich des Arbeitsverhältnisses erbracht werden. Solche Sachleistungen sind mit ihrem in Geld zu bemessenden Wert in die Berechnung der Karenzentschädigung einzubeziehen.

---

[263] LAG Hessen vom 10.2.1997, LAGE § 74 a HGB Nr. 1.

[264] BAG vom 9.1.1990, AP § 74 HGB Nr. 59; BAG vom 3.4.1984, AP § 75 HGB Nr. 44; BAG vom 18.10.1976, AP § 74 b HGB Nr. 1; BAG vom 16.11.1973, AP § 74 HGB Nr. 34.

Was den Dienstwagen anbelangt, ist in der Rechtsprechung und Literatur umstritten, mit welchem Betrag dieser zu berücksichtigen ist. Rechtsprechung und Literatur schwanken hier zwischen der Ermittlung dieses Betrags anhand von Nutzungsausfalltabellen, die zur Ermittlung des Nutzungsausfalls im Rahmen von Verkehrsunfällen dienen, der vom ADAC veröffentlichten Kostentabellen sowie der steuerlichen Grundlagen zur Bemessung des geldwerten Vorteils von Dienstwagen.

Soziale Leistungen

Die Frage, ob auch von einem Arbeitgeber gewährte soziale Leistungen mit in die Ermittlung einer Karenzentschädigung nach § 74 Abs. 2 HGB einzubeziehen sind, ist danach zu beantworten, ob diese in einem hinreichend engen Bezug zum Arbeitsverhältnis stehen und planmäßig erfolgen.

Erfolgen solche sozialen Leistungen, um auf die Motivation der Arbeitnehmer positiv einzuwirken, so z. B. um diese zu steigern, weisen diese sozialen Leistungen einen so engen Bezug zum Arbeitsverhältnis auf, dass diese nach § 74 Abs. 2 HGB bei der Ermittlung der Karenzentschädigung zu berücksichtigen sind. Dies gilt z. B. für regelmäßig bzw. planmäßig vom Arbeitgeber gewährte Leistungen (Beihilfen) anlässlich von Geburten, Geburtstagen, von Hochzeiten oder Trauerfällen oder in Form von Jubiläumsgelder für bestimmte Unternehmens- oder Betriebszugehörigkeitsjubiläen.

Handelt es sich jedoch um eine – ggfs. einmalige – soziale Leistung, die ausschließlich in sozialen Erwägungen begründet ist und nicht der Tätigkeit des Arbeitnehmers als Gegenleistung geschuldet ist, dürfte diese nicht vom Regelungsbereich des § 74 Abs. 2 HGB erfasst werden. Es bleibt jedoch abzuwarten, ob sich die Rechtsprechung dieser Sichtweise anschließen wird. Das BAG hat dies bislang ausdrücklich offen gelassen.[265]

Steuern und sozialversicherungsrechtliche Abgaben

Die Berechnung der Karenzentschädigung nach § 74 Abs. 2 HGB hat grundsätzlich von den Bruttobezügen eines Arbeitnehmers aus zu erfolgen. Diese umfassen neben der Lohnsteuer auch dessen Beiträge zur gesetzlichen Renten- und Krankenversicherung. Die Karenzentschädigung selber ist zwar gemäß § 2 Abs. 2 Nr. LStDV lohnsteuerpflichtig, gemäß § 14 SGB IV aber nicht auch sozialabgabenpflichtig.

Hingegen haben im Rahmen der Ermittlung der Karenzentschädigung

[265] BAG vom 16.11.1973, AP § 74 HGB Nr. 34.

- die Arbeitgeberanteile zur gesetzlichen Kranken- und Rentenversicherung[266],
- ein Zuschuss zur privaten Krankenversicherung nach § 257 SGB V für diejenigen Arbeitnehmer, die wegen des Überschreitens der Beitragsbemessungsgrenze nicht mehr in der gesetzlichen Krankenversicherung pflichtversichert sind,
- die vom Arbeitgeber freiwillig ausgezahlten Beträge für eine ersetzende Lebensversicherung nach § 1 AnVNG,
- Übergangsgelder nach § 20 SGB V als Leistung der Rehabilitation[267] sowie
- Arbeitgeberzahlungen an befreiende berufsständische Versorgungswerke

außer Acht zu bleiben.

Freiwillige Leistungen ohne Rechtsanspruch

Es war lange Zeit umstritten, ob auch solche Leistungen in die Berechnung der Karenzentschädigung einfließen, die „freiwillig und ohne Rechtsanspruch“ erfolgen bzw. auf die kein Rechtsanspruch besteht.

Nunmehr hat das BAG klargestellt, dass Leistungen des Arbeitgebers, die „freiwillig und ohne Rechtsanspruch“ erfolgen, in die Berechnung der Karenzentschädigung nach § 74 Abs. 2 HGB einzubeziehen sind. [268] Ein Freiwilligkeitsvorbehalt beziehe sich immer auf zukünftige Zeiträume, so dass ein nicht rechtzeitig geltend gemachter Vorbehalt des Arbeitgebers dazu führe, dass die entsprechende Leistung für das kaufende Jahr geschuldet sei.

Bei der Berechnung der Karenzentschädigung komme es lediglich darauf an, was ein Arbeitnehmer während des maßgeblichen Zeitraums tatsächlich als Gegenleistung für seine Arbeitsleistung erhalten habe. Ob er auch zukünftig mit solchen Leistungen zu rechnen habe, sei unmaßgeblich. Habe ein Arbeitnehmer eine Zahlung bereits erhalten, so sei für diese der Ausschluss eines Rechtsanspruchs ohne Belang.[269]

---

[266] BAG vom 21.7.1981, AP § 74 HGB Nr. 40.

[267] BAG vom 7.11.1989, AP § 74 c HGB Nr. 15.

[268] BAG vom 9.1.1990, AP § 74 HGB Nr. 59; BAG vom 16.11.1973, AP § 74 HGB Nr. 34; BAG vom 21.1.1972, AP § 74 HGB Nr. 30.

[269] BAG vom 16.11.1973, AP § 74 HGB Nr. 34.

Für Schwarzgelder gilt diese Rechtsprechung hingegen nicht. Schwarzgeldabreden sind nach §§ 134, 138 BGB, u. a. i.V.m dem SchwarArbG, nichtig. Was hingegen der Rechtsordnung zuwider und nichtig ist, kann nicht in die Berechnung einer Karenzentschädigung einfließen. Dies käme ansonsten einer Billigung von Schwarzgeldabreden gleich.

Urlaubsgeld

Zahlt ein Arbeitgeber ein Urlaubsgeld an einen Arbeitnehmer, so ist auch dieses bei der Ermittlung der Karenzentschädigung nach § 74 Abs. 2 HGB zu berücksichtigen.

Urlaubsgeld stellt eine vom Arbeitgeber arbeitsvertraglich zugesagte feste Vergütungsleistung dar, so dass es zu den „zuletzt bezogenen vertragsmäßigen Leistungen" des Arbeitnehmers zu rechnen ist. Wird arbeitsvertraglich vereinbart, dass ein Urlaubsgeld nur für die tatsächlich in natura genommen Urlaubstage gezahlt wird, so findet das Urlaubsgeld auch nur – anteilig – für diese tatsächlich angetretenen Urlaubstage bei der Ermittlung der Karenzentschädigung Berücksichtigung. Ist hingegen arbeitsvertraglich geregelt, dass ein Urlaubsgeld pauschal ohne Rücksicht auf tatsächlich in natura angetretene Urlaubstage oder auch für abgegoltene Urlaubstage gezahlt wird, so fließt dieses Urlaubsgeld in voller Höhe in die Ermittlung der Karenzentschädigung nach §§ 74 Abs. 2, 74 b HGB ein.

Leistungen nach der Beendigung des Arbeitsverhältnisses

Weiterhin sind auch Leistungen bei der Ermittlung der Karenzentschädigung gemäß §§ 74 Abs. 2, 74 b HGB zu berücksichtigen, die nach der Beendigung des Arbeitsverhältnisses seitens des Arbeitgebers geleistet werden.

So ist in der Praxis weit verbreitet, dass z. B. einem Arbeitnehmer die Nutzung seines Dienstwagens oder einer Dienstwohnung über die Beendigung des Arbeitsverhältnisses hinaus gestattet wird. Obgleich solche Leistungen erst nach der Beendigung des Arbeitsverhältnisses erfolgen, sind die entsprechenden Ansprüche doch während des laufenden Arbeitsverhältnisses begründet worden und somit nach § 74 Abs. 2 HGB „zuletzt bezogene vertragsmäßige Leistungen".

Vergütungen nach dem ArbNErfG

Vergütungen, die ein Arbeitnehmer nach dem ArbNErfG erhält, werden nicht von § 74 Abs. 2 HGB erfasst.

Was Vergütungen für sog. „freie“ Arbeitnehmererfindungen gemäß § 4 Abs. 3 ArbNErfG anbelangt, so ist dies unmittelbar nachvollziehbar. Denn solche Arbeitnehmererfindungen rühren nicht aus dem Arbeitsverhältnis her, sondern aus dem privaten Lebensbereich des Arbeitnehmers. Eine hierfür gezahlte Vergütung stellt somit keine „vertragsmäßige Leistung“ nach § 74 Abs. 2 HGB dar.

Ebenso bleiben aber auch Vergütungen für sog. Diensterfindungen nach § 4 Abs. 2 ArbNerfG bei der Ermittlung einer Karenzentschädigung unbeachtet. Denn eine solche Vergütung wird nicht als Gegenleistung für die Erbringung einer Arbeitsleistung gezahlt, sondern als Gegenleistung für eine Sonderleistung des Arbeitnehmers neben seiner arbeitsvertraglich geschuldeten Arbeitsleistung, nämlich einer von ihm getätigten Erfindung.

Leistungen der betrieblichen Altersversorgung

Auch Leistungen der betrieblichen Altersversorgung fallen grundsätzlich nicht unter den Anwendungsbereich des § 74 Abs. 2 HGB.

Was eine betriebliche Altersversorgung in Form einer Direktzusage oder über Pensionskassen anbelangt, so werden diesbezügliche Leistungen aus der betrieblichen Altersversorgung nicht während des Arbeitsverhältnisses bezogen, sondern erst danach. § 74 Abs. 2 HGB verlangt jedoch, dass eine Karenzentschädigung anhand der „zuletzt bezogenen vertragsmäßigen Leistungen“ zu ermitteln ist.

Gleiches gilt auch, wenn eine betriebliche Altersversorgung in Form einer Direktversicherung oder einer Pensionskasse gewährt wird. Zwar weist die Rechtsprechung mittlerweile solchen Leistungen auch einen gewissen Entgeltcharakter zu. Es fehlt aber an einer unmittelbaren Beziehung zur erbrachten Arbeitsleistung des Arbeitnehmers. Leistungen aus einer betrieblichen Altersverssorgung werden nicht als Gegenleistung für erbrachte Tätigkeiten des Arbeitnehmers gewährt, sondern als Gegenleistung für eine vom Arbeitnehmer gezeigte oder erwartete Betriebstreue.[270]

Anders verhält es sich aber für Leistungen aus einer betrieblichen Altersversorgung, die im Rahmen einer Gehaltsumwandlung nach § 1 Abs. 2 BetrAVG durchgeführt wird. Denn in einem solchen Fall wird ein Teil der Arbeitsvergütung des Arbeitnehmers nicht – wie üblich – an ihn, sondern an ein Versicherungsunternehmen gezahlt. Die entsprechenden Versiche-

---

[270] BAG vom 30.3.1973, AP § 242 BGB Ruhegehalt – Geldentwertung Nr. 4; BAG vom 10.3.1972, AP § 242 BGB Ruhegehalt Nr. 156.

rungsbeiträge sind daher nichts anderes als Arbeitsentgelt, weshalb sie auch nach § 74 Abs. 2 HGB zu berücksichtigen sind.

Urlaubsabgeltung

Im Gegensatz zum Urlaubsgeld wird eine Abgeltung für nicht in natura angetretene Urlaubstage nicht bei der Berechnung einer Karenzentschädigung berücksichtigt. Denn eine Urlaubsabgeltung stellt nichts anderes als ein Surrogat für einen nicht in natura angetretenen Urlaub dar. Die Höhe einer Karenzentschädigung kann aber nicht davon abhängig gemacht werden, ob ein Arbeitnehmer seine Urlaub in natura angetreten hat oder nicht.[271]

Spesen und Aufwandsentschädigungen

Nach § 74 b Abs. 3 HGB bleiben Bezüge, die zum Ersatz besonderer Auslagen dienen sollen, die infolge der Arbeitsleistung entstehen, bei der Berechnung der Karenzentschädigung nach § 74 Abs. 2 HGB außer Ansatz. Hierzu gehören z. B. Fahrtkosten, Verpflegungsgeld, Teuerungszuschläge und Trennungszuschläge.

Werden solche Auslagen, z. B. Spesen, aber arbeitsvertraglich als ein Fixum ohne jeglichen weiteren Nachweis zugesprochen, so sollen diese Beträge bei der Berechnung einer Karenzentschädigung in Ansatz gebracht werden, da es sich in einem solchen Fall um ein feste Vergütung des Arbeitnehmers handelt.[272] Dieser Ansicht kann jedoch nicht in jeglicher Hinsicht zugestimmt werden. Denn handelt es sich in einem solchen Fall um eine verdeckte Vergütung, so werden auf solche „Spesen" weder Lohnsteuern noch Sozialabgaben abgeführt. Solche „Spesenabreden" wären dann aber nach §§ 134, 138 BGB nichtig und könnten deshalb auch keine Berücksichtigung mehr bei der Ermittlung einer Karenzentschädigung finden.

Abfindungen

Abfindungen, die für den Verlust eines Arbeitsplatzes gezahlt werden, werden bei der Ermittlung einer Karenzentschädigung nach § 74 Abs. 2 HGB nicht in Ansatz gebracht. Denn solche Abfindungen, seien es solche nach §§ 9, 10 KSchG, solche aufgrund einer Sozialplanregelung oder solche tarif- oder arbeitsvertraglicher Natur, werden nicht als Gegenleis-

[271] LAG Hamm vom 30.3.2000, EzA-Schnelldienst 12/2000, S. 9.

[272] BAG vom 23.2.1999, AP § 74 c HGB Nr. 20.

tung für erbrachte Arbeitsleistungen eines Arbeitnehmers gezahlt. Solche Abfindungen werden vielmehr wegen des Verlustes des Arbeitsplatzes und des damit verbundenen sozialen Besitzstandes gezahlt, um hiermit einhergehende wirtschaftliche Nachteile zu mildern.

3.9.3.2 Berechnung der Karenzentschädigung

Bei der Berechnung der Karenzentschädigung ist zwischen feststehenden Vergütungen sowie Einmalzahlungen oder variablen Vergütungsbestandteilen zu unterscheiden.

Feststehende Vergütungsbestandteile

Bei festen Vergütungen sind für die Berechnung der Karenzentschädigung die zuletzt erhaltenen Vergütungen in Ansatz zu bringen, also der letzte Monatsbezug. Erhält der Arbeitnehmer eine Wochenvergütung, so ist auf die letzte Wochenvergütung vor dem Ausscheiden des Arbeitnehmers abzustellen und diese auf eine monatliche Zahlungsweise der Karenzentschädigung gemäß § 74 b Abs. 1 HGB umzurechnen. Bei einer Monatvergütung ist auf die des letzten Monats des Arbeitsverhältnisses abzustellen. Erfolgt im letzten Monat des Arbeitsverhältnisses eine Tariflohnerhöhung, so fließt diese vollumfänglich in die Berechnung der Karenzentschädigung ein.

Unmaßgeblich ist, was der Arbeitnehmer früher verdient hat, oder zukünftig hätte verdienen können. So bleiben z. B. zukünftige Tariflohnerhöhungen außer Betracht.[273]

Von dem sich auf diese Weise ermittelten Betrag sind nach § 74 Abs. 2 HGB mindestens die Hälfte, also 50%, als Karenzentschädigung an den Arbeitnehmer auszuzahlen. Unstatthaft ist es, die Hälfte seiner in den letzten drei Jahren vor seinem Ausscheiden durchschnittlich bezogenen Leistungen als Karenzentschädigung auszuzahlen. Denn diese unangemessene Berechnungsweise führt dazu, dass Erhöhungen der Vergütung in den letzten drei Jahren nur anteilig bei der Berechnung der Karenzentschädigung Berücksichtigung finden.[274]

In den Fällen, in denen im Zeitpunkt der Beendigung eines Arbeitsverhältnisses keinerlei Vergütung gezahlt wird, würde es dem Wortlaut des § 74 Abs. 2 HGB entsprechen, dass der Arbeitnehmer keinerlei Karenzentschä-

[273] BAG vom 16.11.1973, AP § 74 HGB Nr. 34.

[274] BAG vom 5.8.1966, AP § 74 HGB Nr. 19.

digung erhält, da er „zuletzt“ keine Leistung mehr erhalten hat. Dieses Ergebnis ist jedoch offenkundig unbillig, da es dem Zweck der §§ 74 ff. HGB widerspricht, einen Arbeitnehmer für die Behinderung in seiner Erwerbstätigkeit finanziell zu entschädigen. Zu solchen Fälle gehören z. B. die, in denen sich der Arbeitnehmer in der Elternzeit befindet, seinen Wehrdienst ableistet, eine unbezahlte Freistellung in Anspruch nimmt, länger als 6 Wochen arbeitsunfähig ist und daher der Zeitraum der Entgeltfortzahlung abgelaufen ist, oder das Arbeitsverhältnis ohne Fortzahlung der Vergütung ruht. Angemessen ist es, in solchen Fällen auf die letzte Vergütung vor dem vergütungslosen Zeitraum abzustellen. Dies entspricht zudem auch dem Rechtsgedanken der §§ 11 Abs. 1 Satz 3 BUrlG, 11 Abs. 2 Satz 2 MuSchG, 131 SGB III. Gleiches muss auch für Zeiten ohne Arbeitsleistung gelten, in denen der Arbeitnehmer nur eine reduzierte Vergütung erhält, z. B. einen Zuschuss zum Mutterschaftsgeld nach § 14 MuSchG oder einen arbeitsvertraglich geregelten Zuschuss zum Krankengeld, sofern der Zeitraum der Entgeltfortzahlung bei Arbeitsunfähigkeit geendet ist.

Variable Vergütungsbestandteile

Sind variable Vergütungsbestandteile bei der Berechnung der Karenzentschädigung nach § 74 Abs. 2 HGB zu berücksichtigen, so sind diese „wechselnden Bezüge“ gemäß § 74 b Abs. 2 Satz 1 HGB bei der Berechnung der Karenzentschädigung nach dem Durchschnitt der letzten drei Jahre in Ansatz zu bringen. Der Zeitraum von drei Jahren bedeutet nicht die letzten drei Kalenderjahre, sondern die letzten 36 Monate. Hat hingegen die für die Bezüge bei der Beendigung des Arbeitsverhältnisses maßgebende Vertragsbestimmung noch nicht drei Jahre bestanden, so erfolgt der Ansatz gemäß § 74 b Abs. 2 Satz 2 HGB nach dem Durchschnitt des Zeitraums, für den die Vertragsbestimmung in Kraft war.

„Wechselnde Bezüge“ i.S.d. § 74 Abs. 2 Satz 1 HGB sind solche, die zusätzlich zur arbeitsvertraglich geschuldeten Festvergütung gezahlt werden und entweder nicht in jedem Bezugszeitraum anfallen oder aber in jedem Bezugszeitraum anfallen, dafür aber in unterschiedlicher Höhe.

Unregelmäßig anfallende Vergütungsbestandteile sind solche, die zu bestimmten Stichtagen zu zahlen sind. Hierzu gehören u. a. Gratifikationen, Jahresboni, Treueprämien, Urlaubsgelder, Jubiläumszuwendungen, Geburtstagszuwendungen etc. Wird ein 13. Monatsgehalt – im Unterschied zu einer wegen der Betriebstreue gezahlten Weihnachtsgratifikation – gezahlt, so ist das monatliche Festgehalt, das nach § 74 Abs. 2 HGB als

„zuletzt bezogene vertragsmäßige Leistung" gezahlt wird, um 1/12 des 13. Monatsgehalts zu erhöhen.

Sind variable Vergütungsbestandteile bei der Berechnung der Karenzentschädigung nach §§ 74 Abs. 2, 74 b Abs. 2 HGB zu berücksichtigen, so ist dabei auf deren Bezugszeitraum und nicht auf deren Fälligkeitszeitpunkt abzustellen. Maßgeblich ist lediglich der Zeitraum, für den ein variabler Vergütungsbestandteil bestimmt ist, und nicht wann dieser fällig ist. Ob ein solcher Vergütungsbestandteil im Bezugszeitraum oder später fällig wird, ist unmaßgeblich.[275]

Wechselnde Bezüge, die in jedem Bezugszeitraum anfallen, dafür aber in unterschiedlicher Höhe, finden ebenso nach § 74 b Abs. 2 HGB Berücksichtigung. Zu solchen Bezügen gehören z. B. Provisionen, Überstundenvergütungen[276], Leistungszulagen, Akkordverdienste.

3.9.3.3 Form der Karenzentschädigung

Grundsätzlich ist eine Karenzentschädigung gemäß § 74 Abs. 2 HGB in Geld zu entrichten. § 74 Abs. 2 HGB spricht ausdrücklich davon, dass eine Entschädigung „zu zahlen" sei.

Nach der Beendigung eines Arbeitsverhältnisses ist es jedoch möglich, mit dem Arbeitnehmer zu vereinbaren, dass die Karenzentschädigung auch in Form von Sachleistungen erbracht werden kann. Vor der Beendigung eines Arbeitsverhältnisses ist eine solche Vereinbarung aber alleine aufgrund des ausdrücklichen Wortlauts der Regelung des § 74 Abs. 2 HGB unstatthaft. Sachleistungen können u. a. als Überlassung einer Dienstwohnung oder eines Dienstwagens über das Ende eines Arbeitsverhältnisses hinaus in Betracht kommen. Auch die Vereinbarung des freiwilligen „Stehenlassens" eines Arbeitnehmerdarlehens kann eine Form der Zahlung einer Karenzentschädigung darstellen.

3.9.4 Anrechnung anderweitigen Erwerbs

Die Entschädigungspflicht des Arbeitgebers gemäß § 74 Abs. 2 HGB wird durch die Vorschrift des § 74 c HGB begrenzt. Hiernach ist der Erwerb, den der Arbeitnehmer während der Karenzzeit anderweitig erzielt bzw. zu

---

[275] BAG vom 16.11.1973, AP § 74 HGB Nr. 34; BAG vom 21.5.1980, AP § 59 KO Nr. 9.

[276] BAG vom 10.5.1971, AP § 628 BGB Nr. 6.

erzielen unterlässt, auf die vom Arbeitgeber zu zahlende Karenzentschädigung anzurechnen. § 74 c HGB stellt das Spiegelbild zu § 74 b HGB dar.

Die Vorschrift des § 74 c HGB stellt einen Systembruch dar. Denn eine Karenzentschädigung wird als Gegenleistung für das Unterlassen nachvertraglichen Wettbewerbs durch den Arbeitnehmer gezahlt. Obgleich sich ein Arbeitnehmer mithin an dieses von ihm vertraglich geschuldete Unterlassen hält, muss er sich als vertragstreue Partei das anrechnen lassen, was er während des Zeitraums des nachvertraglichen Wettbewerbsverbots anderweitig verdient oder zu verdienen unterlässt. Ob und in welchem Maße er daher eine ihm vertraglich vereinbarte Karenzentschädigung erhält ist im Zeitpunkt des Abschlusses der nachvertraglichen Wettbewerbsvereinbarung vollkommen unklar. § 74 c HGB erklärt sich daher lediglich aus Billigkeitserwägungen.[277]

Die Regelung des §74 c HGB gilt unabhängig davon, ob in einer nachvertraglichen Wettbewerbsvereinbarung eine Anrechnung nach § 74 c HGB geregelt worden ist oder nicht.[278]

§ 74 c HGB hat zur Konsequenz, dass im Falle eines anderweitigen Erwerbs bzw. eines unterlassenen anderweitigen Erwerbs automatisch eine Anrechnung auf die Karenznetschädigung erfolgt, mithin ipso iure. Hat der Arbeitgeber die Karenzentschädigung bereits in voller Höhe an den Arbeitnehmer gezahlt, so steht ihm ein Anspruch auf Rückzahlung der überzahlten Karenzentschädigung nach den Grundsätzen der ungerechtfertigten Bereicherung zu.[279]

3.9.4.1 Anderweitiger Erwerb

Auf die Karenzentschädigung muss sich der Arbeitnehmer gemäß § 74 c Abs. 1 Satz 1 Var. 1 HGB anrechnen lassen, was er während der Dauer des Wettbewerbsverbots durch anderweitige Verwertung seiner Arbeitskraft erwirbt.[280]

Nach § 74 c Abs. 1 Satz 1 Var. 1 HGB sind nicht nur Bezüge aus unselbständiger Tätigkeit auf eine Karenzentschädigung anzurechnen, sondern

---

[277] BAG vom 18.11.1967, AP 74 HGB Nr. 21.

[278] BAG vom 12.1.1978, AP § 74 c HGB Nr. 8; BAG vom 21.3.1974, AP § 74 c HGB Nr. 3; BAG vom 16.5.1969, AP § 133 f GewO Nr. 23.

[279] LAG Freiburg vom 23.01.1998, AE 1998, 98 Nr. 286.

[280] BAG vom 21.3.1974, AP § 74 c HGB Nr. 3.

auch solche aus selbständiger Tätigkeit[281], aus einer Tätigkeit als Organ einer Kapitalgesellschaft oder aus einer Tätigkeit auf gesellschaftsrechtlicher Grundlage.

Die Rechtsprechung geht dabei von dem „Grundsatz der Gleichheit von Berechnung und Anrechnung" aus. Dies bedeutet, dass alle Einkommensbestandteile, die in die Berechnung der Karenzentschädigung einfließen, auch auf die Karenzentschädigung nach § 74 c Abs. 1 Satz 1 Var. 1 HGB angerechnet werden.[282]

Entsprechend der Art und Weise anderweitigen Erwerbs kann wie folgt differenziert werden:

Einkünfte aus dem beendeten Arbeitsverhältnis

Sofern ein Arbeitnehmer nach der Beendigung seines Arbeitsverhältnisses noch Bezüge aus diesem erhalten sollte, so z. B. rückständige Gehaltsbestandteile, Gratifikationen, Provisionen oder Tantiemen, so sind diese nicht nach § 74 c Abs. 1 Satz 1 Var. 1 HGB auf die vom Arbeitgeber zu zahlende Karenzentschädigung anzurechnen. Solche Zahlungen beruhen nämlich nicht auf einer Verwertung der Arbeitskraft des Arbeitnehmers nach der Beendigung seines Arbeitsverhältnisses. Sie stellen vielmehr noch eine Gegenleistung für die Arbeitsleistung während des beendeten Arbeitsverhältnisses dar.

Einkünfte aus einer neuen Beschäftigung mit dem bisherigen Arbeitgeber

Oftmals kommt es in der Praxis vor, dass ein Arbeitnehmer nach der Beendigung seines Arbeitsverhältnisses mit seinem bisherigen Arbeitgeber ein neues Arbeitsverhältnis begründet oder aber für diesen als Freiberufler selbständig tätig wird.

Soll nach dem Parteiwillen direkt im Anschluss an die Beendigung des Arbeitsverhältnisses das nachvertragliche Wettbewerbsverbot in Kraft treten, so sind die Bezüge des Arbeitnehmers aus unselbständiger oder selbständiger Tätigkeit nach § 74 c Abs. 1 Satz 1 Var. 1 HGB auf eine Karenzentschädigung, die aus dem beendeten Arbeitsverhältnis herrührt, anzurechnen. Dies gilt mithin auch für solche Bezüge, die der Arbeitneh-

---

[281] BAG vom 13.11.1975, AP § 74 c HGB Nr. 7.

[282] BAG vom 9.1.1990, AP § 74 HGB Nr. 59; BAG vom 16.11.1973, AP § 74 HGB Nr. 34.

mer aufgrund einer neuen Tätigkeit, sei sie unselbständiger oder selbständiger Natur, mit seinem bisherigen Arbeitgeber erhält.

In jedem Einzelfall ist aber zu prüfen, ob eine solche Fallgestaltung im Gegensatz hierzu nicht auch eine Aufhebung der nachvertraglichen Wettbewerbsabrede oder ein Verzicht auf diese nach § 75 a HGB bedeuten kann. Eine solche rechtliche Wertung kann unter Berücksichtigung der Umstände des jeweiligen Einzelfalls nahe liegen, da der bisherige Arbeitgeber seinen bisherigen Arbeitnehmer in Kenntnis des mit ihm vereinbarten nachvertraglichen Wettbewerbsverbot tätig werden, sei es unselbständig oder selbständig.

Einkünfte aus unselbständiger Tätigkeit mit anderen Arbeitgebern

Begründet der Arbeitnehmer mit einem anderen Arbeitgeber ein neues Arbeitsverhältnis, so ist das aus diesem neuen Arbeitsverhältnis herrührende Arbeitsentgelt nach § 74 c Abs. 1 Satz 1 Var. 1 HGB auf die Karenzentschädigung gemäß dem Grundsatz „Gleichheit von Berechnung und Anrechnung“ anzurechnen. Insgesamt muss sich der Arbeitnehmer daher alles anrechnen lassen, was auch bei der Berechnung der Karenzentschädigung zu berücksichtigen ist. Angerechnet werden daher z. B. auch freiwillig gewährte Gratifikationen, auf die der Arbeitnehmer keinen Rechtsanspruch hat.[283] Stehen Bezüge des Arbeitnehmers jedoch nicht in unmittelbarem Zusammenhang mit der Verwertung seiner Arbeitskraft, so sind diese Bezüge nicht nach § 74 c Abs. 1 Satz 1 Var. 1 HGB auf eine Karenzentschädigung anzurechnen, so z. B. eine Karenzentschädigung nach der Beendigung des neuen Arbeitsverhältnisses oder eine Abfindung wegen des Verlusts des neuen Arbeitsplatzes.

Laufende Bezüge aus unselbständiger Arbeit dürfen im Regelfall nur auf die Entschädigung für denjenigen Monat angerechnet werden, in dem sie erzielt werden. Ein Gesamtvergleich ist unzulässig. Besonderheiten gelten jedoch bei selbständiger Tätigkeit des Arbeitnehmers im Karenzzeitraum.[284]

Auf die Höhe der Karenzentschädigung wirken sich allgemeine Entgeltsteigerungen, z. B. wegen Tariflohnerhöhungen, bei seinem bisherigen Arbeitgeber nicht aus. Andererseits soll sich die Karenzentschädigung

---

[283] BAG vom 9.1.1990, AP § 74 HGB Nr. 59; ABG vom 16.11.1973, AP § 74 HGB Nr. 34.

[284] BAG vom 2.6.1987, AP § 74 c HGB Nr. 13; BAG vom 16.11.1973, AP § 74 HGB Nr. 34.

verringern, wenn der Arbeitnehmer während des Karenzzeitraums anderweitige Entgelterhöhungen erhält. Dies soll angemessen sein, da nach § 74 Abs. 2 HGB nur die „zuletzt bezogenen vertragsmäßigen Leistungen" bei der Berechnung der Karenzentschädigungen berücksichtigt werden. Letzteres ist jedoch umstritten.

Eine Anpassung der Karenzentschädigung wegen eines Geldwertverlustes wurde in der Rechtsprechung bislang abgelehnt.[285]

Einkünfte aus selbständiger Tätigkeit

Macht sich der Arbeitnehmer nach der Beendigung des Arbeitsverhältnisses selbständig, so sind grundsätzlich auch die Bezüge aus dieser Selbständigkeit nach § 74 c Abs. 1 Satz 1 Var. 1 HGB auf eine Karenzentschädigung anzurechnen.

Dabei ist jedoch zu berücksichtigen, dass nicht der Umsatz aus der Selbständigkeit in die Anrechnung nach § 74 c Abs. 1 Satz 1 Var. 1 HGB einfließt, sondern lediglich die Gewinne nach Abzug der Betriebsausgaben. Maßgeblich ist regelmäßig nur das Ergebnis des Selbständigen vor Steuern, da dies dem der Anrechnung von Bruttoarbeitslohn entspricht.

Bei Aufnahme einer selbständigen Tätigkeit sind nur die Einkünfte, die aus der (Arbeits-) Leistung des Unternehmers resultieren, nicht jedoch diejenigen aus dem Kapitaleinsatz etc. gemäß § 74 c Abs. 1 Satz 1 Var. 1 HGB anrechnend zu berücksichtigen.[286] Umstritten ist dabei, in welchem Umfang der aus einer selbständigen Tätigkeit erzielte (unternehmerische) Gewinn nach § 74 c Abs. 1 Satz 1 Var. 1 HGB anzurechnen ist. Teilweise wird aus Gründen der Praktikabilität die vollständige Anrechnung vorgenommen, wobei andererseits zutreffend auf eine Anrechnung entsprechend den steuerrechtlichen Grundsätzen abgestellt wird, also wie nach diesen die Unternehmertätigkeit für das Unternehmen zu bewerten ist.

Die Berechnung des nach § 74 c Abs. 1 Satz 1 Var. 1 HGB anzurechnenden Gewinns vor Steuern ist, wenn eine solche nicht monatlich durchgeführt werden kann, auf jährlicher Basis durchzuführen. Da nicht abzuschätzen ist, wann ein Selbständiger Betriebsausgaben oder -einnahmen tätigen wird, ist eine Berechnung des monatlichen Gewinns vor Steuern oftmals wenig aussagekräftig.

[285] ArbG Lübeck vom 6.5.1976, BB 1976, 1320.

[286] BAG vom 20.4.1967, AP § 74 HGB Nr. 20.

Nicht unerwähnt bleiben soll an dieser Stelle, dass einem Arbeitnehmer, der sich nach der Beendigung des Arbeitsverhältnisses selbständig macht, Möglichkeiten der (manipulativen) Gestaltung seiner betrieblichen Gewinne vor Steuern gegeben sind, die sich für den bisherigen Arbeitgeber im Rahmen der Anrechnung auf eine Karenzentschädigung nach § 74 c HGB nachteilig auswirken können. Als Beispiel sei hier genannt, dass es einem Selbständigen möglich ist, durch geschickte Gestaltung seiner Einnahme- und Ausgabesituation während der Dauer eines nachvertraglichen Wettbewerbsverbots keinen bzw. nur geringen Gewinn vor Steuern zu erzielen, so dass eine Anrechnung nach § 74 c Abs. 1 Satz 1 Var. 1 HGB ausscheidet bzw. nur in geringem Umfang in Betracht kommt. Abhängig von den Gegebenheiten eines jeden Einzelfalls kann eine solche Fallgestaltung aber auch gemäß § 74 c Abs. 1 Satz 1 Var. 2 HGB ein böswilliges Unterlassen des ehemaligen Arbeitnehmers darstellen, Einkünfte zu erzielen. In der Praxis dürften hier aber regelmäßig erhebliche Beweisschwierigkeiten für den Arbeitgeber bestehen.

Einkünfte auf organ- oder gesellschaftsrechtlicher Grundlage

Nach § 74 c HGB Abs. 1 Satz 1 Var. 1 HGB sind Ergebnisse aus Gesellschafterbeteiligungen, z. B. Gewinnbeteiligungen als Gesellschafter einer GmbH, nicht zu berücksichtigen. Da Kapitalerträge und Gewinnbeteiligungen nicht das Resultat der Verwertung von Arbeitskraft darstellen, sind diese nicht anzurechnen.[287]

Gehälter hingegen, die ein Arbeitnehmer als Gesellschafter für seine Arbeits- bzw. Dienstleistung erhält, sind wiederum nach § 74 c Abs. 1 Satz 1 Var. 1 HGB auf eine Karenzentschädigung anzurechnen[288], da diese aus der Verwertung der (Arbeits-) Leistung des Arbeitnehmers herrühren. Gleiches gilt für Dienstleistungen auf gesellschaftsrechtlicher Grundlage.[289]

Einkünfte ohne Tätigkeit

Bezieht ein Arbeitnehmer Einkünfte, die nicht auf der Verwertung seiner Arbeitsleistung beruhen, so sind diese nicht nach § 74 c Abs. 1 Satz 1 Var.

---

287 BAG vom 25.2.1975, AP § 74 c HGB Nr. 6; BAG vom 20.4.1967, AP § 74 HGB Nr. 20.

288 BAG vom 25.2.1975, AP § 74 c HGB Nr. 6; BAG vom 20.4.1967, AP § 74 HGB Nr. 20.

289 BAG vom 25.2.1975, AP § 74 c HGB Nr. 6.

1 HGB auf eine Karenzentschädigung anzurechnen. Hierzu zählen z. B. familienrechtliche Unterhaltsleistungen, Einkünfte aus Kapitalvermögen oder aus Vermietung und Verpachtung.[290]

Sozialleistungen (ohne Arbeitslosengeld)

Sozialleistungen, die ein Arbeitnehmer von Sozialversicherungsträgern erhält, sind dann nicht gemäß § 74 c Abs. 1 Satz 1 Var. 1 HGB auf eine Karenzentschädigung anzurechnen, wenn sie nicht aus der Verwertung seiner Arbeitskraft herrühren.[291]

So wurde höchstrichterlich z. B. die Anrechnung von Altersruhegeldern[292], Erwerbsunfähigkeitsrenten[293] sowie auch von Übergangsgeld nach §§ 20 ff. SGB VI (vormals § 59 AFG), das während einer Umschulung dem in der gesetzlichen Rentenversicherung versicherten Arbeitnehmer gezahlt wird[294], abgelehnt. Alle diese Sozialleistungen stehen in keinem Zusammenhang mit der Verwertung der Arbeitskraft des betroffenen Arbeitnehmers.

Kommt Sozialleistungen jedoch eine Lohnersatzfunktion zu, so soll eine Anrechenbarkeit nach § 74 c Abs. 1 Satz 1 Var. 1 HGB erfolgen.[295] Als Sozialleistungen mit Lohnersatzfunktion kommen z. B. das Kurzarbeitergeld sowie das Insolvenzgeld nach § 183 ff. SGB III in Betracht. Auch dem Krankengeld kommt eine Lohnersatzfunktion zu. Gleichwohl hat das BAG[296] eine Anrechenbarkeit des Krankengeldes auf eine Karenzentschädigung nach § 74 c Abs. 1 Satz 1 Var. 1 HGB ausdrücklich offen gelassen, das ArbG Suhl hat eine solche ausdrücklich abgelehnt.[297]

Arbeitslosengeld

---

[290] BAG vom 20.4.1967, AP § 74 HGB Nr. 20.

[291] BAG vom 23.11.2004, NZA 2005, 413; BAG vom 30.10.1984, § 74 HGB Nr. 30.

[292] BAG vom 30.10.1984, AP § 74 HGB Nr. 46; BAG vom 3.8.1960, AP § 74 HGB Nr. 14.

[293] BAG vom 23.11.2004, NZA 2005, 413.

[294] BAG vom 7.11.1989, AP § 74 c HGB Nr. 15.

[295] BAG vom 17.11.1989, AP § 74 c HGB Nr. 15.

[296] BAG vom 23.11.2004, NZA 2005, 413.

[297] ArbG Suhl vom 1.4.1998, NZA-RR 1999, 18.

Das Arbeitslosengeld, das ein Arbeitnehmer nach der Beendigung des Arbeitsverhältnisses und während des Zeitraums des nachvertraglichen Wettbewerbsverbots bezieht, ist nach § 74 c Abs. 1 Satz 1 Var. 1 HGB anzurechnen, da ihm eine Lohnersatzfunktion zukommt.[298]

Der Gesetzgeber hat dies durch die Einführung des § 148 SGB III ausdrücklich bestätigt. In der nachfolgenden Zeit hat der Gesetzgeber die Bestätigung dieser Anrechenbarkeit ausdrücklich in § 148 Abs. 1 Satz 2 SGB III wiederholt, um hierdurch einen Ausgleich zu Gunsten des Arbeitgebers zu schaffen, der der Arbeitsverwaltung das an den Arbeitnehmer gezahlte Arbeitslosengeld zu erstatten hatte, sofern der arbeitslose Arbeitnehmer wegen des nachvertraglichen Wettbewerbsverbots bei der Arbeitsuche nicht zu vermitteln war. Die Vorschrift des § 148 SGB III wurde per 01.01.2004 wieder aufgehoben, so dass nunmehr wieder auf die Rechtsprechung des BAG zurückzugreifen ist.[299]

Gemäß dem Wortlaut des § 74 c Abs. 1 Satz 1 Var. 1 HGB ist das Arbeitslosengeld insoweit auf eine Karenzentschädigung anzurechnen, als es zusammen mit der Karenzentschädigung 110%, bei einem Wohnsitzwechsel 125%, der nach § 74 Abs. 2 HGB „zuletzt bezogenen vertragsmäßigen Leistungen" übersteigt.[300]

Umstritten ist jedoch, ob das Arbeitslosengeld im Rahmen der Anrechnung nach § 74 c Abs. 1 Satz 1 Var. 1 HGB um den Betrag zu erhöhen ist, den die Bundesanstalt für Arbeit zur Erhaltung der gesetzlichen Sozialversicherungsbeiträge leistet, ob das Arbeitslosengeld also auf einen fiktiven Bruttobetrag hochzurechnen ist. Die höchstrichterliche Rechtsprechung verneint dies. Diese Sozialabgaben sind daher nicht in die Anrechnung nach § 74 c Abs. 1 Satz 1 Var. 1 HGB mit einzubeziehen.[301] Das vom Arbeitnehmer bezogene Arbeitslosengeld ist auch nicht zwecks Anrechnung nach § 74 c Abs. 1 Satz 1 Var. 1 HGB in ein fiktives Bruttoeinkommen um- bzw. hochzurechnen.[302]

---

[298] BAG vom 25.6.1985, AP 74 c HGB Nr. 11;

[299] BAG vom 25.6.1985, AP 74 c HGB Nr. 11;

[300] BAG vom 22.5.1190, AP § 74 c HGB Nr. 17.

[301] BAG vom 27.11.1991, AP § 4 TVG Nachwirkung Nr. 22; BAG vom 22.5.1990, NZA 1990, 875

[302] BAG vom 23.11.2004, NZA 2005, 413; BAG vom 27.11.1991, AP § 4 TVG Nachwirkung NR. 22.

In der jüngsten Zeit hat das BAG die Anrechenbarkeit des Arbeitslosengeldes auf eine Karenzentschädigung nach § 74 c Abs. 1 Satz 1 Var. 1 HGB jedoch ausdrücklich offen gelassen.[303] Es bleibt abzuwarten, wie sich die höchstrichterliche Rechtsprechung zukünftig hierzu positionieren wird.

Die von einem Arbeitnehmer bezogene Karenzentschädigung kann jedoch umgekehrt nicht gemäß § 141 SGB III auf das von ihm bezogene Arbeitslosengeld angerechnet werden. Eine Anrechnung auf das Arbeitslosengeld scheidet aus, da eine Karenzentschädigung keine Einkunft aus einer „Tätigkeit" darstellt, wie dies die Regelung des § 141 SGB III aber erfordert. Eine Karenzentschädigung wird vielmehr für das Unterlassen, also das Nichtausüben, einer Tätigkeit vom Arbeitgeber gezahlt.[304]

Ebenso erfolgt im Falle der Arbeitslosigkeit des Arbeitnehmers und des Bezugs von Arbeitslosengeld kein Übergang des Anspruchs auf Zahlung einer Karenzentschädigung nach § 115 SGB X auf die Bundesagentur für Arbeit.[305]

Einkünfte aus der betrieblichen Altersversorgung

Bislang hat es die höchstrichterliche Rechtsprechung offen gelassen, ob auch Leistungen der betrieblichen Altersversorgung nach § 74 c Abs. 1 Satz 1 Var. 1 HGB auf eine Karenzentschädigung anzurechnen sind.[306]

Eine Anrechnung dürfte ausscheiden, da solche Versorgungsleistungen die frühere Arbeitsleistung insgesamt abgelten und nicht als Gegenleistung für die Unterlassung nachvertraglichen Wettbewerbs gezahlt werden. Sie stehen in keinem Gegenseitigkeitsverhältnis zu einer während der Dauer des Karenzzeitraums erbrachten Arbeitsleistung. Dies gilt insbesondere für Betriebsrenten und vertragliche Übergangsgelder.[307] Auch sind Leistungen aus einer Lebensversicherung nicht nach § 74 c Abs. 1 Satz 1 Var. 1 HGB anrechenbar; diese haben überhaupt keinen Bezug zu einer Arbeitsleistung des Arbeitnehmers. Dies gilt auch für sog. Wartegelder, die von einem neuen Arbeitgeber mit dem Zweck der Überbrückung des Karenzzeit-

[303] BAG vom 23.11.2004, NZA 2005, 413.

[304] BAG vom 25.6.1985, AP § 74 c HGB Nr. 11.

[305] BGH vom 15.4.1981, DB 1981, 1508; ArbG Ludwigshafen vom 29.3.1976, DB 1976, 1162; ArbG Mannheim vom 24.3.1975, DB 1976, 107.

[306] BAG vom 26.2.1985, AP § 611 BGB Konkurrenzklausel Nr. 30; BAG vom 30.10.1984, AP § 74 HGB Nr. 46.

[307] OLG Stuttgart vom 18.5.1979, BB 1980, 527.

raums an den durch ein nachvertragliches Wettbewerbsverbot „gesperrten" Arbeitnehmer gezahlt werden.

Einkünfte aus Nebentätigkeiten

Einkünfte des Arbeitnehmers aus Nebentätigkeiten sind gemäß § 74 c Abs. 1 Satz 1 Var. 1 HGB nicht anzurechnen, sofern diese bereits während des Arbeitsverhältnisses mit dem bisherigen Arbeitgeber ausgeübt wurden, die also auch bei einem Fortbestand des Arbeitsverhältnisses hätten weiter erzielt werden können. Hier mangelt es an einem Zusammenhang zwischen dem Erwerb solcher Einkünfte aus Nebentätigkeiten und einem nachvertraglichen Wettbewerbsverbot. Denn die Einkünfte aus einer Nebentätigkeit rühren nicht aus dem Arbeitsverhältnis her, das Anlass für eine nachvertragliche Wettbewerbsabrede gewesen ist, so dass diese auch nicht bei der Berechnung der Karenzentschädigung Berücksichtigung finden.[308]

Werden Nebentätigkeiten durch einen Arbeitnehmer jedoch erst während des Karenzzeitraums, also des Zeitraums des nachvertraglichen Wettbewerbsverbots, aufgenommen, sind die aus diesen erzielten Einkünfte nach § 74 c Abs. 1 Satz 1 Var. 1 HGB auf die Karenzentschädigung anzurechnen.

Die Rechtsprechung differenziert hier zusätzlich danach, ob es dem Arbeitnehmer bereits während des beendeten Arbeitsverhältnisses möglich gewesen sei, eine solche Nebentätigkeit durchzuführen. Ist dies der Fall gewesen, so sollen die Einkünfte aus dieser Nebentätigkeit keine Anrechnung nach § 74 c Abs. 1 Satz 1 Var. 1 HGB finden.[309] Diese Ansicht läuft jedoch dem ausdrücklichen Wortlaut von § 74 c Abs. 1 Satz 1 Var. 1 HGB zuwider. Denn Einkünfte aus Nebentätigkeiten rühren ebenso aus einer anderweitigen Verwertung der Arbeitskraft des Arbeitnehmers her.

3.9.4.2 Fiktiver anderweitiger Erwerb

Auf die Karenzentschädigung muss sich der Arbeitnehmer zum anderen gemäß § 74 c Abs. 1 Satz 1 Var. 2 HGB auch anrechnen lassen, was er während der Dauer des Wettbewerbsverbots durch anderweitige Verwertung seiner Arbeitskraft zu erwerben böswillig unterlassen hat. Der Begriff

[308] BAG vom 16.5.1969, AP § 133 f GewO Nr. 23.

[309] BAG vom 16.5.1969, AP § 133 f GewO Nr. 23.

der Böswilligkeit entspricht dem in § 615 Satz 2 BGB und § 11 Abs. 2 KSchG.

Maßgeblich bei der Bestimmung der Böswilligkeit ist die in Art. 12 GG festgeschriebene Berufswahl- und ausübungsfreiheit des Arbeitnehmers. Hiernach hat ein Arbeitnehmer das verfassungsmäßig verbriefte Recht der freien Wahl seines Arbeitsplatzes. Hat ein Arbeitnehmer für seine Wahl des Arbeitsplatzes vernünftige Gründe, so scheidet eine Böswilligkeit i.S.d. § 74 c Abs. 1 Satz 1 Var. 2 HGB grundsätzlich aus.

Unter Beachtung von Art. 12 GG liegt ein böswilliges Unterlassen anderweitigen Erwerbs i.S.d. § 74 c Abs. 1 Satz 1 Var. 2 HGB daher nur dann vor, wenn der Arbeitnehmer während der Dauer der Karenzzeit ohne hinreichend sachlichen Grund – also letztlich willkürlich – seine Interessen vor die seines früheren Arbeitgebers stellt.[310] An den Begriff der Böswilligkeit sind mithin hohe Anforderungen zustellen. Von einer Böswilligkeit i.S.d. § 74 c Abs. 1 Satz 1 Var. 2 HGB ist in aller Regel nur dann auszugehen, wenn der Arbeitnehmer die Umstände, die eine Böswilligkeit ausmachen können, erkennt.

Böswillig i.S.d. § 74 c Abs. 1 Satz 1 Var. 2 HGB handelt der Arbeitnehmer, der in Kenntnis von Arbeitsmöglichkeiten, Zumutbarkeit der Arbeit und Nachteilsfolge für den Arbeitgeber vorsätzlich untätig bleibt oder vorsätzlich für eine zu geringe Vergütung arbeitet.[311] Dass sich der Arbeitnehmer einer Schädigung bewusst ist, genügt.[312] Ob eine anderweitige Erwerbstätigkeit zumutbar ist, beurteilt sich nach dem Grundsatz von Treu und Glauben. Beruht das Unterlassen des Arbeitnehmers auf vernünftigen und sachlichen Gründen, so dürfte eine anderweitige Erwerbsmöglichkeit in der Regel unzumutbar sein. Eine fahrlässige Unkenntnis der Umstände, die eine Böswilligkeit i.S.d. § 74 c Abs. 1 Satz 1 Var. 2 HGB ausmachen, ist nicht ausreichend, um den Tatbestand des § 74 c Abs. 1 Satz 1 Var. 2 HGB zu verwirklichen.[313]

---

[310] BAG vom 23.1.1967, AP § 74 c HGB Nr. 1.

[311] BAG vom 13.11.1975, AP § 74 c HGB Nr. 7; BAG vom 21.3.1974, AP § 74 c HGB Nr. 4; BAG vom 23.1.1967, AP § 74 c HGB Nr. 1.

[312] BAG vom 23.1.1967, AP § 74 c HGB Nr. 1.

[313] BAG vom 18.10.1958, AP § 615 BGB Böswilligkeit Nr. 1.

Bei der Prüfung, ob ein Verhalten eines Arbeitnehmers böswillig i.S.d. § 74 c Abs. 1 Satz 1 Var. 2 HGB ist, lassen sich in der Praxis u. a. folgende Fallgestaltungen unterscheiden:

Aus- und Weiterbildung

Ein böswilliges Unterlassen i.S.d. § 74 c Abs. 1 Satz 1 Var. 2 HGB liegt in der Regel nicht vor, wenn der Arbeitnehmer nach der Beendigung seines Arbeitsverhältnisses statt ein neues Beschäftigungsverhältnis zu begründen eine Ausbildung beginnt oder ein Studium aufnimmt, soweit dies sinnvoll ist und planmäßig betrieben wird.[314] Zuletzt hat das BAG aber ausdrücklich offen gelassen, ob bei Aufnahme eines Studiums eine Böswilligkeit i.S.d. § 74 c Abs. 1 Satz 1 Var. 2 HGB grundsätzlich ausgeschlossen sei.[315]

Selbständigkeit

Ebenfalls stellt die Begründung einer Selbständigkeit des Arbeitnehmers keine Böswilligkeit i.S.d. § 74 c Abs. 1 Satz 1 Var. 2 HGB dar.[316]

Dabei hat es der bisherige Arbeitgeber hinzunehmen, dass zu Beginn einer Selbständigkeit nach aller Erfahrung zunächst Verluste bzw. nur geringe Gewinne erwirtschaftet werden.

Auch ein im Vergleich zum möglichen Verdienst als Arbeitnehmer geringeres Einkommen beim anfänglichen Aufbau einer eigenen selbständigen Existenz hat der Arbeitgeber daher ohne Kürzung der Karenzentschädigung wegen böswilligen Unterlassens in Kauf zu nehmen. Dies gilt sogar dann, wenn seine Geschäftsergebnisse geringer sind als das Arbeitslosengeld, das er beanspruchen könnte.[317]

Eine Böswilligkeit des Arbeitnehmers i.S.d. § 74 c Abs. 1 Satz 1 Var. 2 HGB liegt grundsätzlich auch dann nicht vor, wenn der bisherige Arbeitnehmer, der sich selbständig macht, die Geschäftsentwicklung seines Unternehmens derartig gestaltet, dass Gewinne erst nach Ablauf der Dauer

---

[314] BAG vom 9.8.1974, AP § 74 c HGB Nr. 5; BAG vom 8.2.1974, AP § 74 c HGB Nr. 4.

[315] BAG vom 13.2.1996, AP § 74 c HGB Nr. 18.

[316] BAG vom 2.6.1987, AP § 74 c HGB Nr. 13; BAG vom 8.2.1974, AP § 74 c HGB Nr. 4.

[317] BAG vom 2.6.1987, AP § 74 c HGB Nr. 13; BAG vom 13.11.1975, AP § 74 c HGB Nr. 7.

des nachvertraglichen Wettbewerbsverbots entstehen.[318] Eine solche Gewinnentwicklung ist in der alltäglichen Praxis nicht selten anzutreffen, insbesondere dann, wenn diese aus (legitimen) steuerlichen Gründen angezeigt ist. Von einer Böswilligkeit des Arbeitnehmers kann daher nur dann ausgegangen werden, wenn die Art und Weise der Begründung der Selbständigkeit des Arbeitnehmers auf rein willkürlichen Kriterien beruht.

Weiterbeschäftigung beim bisherigen Arbeitgeber

Ebenso stellt die Ablehnung einer Weiterbeschäftigung des Arbeitnehmers bei seinem bisherigen Arbeitgeber kein böswilliges Unterlassen eines anderweitigen Erwerbs i.S.d. § 74 c Abs. 1 Satz 1 Var. 2 HGB dar. Die Gründe für eine solche Ablehnung sind unerheblich.[319] Denn ansonsten könnte der bisherige Arbeitgeber den Anspruch des Arbeitnehmers auf Zahlung einer Karenzentschädigung durch Angebote zur Weiterbeschäftigung leer laufen lassen oder zumindest reduzieren.

Unterlassen der Arbeitslosmeldung

Unterlässt es der Arbeitnehmer, sich nach der Beendigung seines Arbeitsverhältnisses selbständig zu machen oder ein unselbständiges Beschäftigungsverhältnisses zu begründen, so ist es nicht böswillig i.S.d. § 74 c Abs. 1 Satz 1 2. Var. HGB, wenn sich dieser Arbeitnehmer in diesem Fall auch nicht arbeitslos meldet.[320] Art. 12 GG gewährt das Recht der freien Berufswahl- und ausübungsfreiheit. Art. 12 GG gewährt zugleich aber auch das negative Recht, dieses Recht nicht für sich in Anspruch zu nehmen. Dies gilt umso mehr, wenn der Arbeitnehmer seine Entscheidung auf sachliche Gründe stützen kann.

Kindererziehung

Eine Arbeitnehmerin / ein Arbeitnehmer handelt nicht böswillig i.S.d. § 74 c Abs. 1 Satz 1 Var. 2 HGB, wenn sie / er nach der Geburt ihres / seines Kindes keine andere Erwerbstätigkeit mehr aufnimmt, sei es in Vollzeit oder in Teilzeit (vgl. § 15 BEEG), sondern Elternzeit für sich in Anspruch

---

[318] LAG Nürnberg vom 9.4.1987, LAGE § 74 c HGB Nr. 2.

[319] BAG vom 3.7.1990, AP § 74 HGB Nr. 61; BAG vom 18.10.1976, AP § 74 b HGB Nr. 1; BAG vom 23.1.1967, AP § 74 c HGB Nr. 1.

[320] BAG vom 16.5.2000, NZA 2001, 26.

nimmt.[321] Eine solche Entscheidung ist nicht willkürlich, sondern von sachlichen (familiären) Gründen getragen.

Ausscheiden aus dem Erwerbsleben

Entscheidet sich ein Arbeitnehmer nach der Beendigung seines Arbeitsverhältnisses, in den Ruhestand zu wechseln, so ist auch diese Entscheidung grundsätzlich nicht nach § 74 c Abs. 1 Satz 1 Var. 2 HGB böswillig.

Fraglich kann lediglich sein, ab welcher Altersgrenze dies gilt. Höchstrichterlich wurde entschieden, dass ein böswilliges Unterlassen nach § 74 c Abs. 1 Satz 1 Var. 2 HGB nicht vorliegt, wenn ein Arbeitnehmer nach Vollendung seines 63. Lebensjahrs aus dem Berufsleben ausscheidet.[322] Allgemein lässt sich festhalten, dass dies zumindest immer dann der Fall ist, wenn ein Arbeitnehmer nach der Beendigung seines Arbeitsverhältnisses in die Regelaltersrente oder aber in eine vorgezogene Altersrente nach §§ 35 ff. SGB VI wechseln kann. Gleiches gilt für den Fall, dass der Arbeitnehmer im Zeitpunkt der Beendigung seines Arbeitsverhältnisses aufgrund einer arbeitsvertraglichen oder tarifvertraglichen Regelung eine Altersgrenze überschritten hat, nach der das Arbeitsverhältnis ohnehin enden soll.[323]

In allen diesen Fällen stellt das Erreichen solcher arbeitsvertraglichen, tarifvertraglichen oder gesetzlichen Altersgrenzen einen sachlichen Grund dar, der eine Böswilligkeit nach § 74 c Abs. 1 Satz 1 Var. 2 HGB entfallen lässt. Dies gilt auch, obgleich solche Altersgrenzen eine neue selbständige oder unselbständige Tätigkeit weder rechtlich noch tatsächlich hindern.

3.9.4.3 Auskunft und Nachweis anderweitigen Erwerbs

Gemäß § 74 c Abs. 2 HGB ist der Arbeitnehmer verpflichtet, seinem bisherigen Arbeitgeber auf dessen Aufforderung hin über die Höhe seines anderweitigen Erwerbs Auskunft zu erteilen.

Allgemeines

Der Arbeitgeber hat nach den allgemeinen Regelungen darzulegen und zu beweisen, dass und in welcher Höhe ein Arbeitnehmer anderweitig gemäß § 74 c Abs. 1 HGB Einkünfte erworben oder böswillig zu erwerben unter-

---

[321] BAG vom 24.10.1972, AP § 74 HGB Nr. 31.

[322] BAG vom 3.7.1990, AP § 74 HGB Nr. 61.

[323] BAG vom 3.7.1990, AP § 74 HGB Nr. 61.

lassen hat. Um dieser Darlegungs- und Beweislast nachkommen zu können, hat der Gesetzgeber die Regelung des § 74 c Abs. 2 HGB geschaffen, die dem Arbeitgeber einen entsprechenden Auskunftsanspruch gegen seinen ehemaligen Arbeitnehmer einräumt.

Der Auskunftsanspruch des Arbeitgebers betrifft jedoch lediglich die vom Arbeitnehmer tatsächlich durch anderweitige Verwertung seiner Arbeitsleistung erzielten Einkünfte. Die von einem Arbeitnehmer böswillig unterlassenen Einkünfte nach § 74 c Abs. 1 HGB Satz 1 Var. 2 HGB werden vom Auskunftsanspruch des Arbeitgebers nach § 74 Abs. 2 HGB nicht erfasst. Denn der Wortlaut des § 74 c Abs. 2 HGB spricht ausdrücklich von der Höhe des „Erwerbs“ des Arbeitnehmers und nicht auch von der Höhe des vom Arbeitnehmer „böswillig unterlassenen Erwerbs“.

Voraussetzungen

Dieser Anspruch auf Erteilung von Auskunft gemäß § 74 c Abs. 2 HGB setzt voraus, dass das Arbeitsverhältnis beendet ist, ein nachvertragliches Wettbewerbsverbot i.S.d. § 74 HGB wirksam geworden ist und eine Anrechnungsmöglichkeit nach § 74 c Abs. 1 HGB besteht.[324]

Art und Weise der Auskunft

Der Arbeitnehmer muss seine Auskunft klar, vollständig und für den Arbeitgeber nachprüfbar erteilen. Grundsätzlich kann der Arbeitgeber daher die Auskunft seines ehemaligen Arbeitnehmers in schriftlicher Form verlangen.

Der Auskunftsanspruch nach § 74 c Abs. 2 HGB beinhaltet zugleich auch eine Nachweispflicht des Arbeitnehmers, denn nur diese ermöglicht es dem Arbeitgeber, eine eventuelle Anrechnung nach § 74 c Abs. 1 HGB tatsächlich durchzuführen. Ansonsten wäre der Arbeitgeber darauf angewiesen, den bloßen Auskünften des Arbeitnehmers – ohne jedwede Belege – Glauben schenken zu müssen. Die Art und Weise sowie der Umfang dieser Nachweispflicht orientiert sich an § 242 BGB.[325]

Im Rahmen der Auskunfts- und Nachweispflicht des Arbeitnehmers ist das Datenschutzrecht zu beachten. So dürfen Geschäftsinteressen des Arbeitnehmers nicht gefährdet werden. Gleiches gilt für schutzwürdige Ge-

---

[324] BAG vom 26.10.1978, AP § 75 a HGB Nr. 3.

[325] BAG vom 25.2.1975, AP § 74 c HGB Nr. 6.

schäftsgeheimnisse des Arbeitnehmers.[326] Sind Geschäftsgeheimnisse des Arbeitnehmers gefährdet, so genügt die Prüfung der Gewinn- und Verlustrechnung des Arbeitnehmers durch einen unabhängigen und zur Verschwiegenheit verpflichteten Dritten, so z. B. einen Wirtschaftsprüfer.

Hat der Arbeitnehmer eine unselbständige Beschäftigung aufgenommen, so kommt er seiner Auskunfts- und Nachweispflicht durch Vorlage seiner Lohnabrechnungen bzw. seiner Lohnsteuerkarte nach.[327] Hat der Arbeitnehmer hingegen eine selbständige Tätigkeit aufgenommen, so kommt er seiner Auskunft- und Nachweispflicht durch Vorlage seines Einkommensteuerbescheids nach.[328] Andere Ansichten, die die Vorlage der Gewinn- und Verlustrechung[329] oder gemäß § 259 Abs. 1 HGB die Aushändigung einer Zusammenstellung der Einnahmen und Ausgaben des Arbeitnehmers[330] verlangen, können nicht überzeugen, da sie die Grenzen der Auskunfts- und Nachweispflicht des Arbeitnehmers unangemessen zu seinen Lasten überdehnen.

Ist der ehemalige Arbeitnehmer ein Angehöriger der freien Berufe, so z. B. ein Rechtsanwalt oder ein Steuerberater, so soll er sich hinsichtlich seiner Auskunfts- und Nachweispflicht nicht auf seine berufsständische Verschwiegenheitspflicht berufen können.[331] Dies erscheint zweifelhaft, da der Arbeitnehmer im Rahmen seiner Auskunfts- und Nachweispflicht nicht verpflichtet sein kann, seine berufsständischen Verpflichtungen zu brechen bzw. zu verletzen. So kann sich der Arbeitnehmer in diesem Zusammenhang auch auf § 203 StGB berufen. § 203 Satz 1 StGB stellt unter Strafe, wenn jemand unbefugt ein fremdes Geheimnis offenbart, das ihm als Arzt, Rechtsanwalt, Patentanwalt, Notar, Steuerberater, Wirtschaftsprüfer etc. anvertraut oder sonst bekannt geworden ist. Die Auskunftspflicht des Arbeitnehmers nach § 74 c Abs. 2 HGB kann somit nicht dazu führen, dass der Arbeitnehmer sich nach § 203 StGB strafbar macht.[332] Als

---

[326] BAG vom 25.2.1975, AP § 74 c HGB Nr. 6.

[327] BAG vom 25.2.1975, AP § 74 c HGB Nr. 6.

[328] BAG vom 25.2.1975, AP § 74 c HGB Nr. 6; LAG Nürnberg vom 9.4.1987, LAGE § 74 c HGB Nr. 2.

[329] LAG Kiel vom 5.11.1957, BB 1957, 1275.

[330] LAG Hamm vom 28.1.1974, DB 1974, 972.

[331] BAG vom 27.9.1988, AP § 611 BGB Konkurrenzklausel Nr. 35.

[332] LAG Baden-Württemberg vom 14.3.1985, EWiR § 611 BGB 7/85, S. 851.

Mitglied der freien Berufe hat der Arbeitnehmer seiner Auskunfts- und Nachweispflicht daher nur insoweit nachzukommen, als er seine berufsständische Verschwiegenheitspflicht nicht verletzt.

Bei berechtigen Zweifeln an den vom Arbeitnehmer erklärten Auskünften und vorgelegten Nahweisen kann der Arbeitgeber nach §§ 259, 260 BGB die Abgabe einer eidesstattlichen Versicherung des Arbeitnehmers verlangen.[333]

Fälligkeit des Auskunftsanspruchs

Der Anspruch auf Auskunft i.S.d. § 74 c Abs. 2 HGB wird auf Verlangen des Arbeitgebers fällig. Er erlischt, wenn eine Anrechnung nach § 74 c Abs. 1 HGB nicht mehr in Betracht kommt, z. B. weil der Arbeitgeber eine Karenzentschädigung im Voraus zahlt oder auf eine Anrechnung verzichtet.[334]

Durchsetzbarkeit des Auskunftsanspruchs des Arbeitgebers

Kommt der Arbeitnehmer seiner Auskunftspflicht nach § 74 c Abs. 2 HGB nicht nach, so steht dem Arbeitgeber die Einrede des nicht erfüllten Vertrags nach § 320 BGB solange zu, bis der Arbeitnehmer seine Auskunfts- und ggfs. Nachweispflicht erfüllt hat.[335] Nach anderer Ansicht kommt der Arbeitgeber hingegen nur in den Genuss des allgemeinen Leistungsverweigerungsrechts nach § 273 BGB. So oder so ist der Arbeitgeber berechtigt, die Zahlung der Karenzentschädigung im Wege eines Zurückbehaltungsrechts zu verweigern, bis der Arbeitnehmer entsprechend Auskunft erteilt hat.

Der Arbeitnehmer ist daher hinsichtlich der ihn nach § 74 c Abs. 2 HGB treffenden Auskunftspflicht gegenüber seinem bisherigen Arbeitgeber vorleistungspflichtig, da die Befolgung dieser Auskunftspflicht des Arbeitnehmers Voraussetzung der Berechnung einer Karenzentschädigung

---

[333] BAG vom 25.2.1975, AP 3 74 c HGB Nr. 6; LAG Hamm vom 28.1.1974, DB 1974, 972.

[334] BAG vom 5.8.1968, AP § 74 HGB Nr. 24.

[335] BAG vom 16.5.1969, AP § 133 f GewO Nr. 23.

ist.[336] Dem Arbeitnehmer steht kein Zurückbehaltungsrecht hinsichtlich dieser Auskunftspflicht zu.[337]

Hieraus erklärt es sich, dass ein Arbeitgeber, der von seinem Auskunftsrecht nach § 74 c Abs. 2 HGB Gebrauch macht, bis zu dessen Erfüllung durch seinen ehemaligen Arbeitnehmer mit der Zahlung der Karenzentschädigung nicht in Verzug gerät.[338]

Der Anspruch auf Erteilung einer Auskunft nach § 74 c Abs. 2 HGB kann vom ehemaligen Arbeitgeber selbständig eingeklagt[339] und nach § 888 ZPO auch vollstreckt werden.[340]

Auskunftspflicht und abweichende Vereinbarungen der Parteien

Ohne weiteres möglich ist es, dass die Parteien eines nachvertraglichen Wettbewerbsverbots zu Gunsten des Arbeitnehmers von § 74 c Abs. 2 HGB abweichende Regelungen vereinbaren. Nachteilige Regelungen sind hingegen wegen § 75 d HGB nicht möglich, auf solche könnte sich der ehemalige Arbeitgeber nicht berufen.

Zahlt der Arbeitgeber die dem Arbeitnehmer zustehende Karenzentschädigung nach der Beendigung des Arbeitsverhältnisses in einem Betrag aus, so kann dies einen konkludenten Verzicht auf den ihm nach § 74 c Abs. 2 HGB zustehenden Auskunftsanspruch bedeuten.[341]

3.9.4.4 Anrechnungsgrenze

Gemäß § 74 c Abs. 1 Satz 1 HGB ist ein anderweitiger oder böswillig unterlassener Erwerb allerdings nur anzurechnen, wenn die Entschädigung unter Hinzurechnung dieses Betrags den Betrag der zuletzt von einem Arbeitnehmer bezogenen vertragsmäßigen Entlohnung beim bisherigen Arbeitgeber übersteigen würde.

---

[336] BAG vom 12.1.1978, AP § 74 c HGB Nr. 8.

[337] BAG vom 12.01.1978, AP § 74 c HGB Nr. 8; BAG vom 25.2.1975, AP § 74 HGB Nr. 6.

[338] BAG vom 16.5.1969, AP § 133 f GewO Nr. 23.

[339] LAG Hamm vom 28.1.1974, DB 1974, 972.

[340] BAG vom 13.11.1975, AP § 74 c HGB Nr. 7.

[341] BAG vom 5.8.1968, AP § 74 HGB Nr. 24.

§ 74 c Abs. 1 Satz 1 HGB unterscheidet dabei zwischen zwei Anrechnungsgrenzen. Nach § 74 c Abs. 1 Satz 1 HGB tritt die Anrechnung in Kraft, wenn die Karenzentschädigung sowie der Hinzuverdienst 110% der nach § 74 Abs. 2 HGB „zuletzt bezogenen vertragsmäßigen Leistungen" übersteigen. Gemäß § 74 c Abs. 1 Satz 2 HGB erhöht sich die Hinzuverdienstgrenze auf 125%, wenn der Arbeitnehmer durch die nachvertragliche Wettbewerbsabrede gezwungen ist, seinen Wohnsitz zu verlegen.

Umzug des Arbeitnehmers

Ist ein Arbeitnehmer durch das nachvertragliche Wettbewerbsverbot zu einer Wohnsitzverlegung gezwungen, tritt gemäß § 74 c Abs. 1 Satz 2 HGB an die Stelle des Betrags von einem Zehntel der Betrag von einem Viertel, die Hinzuverdienstgrenze erhöht sich mithin auf 125%.

Diese erhöhte Hinzuverdienstgrenze soll für den Arbeitnehmer einen Anreiz darstellen, nach einer neuen Tätigkeit Ausschau zu halten, statt von der Karenzentschädigung nach § 74 Abs. 2 HGB zu leben.[342]

Der Arbeitnehmer hat ebenso einen Anspruch auf die erhöhte Karenzentschädigung nach § 74 c Abs. 1 Satz 2 HGB, wenn er aufgrund des Wettbewerbsverbots zu einem Wohnsitzwechsel gezwungen wird und sich der Umzug nach der Arbeitsaufnahme verzögert.[343] In einem solchen Fall setzt ein mit entsprechender Verzögerung durchgeführter Umzug die erhöhte Anrechnungsgrenze rückwirkend für die gesamte Dauer der Karenzentschädigung in Kraft.

Ein Wohnsitzwechsel bedeutet eine Verlagerung des Lebensmittelpunktes des Arbeitnehmers und seiner Familie (§§ 7, 11 BGB). Die Begründung eines Zweitwohnsitzes am neuen Arbeitsort erfüllt nicht das Tatbestandsmerkmal einer Verlegung des Wohnsitzes nach § 74 c Abs. 1 Satz 2 HGB, solange nicht auch die Familie des Arbeitnehmers ihren Lebensmittelpunkt an den Zweitwohnsitz verlegt.

Die erhöhte Anrechnungsgrenze nach § 74 c Abs. 1 Satz 2 HGB kommt jedoch nur dann zur Anwendung, wenn das Wettbewerbsverbot für den Wohnsitzwechsel des Arbeitnehmers ursächlich gewesen ist. Bei der Frage der Ursächlichkeit kommt es darauf an, ob der Arbeitnehmer nur außerhalb seines bisherigen Wohnortes eine neue selbständige oder unselbstän-

---

[342] BAG vom 23.2.1999, AP § 74 c HGB NR. 20; BAG vom 8.11.1994, AP § 74 c HGB Nr. 17; BAG vom 7.5.1988, AP § 74 c HGB Nr. 14.

[343] BAG vom 17.5.1988, AP § 74 c HGB Nr. 14.

dige Tätigkeit finden kann, die nach Art, Vergütung und beruflichen Chancen seiner bisherigen entspricht.[344] So soll eine Ursächlichkeit gegeben sein, wenn der Arbeitnehmer an seinem bisherigen Wohnsitz oder in dessen Einzugsbereich ohne das Wettbewerbsverbot eine vergleichbare Beschäftigung hätte aufnehmen können.[345] Ein Wechsel in eine andere Branche oder ein Verzicht auf erworbene spezifische Fach- und Berufskenntnisse ist dem Arbeitnehmer dabei nicht zumutbar. An einer Ursächlichkeit fehlt es mithin, wenn der Arbeitnehmer auch im Bereich seines bisherigen Wohnsitzes und dessen Einzugsbereich keine neue Tätigkeit gefunden hätte.[346] Dies kann der Fall sein, wenn in einem von einem nachvertraglichen Wettbewerbsverbot gesperrten Gebiet kein Wettbewerber des bisherigen Arbeitgebers existiert, oder aber solche Wettbewerber keine für den Arbeitnehmer geeigneten und vom nachvertraglichen Wettbewerbsverbot inhaltlich erfassten Tätigkeiten bzw. Arbeitsplätze vorhalten.[347]

Der Wohnsitzwechsel muss nicht zwingend gewesen sein. Es reicht vielmehr aus, dass sachliche Gründe bestanden haben, die neue Tätigkeit an einem anderen Ort anzutreten.[348]

Selbst dann, wenn der Arbeitnehmer an seinem bisherigen Wohnsitz eine neue konkurrenzfreie Beschäftigung aufnimmt, kann die erhöhte Anrechnungsgrenze nach § 74 c Abs. 1 Satz 2 HGB relevant werden, nämlich dann, wenn der Arbeitnehmer von seinem neuen Arbeitgeber an einen anderen Arbeitsort versetzt wird, der eine Verlegung des Wohnsitzes zur Folge hat. Von einem Arbeitnehmer kann nicht verlangt werden, seine neue Tätigkeit aufzugeben, nur um einer Versetzung zu entgehen.[349]

Vertragliche Abbedingung

---

[344] BAG vom 23.2.1999, AP § 74 c HGB Nr. 20.

[345] BAG vom 8.11.1994, AP § 74 c HGB Nr. 17; BAG vom 10.9.1985, AP § 74 c HGB Nr. 12; BAG vom 23.2.1982, AP § 74 c HGB Nr. 9; BAG vom 17.12.1973, AP § 74 c HGB Nr. 2.

[346] BAG vom 23.2.1999, AP § 74 c HGB Nr. 20; BAG vom 10.9.1985, AP § 74 c HGB Nr. 12; BAG vom 23.2.1982, AP § 74 c HGB Nr. 9.

[347] BAG vom 23.2.1999, AP § 74 c HGB Nr. 20.

[348] BAG vom 17.12.1973, AP § 74 c HGB Nr. 2.

[349] BAG vom 8.11.1994, AP § 74 c HGB Nr. 17.

Eine Anrechnung anderweitigen oder böswillig unterlassenen Erwerbs nach § 74 c HGB kann vertraglich abbedungen werden. Vereinbaren die Arbeitsvertragsparteien, dass die Entschädigung für die gesamte Dauer des nachvertraglichen Wettbewerbsverbots im Voraus zu zahlen ist, so soll dies für den Ausschluss der Anrechnung nach § 74 c HGB sprechen.[350]

Beispielhafte Berechnung

Folgendes Beispiel soll die Anrechnung anderweitigen Erwerbs auf eine Karenzentschädigung eines Arbeitnehmers nach § 74 c Abs. 1 HGB verdeutlichen, der eine nachvertragliche Wettbewerbsabrede mit seinem Arbeitgeber vereinbart hat, dem hiernach ein Anspruch auf eine Karenzentschädigung in Höhe von 50% seiner zuletzt bezogenen Leistungen zusteht, der seinen Wohnsitz wegen eines Wettbewerbsverbots nicht verlegen musste, bei seinem bisherigen Arbeitgeber über ein monatliches Bruttoeinkommen gemäß § 74 Abs. 2 HGB in Höhe von € 4.000,00 verfügt hat und nunmehr bei einem neuen Arbeitgeber ein Bruttoeinkommen in Höhe von € 3.400,00 bezieht:

Karenzentschädigung ohne Anrechnungsbetrag (= ½ bisheriges Bruttomonatseinkommen in Höhe von € 4.000,00)	€ 2.000,00			€ 2.000,00
neues Bruttomonatseinkommen	€ 3.400,00			
	€ 5.400,00	€ 5.400,00		
Bisheriges Bruttomonatseinkommen		€ 4.000,00		
Differenz		€ 1.400,00	€ 1.400,00	
Abzüglich 1/10 des bisherigen Bruttomonatseinkommens			€ 400,00	
Anrechnungsbetrag auf Karenzentschädigung			€ 1.000,00	€ 1.000,00
Karenzentschädigung				€ 1.000,00

3.9.4.5 Verzicht auf Anrechnung

Der Arbeitgeber kann auf die Anrechnung nach § 74 c HGB auch verzichten.

---

[350] LAG vom 19.2.1992, LAGE § 74 c HGB Nr. 4.

Verzicht in einer Wettbewerbsvereinbarung

In einer nachvertraglichen Wettbewerbsvereinbarung kann der Arbeitgeber auf eine Anrechnung nach § 74 c Abs. 1 HGB – unter Beachtung der Formvorschrift des § 74 Abs. 1 HGB – ausdrücklich verzichten.

Enthält eine nachvertragliche Wettbewerbsvereinbarung hingegen keine Regelung der Anrechnung anderweitiger Einkünfte bzw. böswillig unterlassener Einkünfte oder auch keinen Hinweis auf § 74 c Abs. 1 HGB, so bedeutet dies jedoch nicht, dass der Arbeitgeber auf eine solche Anrechnung verzichtet hat. Denn die Regelung des § 74 c Abs. 1 HGB stellt eine gesetzliche Rechtsfolge dar, die ipso iure immer gilt, solange die Parteien nichts anderes bzw. abweichendes vereinbaren.[351]

Nachträglicher Verzicht

Der Arbeitgeber kann zudem auch nachträglich – und dann auch formfrei – auf eine Anrechnung nach § 74 c Abs. 1 HGB verzichten.

Die ist unproblematisch, sofern der Arbeitgeber einen solchen Verzicht ausdrücklich erklärt.[352]

Ob ein solcher Verzicht aber auch konkludent durch eine gerichtliche oder außergerichtliche Ausgleichsklausel bzw. –quittung erklärt werden kann, die eine Anrechnung nach § 74 c Abs. 1 HGB nicht berücksichtigt, ist umstritten. Das BAG hat dies bislang offen gelassen.[353] Die ablehnende Meinung argumentierte damit, dass ein Arbeitgeber in der Regel nur auf bekannte Ansprüche verzichten wolle. Im Zeitpunkt einer Ausgleichsklausel oder -quittung muss einem Arbeitgeber jedoch weder bekannt noch bewusst sein, ob es überhaupt zu einer Anrechnung nach § 74 c Abs. 1 HGB kommen wird und wenn ja, in welcher Art und Weise bzw. Höhe. Denn in aller Regel kann nicht prognostiziert werden, ob ein Arbeitnehmer nach der Beendigung seines Arbeitsverhältnisses aus anderen Tätigkeiten anrechenbare Einkünfte erzielen oder solche böswillig unterlassen wird. Etwas anderes gilt hingegen dann, wenn in einer Ausgleichsquittung die Karenzentschädigung ausdrücklich angesprochen wird.[354] Nach der aktuellen Rechtsprechung des BAG kann dem jedoch nicht mehr gefolgt werden.

---

[351] BAG vom 12.1.1978, AP § 74 c HGB Nr. 8.

[352] LAG Düsseldorf vom 6.6.1974, DB 1974, 1915.

[353] BAG vom 12.1.1978, AP § 74 c HGB Nr. 8.

[354] LAG Düsseldorf vom 6.6.1974, DB 1974, 1915.

Denn das BAG vertritt seit kurzem die zutreffende Ansicht, dass ein Wettbewerbsverbot insgesamt durch eine allgemeine Ausgleichsklausel aufgehoben wird, auch wenn diese das Wettbewerbsverbot nicht erwähnt. Dies gilt sowohl für Ausgleichsklauseln in gerichtlichen Vergleichen als auch für solche in außergerichtlichen Aufhebungs- oder Abwicklungsverträgen.[355] Wenn dies aber für das Wettbewerbsverbots an sich gilt, so muss dies erst recht für eine Anrechnung nach § 74 c Abs. 1 HGB gelten, die ohne ein vereinbartes nachvertragliches Wettbewerbsverbot ohnehin nicht zur Debatte stünde.

Weiterhin kann ein Verzicht auf eine Anrechnung nach § 74 c HGB auch darin liegen, dass ein Arbeitgeber die einem Arbeitnehmer zustehende Karenzentschädigung in einer Summe als Einmalzahlung leistet, ohne sich ein zumindest teilweises Rückforderungsrecht für den Fall vorzubehalten, dass eine Anrechnung nach § 74 c Abs. 1 HGB in Betracht komme. Das BAG hat hierin bislang lediglich einen Verzicht auf den Auskunftsanspruch des Arbeitgebers nach § 74 c Abs. 2 HGB erkannt, nicht aber auch einen solchen auf die Anrechnung nach § 74 c Abs. 1 HGB. Gleichwohl kann mit einer solchen Einmalzahlung seitens des Arbeitgebers aber zu verstehen gegeben werden, dass mit dieser Einmalzahlung – anstatt der monatlichen Zahlung der Karenzentschädigung – die „Angelegenheit insgesamt erledigt sei". Je nach den Umständen des Einzelfalls kann eine solche Einmalzahlung daher auch als Verzicht des Arbeitgebers auf eine Anrechnung nach § 74 c Abs. 1 HGB zu bewerten sein, wobei dies nicht unbestritten ist.[356]

3.9.5 Abgeltung der Karenzentschädigung durch andere Bezüge

Grundsätzlich ist es unstatthaft, die einem Arbeitnehmer zustehende Karenzentschädigung durch andere Bezüge bzw. Einkünfte abzugelten.

So kann z. B. die Gewährung von Versorgungsleistungen durch den Arbeitgeber nicht dazu führen, dass hierdurch zugleich auch eine Karenzentschädigung mit abgegolten wird. Denn eine Versorgungsleistung stellt keine Karenzentschädigung dar, sondern vielmehr ein Entgelt für die bis zum Eintritt in den Ruhestand erbrachten Dienste. Eine Karenzentschädi-

---

[355] BAG vom 22.10.2008, NZA 2009, 139; BAG vom 19.11.2008, NJW 2009, 1019.

[356] LAG Hamm vom 19.2.1992, LAGE § 74 c HGB Nr. 4; BAG vom 5.8.1968, AP § 74 HGB Nr. 24; a. A. LAG Freiburg vom 23.1.1998, AE 1998, 98, Nr. 286.

gung ist hingegen die Gegenleistung des Arbeitgebers für die Unterlassung von nachvertraglichem Wettbewerb durch den Arbeitnehmer.[357] Statthaft ist es jedoch, insbesondere um Doppelzahlungen des Arbeitgebers zu vermeiden, vertraglich zu regeln, dass die Karenzentschädigung auf das aus einer Versorgungszusage herrührende Ruhegeld angerechnet wird.[358]

Unstatthaft ist es weiterhin, wenn während eines bestehenden Arbeitsverhältnisses die Zusage einer Karenzentschädigung durch ein erhöhtes Gehalt abgegolten werden soll.[359] Gleiches gilt für eine Abgeltung einer Karenzentschädigung durch eine Vergütung für eine Erfindung nach dem ArNErfG. Denn in beiden Fällen handelt es sich nicht um Gegenleistungen für die Unterlassung nachvertraglichen Wettbewerbs durch den Arbeitnehmer.

3.9.6 Fälligkeit der Karenzentschädigung

Die nach § 74 Abs. 2 HGB zu zahlende Karenzentschädigung ist gemäß § 74 b Abs. 1 HGB am Schluss eines jeden Monats zu zahlen.

Das Ende eines Monats muss nicht identisch mit dem Ende des Kalendermonats sein. Endet das Arbeitsverhältnis z. B. am 15. eines Monats, so wird die Entschädigung an jedem 15. eines Folgemonats fällig.

Eine einseitige Verlängerung der Zahlungszeiträume ist wie auch eine solche, die auf einer Vereinbarung beruht, gemäß § 75 d HGB unstatthaft. Auch kann eine Karenzentschädigung nicht schon während eines bestehenden Arbeitsverhältnisses geleistet werden.[360]

Die Zahlungszeiträume können hingegen verkürzt werden, wenn dies für den Arbeitnehmer günstiger ist. Einer solchen Regelung steht § 75 d HGB nicht entgegen. So ist es z. B. statthaft zu vereinbaren, dass die gesamte, einem Arbeitnehmer zustehende Karenzentschädigung bei Beendigung des Arbeitsverhältnisses fällig wird, um diesem z. B. zu ermöglichen, sich mit diesem Betrag selbständig zu machen.[361] Eine Abzinsung der Karenzent-

---

[357] BAG vom 15.6.1993, AP § 611 BGB Konkurrenzklausel Nr. 40; BAG vom 26.2.1985, AP § 611 BGB Konkurrenzklausel Nr. 30.

[358] BAG vom 26.2.1985, AP § 611 Konkurrenzklausel Nr. 30.

[359] BAG vom 14.7.1981, AP § 74 HGB Nr. 38.

[360] BAG vom 14.7.1981, AP § 74 HGB Nr. 38.

[361] BAG vom 18.2.1967, AP § 133 f GewO Nr. 19.

schädigung darf in einem solchen Fall hingegen nicht erfolgen, da ansonsten die Mindestentschädigung unterschritten werden kann.

Eine Vereinbarung, die Karenzentschädigung als Einmalzahlung erst zum Ende des Wettbewerbsverbots zu zahlen, verstieße hingegen gegen § 74 b Abs. 1 HGB, wobei sich ein Arbeitgeber auf eine solche Vereinbarung auch nach § 75 d HGB nicht berufen könnte. Auch eine dahingehende Vereinbarung, dass eine Karenzentschädigung in Gänze bereits während des Arbeitsverhältnisses im Voraus zu zahlen ist, ist unstatthaft und unverbindlich.[362]

3.9.7 Verjährung und Ausschluss / Verfall der Karenzentschädigung

Hinsichtlich der Frage, ob Karenzentschädigungen verjähren oder ausgeschlossen werden können, ist zwischen dem Stammrecht der Karenzentschädigung sowie den Ansprüchen auf Zahlung von Karenzentschädigungsraten aus diesem Stammrecht zu unterscheiden.

3.9.7.1 Verjährung

Einer Verjährung unterliegen nach § 194 Abs. 1 BGB in aller Regel nur Ansprüche, nicht aber Rechte. Hieraus folgt, dass das Stammrecht der Karenzentschädigung nicht verjähren kann, sondern nur die jeweiligen Karenzentschädigungsraten.

Der Anspruch auf Zahlung einer jeden Karenzentschädigungsrate verjährt nach den allgemeinen Regeln, also nach 3 Jahren gemäß §§ 194, 195, 199 BGB. Die Verjährung beginnt nach § 199 Abs. 1 Nr. 1 BGB mit dem Ablauf des Jahres, in dem sowohl der jeweilige Anspruch entstanden ist als auch nach § 199 Abs. 1 Nr. 2 BGB der Arbeitnehmer von den den Anspruch begründenden Umständen und der Person des Schuldners Kenntnis erlangt hat oder ohne grobe Fahrlässigkeit hätte erlangen müssen. Ohne Rücksicht auf eine solche Kenntnis oder grob fahrlässige Unkenntnis verjähren die Ansprüche auf Zahlung einer Karenzentschädigungsrate nach § 199 Abs. 3 Nr. 1 BGB binnen 10 Jahren von ihrer jeweiligen Entstehung an.

---

[362] BAG vom 14.7.1981, AP § 74 HGB Nr. 38; LAG Düsseldorf vom 19.2.1976, DB 1976, 1113.

3.9.7.2 Ausschluss / Verfall

Ebenso unterliegt das Stammrecht der Karenzentschädigung auch keiner Ausschluss- oder Verfallfrist, sondern ebenfalls wiederum nur die jeweiligen Karenzentschädigungsraten. [363] Dies gilt auch dann, wenn eine tarifliche Ausschluss- bzw. Verfallfrist erst ab der Beendigung des Arbeitsverhältnisses zu laufen beginnt.[364] Ob Ansprüche auf Zahlung Karenzentschädigungsraten einer Ausschluss- bzw. Verfallfrist unterfallen, ist anhand des Sinn und Zwecks sowie des Wortlauts einer solchen Frist zu ermitteln.

Soll z. B. eine Ausschlussfrist nur für Ansprüche „aus dem Arbeitsverhältnis und seiner Beendigung" gelten, die zudem binnen einer bestimmten Frist nach der Beendigung des Arbeitsverhältnisses geltend zu machen sind, so gilt dies nicht für Ansprüche auf Zahlung von Karenzentschädigungsraten.[365] Denn Ansprüche auf Zahlung einer Karenzentschädigung entstehen erst nach der Beendigung eines Arbeitsverhältnisses bzw. werden erst dann fällig.

Anders soll es sich jedoch verhalten, wenn eine Ausschlussfrist verlangt, dass „alle Ansprüche aus dem Arbeitsverhältnis" innerhalb von drei Monaten nach ihre Fälligkeit unabhängig von der Beendigung des Arbeitsverhältnisses geltend zu machen sind. In diesem Fall erfasst diese Ausschlussfrist auch die jeweiligen Karenzentschädigungsraten.[366]

Karenzentschädigungsraten sollen ebenso von einer Ausschlussfrist umfasst werden, wenn diese dahingehend lautet, dass ihr „alle beiderseitigen Ansprüche aus dem Arbeitsverhältnis und solche, die mit dem Arbeitsverhältnis in Verbindung stehen" unterliegen sollen.[367] Denn dass Ansprüche auf Zahlung von Karenzentschädigungsraten „mit dem Arbeitsverhältnis in Verbindung stehen", ist offensichtlich.

Umstritten ist, ob eine einmalige Geltendmachung eines Anspruchs auf Zahlung einer Karenzentschädigungsrate zugleich auch für die Folgeraten umfasst, oder ob jede einzelne Karenzentschädigungsrate separat geltend

---

[363] BAG vom 18.12.1984, AP § 4 TVG Ausschlussfristen Nr. 87.

[364] BAG vom 18.1.1969, § 4 TVG Ausschlussfristen Nr. 41.

[365] BAG vom 24.4.1970, AP § 74 HGB Nr. 25.

[366] BAG vom 18.12.1984, AP § 70 BAT Nr. 87.

[367] BAG vom 17.6.1997, AP § 74 b HGB Nr. 2.

gemacht werden muss, um deren Ausschluss zu vermeiden. Letzterer Sichtweise ist beizupflichten, da jede einzelne Karenzentschädigungsrate einen eigenen Lebenssachverhalt darstellt, so z. B. hinsichtlich einer eventuellen Anrechnung nach § 74 c Abs. 1 HGB.

3.9.8 Fehlende oder unzureichende Karenzentschädigung

Enthält eine nachvertragliche Wettbewerbsvereinbarung keine oder nur eine unzureichende Karenzentschädigung, so ist hinsichtlich der sich hieraus ergebenden Rechtsfolgen wie folgt zu differenzieren:

3.9.8.1 Fehlende Karenzentschädigung

Enthält ein Wettbewerbsverbot keine Zusage einer Karenzentschädigung, so ist das Wettbewerbsverbot trotz des Wortlauts des § 74 Abs. 2 HGB „nur verbindlich" gleichwohl nichtig. Dies hat zur Konsequenz, dass sich weder der Arbeitgeber noch der Arbeitnehmer auf dessen Nichtigkeit berufen können.[368]

Wird ein nachvertragliches Wettbewerbsverbot unter Zahlung einer Karenzentschädigung vereinbart, in puncto der Berechnung desselben hingegen lediglich auf die §§ 74, 74 b HGB oder auf § 74 Abs. 2 HGB Bezug genommen, so ist das nachvertragliche Wettbewerbsverbot nicht wegen einer fehlenden Zusage einer Karenzentschädigung nichtig.[369] Für die Wirksamkeit eines nachvertraglichen Wettbewerbsverbots ist in dieser Hinsicht lediglich maßgeblich, dass es die Zahlung einer Karenzentschädigung überhaupt – ungeachtet seiner Höhe – regelt.

Ebenso soll es sich verhalten, wenn in einem nachvertraglichen Wettbewerbsverbot die Verpflichtung des Arbeitgebers zur Zahlung einer Karenzentschädigung nicht erwähnt, sondern lediglich pauschal auf §§ 74 ff. HGB verwiesen wird.[370] Hiergegen sind jedoch in der Literatur zu Recht erhebliche Bedenken angemeldet worden, da in einem solchen Fall einer pauschalen Verweisung auf §§ 74 ff. HGB die Zahlung einer Karenzentschädigung nicht gesondert geregelt bzw. versprochen wird. Fehlt letzteres so führt dies aber zur Nichtigkeit eines nachvertraglichen Wettbewerbsverbots.

---

[368] BAG vom 13.9.1969, AP § 611 BGB Konkurrenzklausel Nr. 24; OLG Karlsruhe vom 30.9.1986, BB 1986, 2365.

[369] BAG vom 14.8.1975, AP § 74 HGB Nr. 35.

[370] BAG vom 31.7.2002, BB 2003, 106.

Für die Praxis ist es daher unbedingt zu empfehlen, dass in einer nachvertraglichen Wettbewerbsabrede die Zahlung einer Karenzentschädigung sowie deren Höhe bzw. Berechnung explizit festgelegt wird.

3.9.8.2 Unzureichende Karenzentschädigung

Erreicht die in einer nachvertraglichen Wettbewerbsvereinbarung festgelegte Karenzentschädigung nicht die in § 74 Abs. 2 HGB gesetzlich vorgeschriebene Mindesthöhe, so ist das Wettbewerbsverbot nicht nichtig, sondern lediglich unverbindlich.[371]

Ist die in der nachvertraglichen Wettbewerbsvereinbarung geregelte Karenzentschädigung zu niedrig, so wird das nachvertragliche Wettbewerbsverbot insgesamt unverbindlich, also nicht nur in einer bestimmten Höhe oder für einen bestimmten Zeitraum. Wurde in einer nachvertraglichen Wettbewerbsvereinbarung eine zu geringe Karenzentschädigung festgelegt, so wird dies nicht dadurch geheilt, dass „im Übrigen" oder „ergänzend"[372] auf §§ 74 ff. HGB verwiesen oder Bezug genommen wird. Ist in einer nachvertraglichen Wettbewerbsvereinbarung eine Karenzentschädigung nicht für die gesamte Dauer des Wettbewerbsverbots vereinbart worden, ist das nachvertragliche Wettbewerbsverbot gemäß § 139 BGB von Anfang an unverbindlich.

Als Folge der Unverbindlichkeit steht dem Arbeitnehmer ein Wahlrecht zu: Einerseits kann er die zu geringe Karenzentschädigung verlangen, wobei er dann jedoch an das Wettbewerbsverbot gebunden ist; andererseits kann er sich für die Nichteinhaltung des Wettbewerbsverbots entscheiden, was jedoch dazu führt, dass er in diesem Fall keine Karenzentschädigung erhält. Wählt er die zu geringe Karenzentschädigung, so hat er lediglich einen Anspruch auf Zahlung der vereinbarten, nicht aber auf die gesetzlich geregelte Karenzentschädigung.[373]

Der Arbeitnehmer muss sein Wahlrecht zu Beginn des Wettbewerbsverbots ausüben, um im Interesse des Arbeitgebers zu verhindern, dass er sich zu bestimmten Zeitpunkten an das Wettbewerbsverbot hält und es zu ande-

---

[371] BAG vom 20.10.1981, AP § 74 HGB Nr. 39; BAG vom 24.4.1980, AP § 74 HGB Nr. 37; BAG vom 13.9.1969, AP § 611 BGB Konkurrenzklausel Nr. 24.

[372] BAG vom 9.5.1995, AP § 74 HGB Nr. 67; LAG Düsseldorf vom 12.12.2002, NZA-RR 2003, 570.

[373] BAG vom 19.2.1959, AP § 74 HGB Nr. 10.

ren Zeitpunkten verletzt.[374] Die Ausübung dieses Wahlrechts kann ausdrücklich oder konkludent erfolgen, wobei der Arbeitgeber den Arbeitnehmer zur Ausübung seines Wahlrechts auch auffordern kann.[375]

Wird zwischen dem Arbeitgeber und dem Arbeitnehmer über die Beendigung des Arbeitsverhältnisses oder die Wirksamkeit des Wettbewerbsverbots ein Rechtsstreit geführt, so kann der Arbeitnehmer hierdurch die Wahl zwischen der zu geringen Karenzentschädigung und der Nichteinhaltung des Wettbewerbsverbots hinausschieben.[376] Nach der Beendigung eines solchen Rechtsstreits kann der Arbeitnehmer sodann von seinem Wahlrecht Gebrauch machen. Hat er sich zunächst des Wettbewerbs enthalten, so kann er für diese Zeit eine zeitanteilige Karenzentschädigung beanspruchen. Dies kann der Arbeitgeber auch nicht dadurch ausschließen, dass er vorschüssig eine zu geringe Karenzentschädigung gezahlt hat.[377]

3.10 Mängel nachvertraglicher Wettbewerbsverbote nach § 74 HGB

Weist ein nachvertragliches Wettbewerbsverbot i.S.d. § 74 Abs. 1 HGB einen Mangel auf, so kann dies entweder zu seiner Nichtigkeit oder zu seiner Unverbindlichkeit führen. Im letzteren Fall ist wiederum zwischen der Gesamtunverbindlichkeit und der Teilunverbindlichkeit zu unterscheiden.

3.10.1 Mängel mit Nichtigkeitsfolge

Ist ein nachvertragliches Wettbewerbsverbot nichtig, so folgt hieraus als Rechtsfolge, dass weder der Arbeitgeber noch der Arbeitnehmer Rechte aus diesem herleiten können.[378] Zu solchen Rechtsmängeln, die zu einer Nichtigkeit des nachvertraglichen Wettbewerbsverbots führen, gehören u. a.:

---

[374] BAG vom 16.12.1980, AP § 74 HGB Nr. 53; BAG vom 24.4.1980, AP § 74 HGB Nr. 37.

[375] BAG vom 22.5.1990, AP § 74 HGB Nr. 60; anders noch BAG vom 16.12.1986, AP § 74 HGB Nr. 53; BAG vom 13.5.1986, AP § 74 HGB Nr. 51.

[376] BAG vom 16.12.1986, AP § 74 HGB Nr. 53.

[377] BAG vom 14.7.1981, AP § 74 HGB Nr. 38.

[378] BAG vom 13.9.1969, AP § 611 BGB Konkurrenzklausel Nr. 24.

3.10.1.1 Verletzung der Formvorschriften

Wird die Formvorschrift der §§ 74 Abs. 1 HGB, 126 BGB missachtet, mithin also die Schriftform, so führt dieser Mangel nach § 125 Satz 1 BGB zur Nichtigkeit des Wettbewerbsverbots.[379]

Die Berufung einer Arbeitsvertragspartei auf die Formnichtigkeit einer Wettbewerbsvereinbarung ist grundsätzlich nicht arglistig oder treuwidrig.[380]

3.10.1.2 Fehlende oder unzureichende Zusage einer Karenzentschädigung

Fehlt in einem Wettbewerbsverbot die Zusage einer Karenzentschädigung, so führt dieser Mangel trotz des Wortlauts in § 74 Abs. 2 HGB – „nur verbindlich" – ebenfalls zur Nichtigkeit des Wettbewerbsverbots. Die Zusage einer zu geringen Entschädigung hat lediglich die Unverbindlichkeit des Wettbewerbsverbots zu Folge.

3.10.1.3 Minderjährigkeit des Arbeitnehmers

Wird ein Wettbewerbsverbot mit einem Minderjährigen abgeschlossen, so ist dieses nach § 74 a Abs. 2 Satz 1 Var. 1 HGB nichtig. Der Arbeitnehmer muss daher gemäß § 2 BGB sein 18. Lebensjahr vollendet haben. Dies gilt auch im Fall der Zustimmung durch den gesetzlichen Vertreter, da dies die bereits zuvor eingetretene Nichtigkeit nicht heilen kann.[381]

3.10.1.4 Bestehen eines Berufsausbildungsverhältnisses

Nach § 5 Abs. 1 Satz 1 BBiG ist eine Vereinbarung, die den Auszubildenden für die Zeit nach Beendigung des Berufsausbildungsverhältnisses in der Ausübung seiner beruflichen Tätigkeit beschränkt, nichtig. Gemäß § 5 Abs. 1 Satz 2 BBiG gilt dies jedoch nicht, wenn sich der Auszubildende innerhalb der letzten sechs Monate des Berufsausbildungsverhältnisses dazu verpflichtet, nach dessen Beendigung mit dem Ausbildenden ein Arbeitsverhältnis einzugehen.

Gleiches gilt gemäß §§ 5, 19 BBiG auch für Volontäre, Praktikanten etc.

---

[379] BAG vom 24.10.1972, AP § 74 HGB Nr. 31; BAG vom 26.9.1957, AP § 74 HGB Nr. 2.

[380] BAG vom 29.6.1957, AP § 74 HGB Nr. 2.

[381] BAG vom 20.4.1964, AP § 90 a HGB Nr. 1.

3.10.1.5 Wettbewerbsverbote mit Leiharbeitnehmern

Nach § 9 Nr. 4 AÜG sind Vereinbarungen, die dem Leiharbeitnehmer untersagen, mit dem Entleiher zu einem Zeitpunkt, in dem das Arbeitsverhältnis zwischen dem Verleiher und dem Leiharbeitnehmer nicht mehr besteht, ein Arbeitsverhältnis einzugehen, unwirksam. Selbst wenn sich der Verleiher gegenüber dem Leiharbeitnehmer verpflichtet, ihm eine Entschädigung für die Zeit zu zahlen, innerhalb derer die Wettbewerbsabrede Gültigkeit hat, ist die Abrede nach § 9 Nr. 4 AÜG unwirksam. § 9 Nr. 4 AÜG geht den §§ 74 ff. HGB vor.[382]

3.10.1.6 Wettbewerbsverbote auf Ehrenwort

Gemäß § 74 a Abs. 2 Satz 1 Var. 2 HGB sind Wettbewerbsverbote auf Ehrenwort oder unter ähnlichen Versicherungen nichtig. Der Arbeitgeber darf sich daher bei Abschluss einer nachvertraglichen Wettbewerbsabrede deren Erfüllung nicht auf Ehrenwort oder unter ähnlichen Voraussetzungen, so z. B. an Eides Statt, versprechen lassen. Diese überkommene Regelung basiert auf dem Gedanken, dass eine auf einem Ehrenwort beruhende Verpflichtung zur Wahrung finanzieller oder wirtschaftlicher Vorteile sittenwidrig ist.

3.10.1.7 Verpflichtung eines Dritten

Nach § 74 a Abs. 2 Satz 2 HGB sind Vereinbarungen mit einem Dritten nichtig, durch die dieser an Stelle des Arbeitnehmers die Verpflichtung übernimmt, dass sich der Arbeitnehmer nach der Beendigung des Beschäftigungsverhältnisses in seiner gewerblichen Tätigkeit beschränken werde. § 74 a Abs. 2 Satz 2 HGB erfasst lediglich Vereinbarungen zwischen dem Arbeitgeber und einer dritten Person.

Von dieser Regelung werden vor allem die Fälle erfasst, in denen sich dem Arbeitnehmer nahe stehende Personen, so z. B. Ehepartner, Familienangehörige, Freunde etc., verpflichten, für die Unterlassung von nachvertraglichem Wettbewerb durch den Arbeitnehmer zu sorgen und hierfür ein zu stehen. Auf diesem Weg soll verhindert werden, dass solche Personen zur Absicherung der Karenz des Arbeitnehmers Verpflichtungen eingehen, die letztlich auf eine Umgehung der Pflicht zur Zahlung einer Karenzentschädigung hinauslaufen.

---

[382] LAG Köln vom 17.5.1984, EzAÜG Nr. 152 b.

3.10.1.8 Wettbewerbsverbote mit Geringbesoldeten

Bis zum 31.12.2001 waren nachvertragliche Wettbewerbsverbote mit sog. Gering- oder Minderbesoldeten, die nicht mehr als € 1.500,00 jährlich verdient haben, nach § 74 a Abs. 2 Satz 1 HGB nichtig. Die Regelung des § 74 a Abs. 2 Satz 1 HGB ist zwischenzeitlich aufgehoben worden, da an ihr verfassungsrechtliche Bedenken bestanden. Gleichwohl sollten nachvertragliche Wettbewerbsverbot mit Gering- oder Minderbesoldeten, auch wenn deren Vergütung die Grenze von € 1.500,00 jährlich übersteigt, sorgsam überdacht werden. Denn solche nachvertragliche Wettbewerbsverbote könnten i.S.d. § 74 a Abs. 1 Satz 2 HGB eine unbillige Erschwerung des Fortkommens dieser gering besoldeten Personen darstellen, was zur Unverbindlichkeit einer solchen nachvertraglichen Wettbewerbsabrede führen würde..

3.10.1.9 Verstoß gegen die guten Sitten

Ein Wettbewerbsverbot, das gegen die guten Sitten verstößt, ist ebenfalls nach §§ 74 a Abs. 3 HGB, 138 BGB nichtig.

Die Nichtigkeitsgründe des § 74 a Abs. 2 HGB stellen gegenüber dem allgemeinen Nichtigkeitsgrund des § 74 a Abs. 3 HGB diesem vorgehende Spezialregelungen dar.[383]

3.10.2 Mängel mit der Folge einer Gesamtunverbindlichkeit

Bei bestimmten Mängeln ist ein nachvertragliches Wettbewerbsverbot i.S.d. § 74 HGB in dem Sinne unverbindlich, dass der Arbeitgeber daraus zunächst keine Rechte herleiten kann. Der Arbeitnehmer hat hingegen ein Wahlrecht. Er kann sich auf die Unverbindlichkeit des nachvertraglichen Wettbewerbsverbots berufen und dem Arbeitgeber Konkurrenz machen. Er kann sich aber auch für die Einhaltung der Wettbewerbsvereinbarung entscheiden und Zahlung der vereinbarten Karenzentschädigung verlangen.

3.10.2.1 Allgemeines

Die vom Arbeitnehmer getroffene Wahl, die für die gesamte Dauer des Wettbewerbsverbots einheitlich ausfallen muss, kann von ihm nachträglich

[383] BAG vom 2.2.1968, AP § 74 HGB Nr. 22.

nicht mehr geändert werden. Das Wahlrecht ist in der Regel bei Beginn der Karenzzeit auszuüben.[384]

Die Ausübung des Wahlrechts durch den Arbeitnehmer kann sowohl ausdrücklich als auch konkludent erfolgen, etwa durch die Aufnahme einer Konkurrenztätigkeit[385] oder durch die Einhaltung bzw. Beachtung des nachvertraglichen Wettbewerbsverbots ohne weitere Erklärungen.[386]

Entscheidet sich der Arbeitnehmer für die Einhaltung des nachvertraglichen Wettbewerbsverbots, wird es für ihn verbindlich. Er muss dieses sodann beachten[387], wobei ihm in diesem Fall jedoch der Anspruch auf Zahlung der Karenzentschädigung zusteht.[388]

Besteht zwischen den Parteien eines Arbeitsverhältnisses Streit um die Wirksamkeit einer Kündigung, so kann sich der Arbeitnehmer noch bei Abweisung der von ihm erhobenen Kündigungsschutzklage für die Einhaltung des nachvertraglichen Wettbewerbsverbots entscheiden.[389]

3.10.2.2 Einzelfälle der Gesamtunverbindlichkeit

Am häufigsten sind in der Praxis als Fälle einer Gesamtunverbindlichkeit die unterbliebene Aushändigung der ein nachvertragliches Wettbewerbsverbot enthaltenden Urkunde gemäß § 74 Abs. 1 HGB, die Vereinbarung einer nicht ausreichenden Karenzentschädigung sowie die Vereinbarung eines bedingten nachvertraglichen Wettbewerbsverbots anzutreffen.

Keine Aushändigung einer Urkunde nach § 74 Abs. 1 HGB

Wird eine nachvertragliche Wettbewerbsabrede entgegen § 74 Abs. 1 HGB nicht in einer vom Arbeitgeber unterzeichneten Urkunde an den Arbeitnehmer ausgehändigt, so hat dies die Gesamtunverbindlichkeit der nachvertraglichen Wettbewerbsabrede zur Folge.[390]

---

384 BAG vom 13.5.1986, AP § 74 HGB Nr. 51.

385 LAG Hamm vom 21.2.1981, DB 1981, 1243.

386 BAG vom 22.5.1990, AP § 74 HGB Nr. 60.

387 BAG vom 22.5.1990, NZA 1991, 263; BAG vom 5.10.1982, AP § 74 HGB Nr. 42.

388 BAG vom 13.5.1986, AP § 74 HGB Nr. 51.

389 BAG vom 16.12.1986, AP § 74 HGB Nr. 53.

390 BAG vom 23.11.2004, NZA 2005, 411.

Keine ausreichende Karenzentschädigung

Wird seitens des Arbeitgebers lediglich eine – an den Voraussetzungen des § 74 Abs. 2 HGB gemessen – zu geringe Karenzentschädigung zugesagt, so hat dies grundsätzlich die Gesamtunverbindlichkeit des nachvertraglichen Wettbewerbsverbots zur Folge.

In einem solchen Fall kann der Arbeitnehmer sein Wahlrecht dahingehend ausüben, dass er sich auf die Unverbindlichkeit des nachvertraglichen Wettbewerbsverbots beruft und Konkurrenztätigkeiten ausübt. Entscheidet er sich aufgrund seines Wahlrechts jedoch für die Einhaltung bzw. Beachtung des nachvertraglichen Wettbewerbsverbots, so kann er lediglich die vereinbarte, aber zu geringe Karenzentschädigung verlangen, nicht jedoch die angemessene gesetzliche.[391]

Bedingtes Wettbewerbsverbot

Der Abschluss eines Wettbewerbsverbots unter einer Bedingung stellt den häufigsten Mangel eines nachvertraglichen Wettbewerbsverbots dar, der zu seiner Gesamtunverbindlichkeit führen kann.

Ein bedingtes nachvertragliches Wettbewerbsverbot liegt immer dann vor, wenn der Arbeitnehmer während des Bestands des Arbeitsverhältnisses nicht erkennen kann, ob er sich nach Beendigung des Arbeitsverhältnisses des Wettbewerbs enthalten muss. Ein bedingtes nachvertragliches Wettbewerbsverbot ist mithin gegeben, wenn der Arbeitnehmer es nur einzuhalten hat, wenn der Arbeitgeber es in Kraft setzt. Der Arbeitgeber will sich also offen halten, ob er das Wettbewerbsverbot in Anspruch nehmen will oder nicht.

Dies hat im Ergebnis zur Folge, dass der Arbeitnehmer dadurch entschädigungslos zur Wettbewerbsenthaltung veranlasst werden kann: Da er damit rechnen muss, dass der Arbeitgeber das Wettbewerbsverbot in Anspruch nimmt, kann er Konkurrenztätigkeiten nicht annehmen bzw. ausüben, ohne zugleich rechtliche Restriktionen des Arbeitgebers fürchten zu müssen. Entscheidet er sich hingegen für eine für seinen bisherigen Arbeitgeber ungefährliche Anstellung, wird dieser davon absehen, das Wettbewerbsverbot in Anspruch zu nehmen mit der Folge, dass der Arbeitnehmer

[391] BAG vom 5.8.1966, AP § 74 HGB Nr. 19; BAG vom 19.2.1959, AP § 74 HGB Nr. 10.

trotz nachvertraglicher Wettbewerbsenthaltung keine Entschädigung erhält.[392]

Beispiele für bedingte Wettbewerbsverbote sind u. a.:

- Vorvertrag: Ein Vorvertrag, in dem sich der Arbeitnehmer verpflichtet, auf Wunsch des Arbeitgebers ein Wettbewerbsverbot zu vereinbaren, kann ein bedingtes nachvertragliches Wettbewerbsverbot darstellen, wenn keine zeitliche Grenze für den Anspruch des Arbeitgebers auf Abschluss eines nachvertraglichen Wettbewerbsverbots vereinbart wird.[393]
- Gebrauch machen: Ebenso kann ein nachvertragliches Wettbewerbsverbot ein bedingtes sein, wenn es so formuliert ist, dass dessen Geltung davon abhängt, ob der Arbeitgeber von ihm Gebrauch macht. So wird häufig die Zahlung einer Karenzentschädigung davon abhängig gemacht bzw. dadurch bedingt, dass der Arbeitgeber von einem nachvertraglichen Wettbewerbsverbot Gebrauch macht.[394]
- Beschränkung auf eine Eigenkündigung: So ist auch die Beschränkung eines nachvertraglichen Wettbewerbsverbots auf den Fall der Eigenkündigung eines Arbeitnehmers ein bedingtes nachvertragliches Wettbewerbsverbot.[395]
- Mitteilungsverpflichtung bei anderweitiger Bewerbung: Die Wirkungen eines bedingten nachvertraglichen Wettbewerbsverbots können auch dadurch herbeigeführt werden, dass der Arbeitnehmer dazu verpflichtet wird, dem Arbeitgeber eine anderweitige Bewerbung mitzuteilen, um diesen in den Stand zu versetzen, nach § 75 a HGB auf das nachvertragliche Wettbewerbsverbot zu verzichten.
- Freigabeklauseln: Ähnlich wie bei Vorverträgen sind auch solche nachvertraglichen Wettbewerbsverbote bedingt, wenn diese eine sog. Freigabeklausel enthalten, nach der der Arbeitgeber den Arbeitnehmer von der Befolgung eines nachvertraglichen Wettbewerbsverbots „frei

---

[392] BAG vom 5.9.1995, NZA 1996, 700; BAG vom 22.5.1990, NZA 1991, 263; BAG vom 13.5.1986, AP § 74 HGB Nr. 51; BAG vom 4.6.1985, AP § 74 HGB Nr. 50; BAG vom 5.10.1982, AP § 74 HGB Nr. 42; BAG vom 19.1.1978, AP § 74 HGB Nr. 36; BAG vom 10.8.1973, AP § 74 HGB Nr. 33; BAG vom 2.8.1971, AP § 74 HGB Nr. 27; BAG vom 2.5.1970, AP § 74 HGB Nr. 26; LAG Düsseldorf vom 10.2.1993, NZA 1993, 849.

[393] BAG vom 18.4.1969, AP § 133 f GewO Nr. 22.

[394] BAG vom 2.5.1970, AP § 74 HGB Nr. 26.

[395] BAG vom 10.12.1985, AP § 611 BGB Konkurrenzklausel Nr. 31; BAG vom 14.7.1981, AP § 75 HGB Nr. 8.

geben“ kann, wenn zugleich im Falle der Freigabe auch die Verpflichtung zur Zahlung einer Karenzentschädigung entfallen soll.[396]

3.10.3 Mängel mit der Folge einer Teilunverbindlichkeit

Andererseits ist ein nachvertragliches Wettbewerbsverbot in bestimmten Fällen nach § 74 a Abs. 1 HGB insoweit unverbindlich, als es die für den Arbeitnehmer zumutbaren Grenzen überschreitet, während es innerhalb dieser Grenzen für beide Vertragspartner verbindlich ist. Der Arbeitnehmer kann sich der Verpflichtung zur Wettbewerbsenthaltung innerhalb des zulässigen Wettbewerbsverbotsbereichs nicht mit der Begründung entziehen, dieses sei zeitlich, räumlich oder sachlich zu weit ausgefallen sei.

In diesen Fällen einer Teilunverbindlichkeit bleibt das nachvertragliche Wettbewerbsverbot also in den von §§ 74 ff. HGB vorgegebenen Grenzen wirksam, lediglich der „überschießende Teil“ der Wettbewerbsvereinbarung gilt nicht. Es findet eine sog. rechts- bzw. geltungserhaltende Reduktion der nachvertraglichen Wettbewerbsabrede statt. Sofern sich ein nachvertragliches Wettbewerbsverbot im Rahmen des § 74 a Abs. 1 HGB bewegt, bleibt es wirksam und muss vom Arbeitnehmer beachtet werden.[397]

In der Praxis können als Fälle einer Teilunverbindlichkeit u.a. angetroffen werden:

3.10.3.1 Fehlen eines berechtigten geschäftlichen Interesses

Nach § 74 a Abs. 1 Satz 1 HGB ist ein Wettbewerbsverbot unverbindlich, als es nicht zum Schutz eines berechtigten geschäftlichen Interesses des Arbeitgebers dient. Ob dies der Fall ist, hängt von den Umständen des konkreten Einzelfalls ab.

Für die Beurteilung, ob ein Wettbewerbsverbot dem Schutz eines berechtigten geschäftlichen Interesses des Arbeitgebers dient, ist nicht der Zeitpunkt des Abschlusses des Wettbewerbsverbots, sondern der der Verletzungshandlung bzw. der Geltendmachung des Unterlassungsanspruches des Arbeitgebers maßgeblich.[398]

---

[396] BAG vom 4.6.1985, AP § 74 HGB Nr. 50; BAG vom 18.11.1967, AP § 74 HGB Nr. 21.

[397] BAG vom 2.2.1968, AP § 74 HGB Nr. 22.

[398] BAG vom 28.1.1966, AP § 74 HGB Nr. 18.

Was den Inhalt des nachvertraglichen Wettbewerbsverbots anbelangt, muss ein finaler Zusammenhang zwischen den berechtigten geschäftlichen Interessen des Arbeitgebers und der bisherigen Tätigkeit des Arbeitnehmers bestehen, wegen der ihm eine Verwertung seiner Kenntnisse und Fähigkeiten bei einem Wettbewerber untersagt werden soll.[399] Ein berechtigtes geschäftliches Interesse des Arbeitgebers ist daher letztlich nur dann anzuerkennen, wenn ein nachvertragliches Wettbewerbsverbot dem Schutz von Betriebsgeheimnissen dient oder ein Einbruch in Kunden- oder Lieferantenstrukturen verhindern soll.[400] So kann von einem berechtigten geschäftlichen Interesse eines Arbeitgebers ausgegangen werden, wenn dieser mit einem leitenden Angestellten ein nachvertragliches Wettbewerbsverbot vereinbart, der aufgrund seiner Position in besonderem Maße im Bereich seiner früheren Tätigkeit und über diese hinaus Kenntnisse, Geschäftsgeheimnisse und Kundenstrukturen seines Arbeitgebers sammeln konnte.[401]

Kein berechtigtes geschäftliches Interesse des Arbeitgebers liegt hiernach z. B. vor, wenn mit dem nachvertraglichen Wettbewerbsverbot lediglich der Zweck verfolgt werden soll, den Arbeitnehmer von künftigen Kunden fernzuhalten[402] oder ihm den Arbeitsplatzwechsel zu erschweren bzw. eine Abwerbung durch Konkurrenten zu verhindern.[403] Ein Wettbewerbsverbot dient auch dann nicht dem Schutz eines berechtigten geschäftlichen Interesses des Arbeitgebers, wenn der Arbeitgeber bezweckt, jede Stärkung der Konkurrenz durch einen Arbeitsplatzwechsel des Arbeitnehmers zu verhindern, ohne dass die Gefahr der Weitergabe von Geschäftsgeheimnissen besteht.[404]

---

[399] BAG vom 1.8.1995, AP § 74 a HGB Nr. 5; BAG vom 16.1.1970, AP § 74 a HGB Nr. 4; BAG vom 16.12.2968, AP § 133 f GewO Nr. 21; BAG vom 9.9.1968, AP § 611 BGB Konkurrenzklausel Nr. 22; BAG vom 24.6.1966, AP § 74 a HGB Nr. 2; BAG vom 22.11.1965, AP § 611 Abwerbung Nr. 1; BAG vom 17.4.1964, AP § 133 f Gewo Nr. 16; BAG vom 21.3.1964, AP § 133 f GewO Nr. 15.

[400] BAG vom 1.8.1995, EzA § 74 a HGB Nr. 5.

[401] BAG vom 16.12.1968, AP § 133 f GewO Nr. 21.

[402] BAG vom 21.3.1964, AP § 133 f GewO Nr. 15.

[403] BAG vom 16.12.1968, AP § 133 f GewO Nr. 21.

[404] BAG vom 1.8.1995, NJW 1996, 310; BAG vom 24.6.1966, AP § 74 a HGB Nr. 2.

3.10.3.2 Unbillige Erschwerung des Fortkommens

Gemäß § 74 a Abs. 1 Satz 2 HGB ist ein Wettbewerbsverbot ferner unverbindlich, wenn es unter Berücksichtigung der gewährten Entschädigung nach Ort, Zeit oder Gegenstand eine unbillige Erschwerung des Fortkommens des Arbeitnehmers enthält.

Auch bei Bestehen eines berechtigten geschäftlichen Interesses an der Unterlassung einer nachvertraglichen Konkurrenztätigkeit kann das Wettbewerbsverbot wegen unbilliger Erschwerung des Fortkommens für den Arbeitnehmer unverbindlich sein. Maßgebend sind auch hier die Umstände des Einzelfalls. Insbesondere ist die Höhe der vereinbarten Karenzentschädigung zu berücksichtigen: Je höher diese ist, desto eher ist die Einhaltung des Wettbewerbsverbots dem Arbeitnehmer zuzumuten.[405] Es hat daher eine Abwägung der wechselseitigen Interessen der Parteien einer nachvertraglichen Wettbewerbsvereinbarung stattzufinden.[406]

Was den sachlichen bzw. gegenständlichen Geltungsbereich eines Wettbewerbsverbots anbelangt, ist zu unterscheiden: Ein tätigkeitsbezogenes Wettbewerbsverbot, also ein solches auf dem früheren Tätigkeitsbereich des Arbeitnehmers, wird regelmäßig unbedenklich sein, während bei einem grundsätzlich zulässigen unternehmensbezogenen Wettbewerbsverbot, durch welches dem Arbeitnehmer jegliche Tätigkeit bei einem Konkurrenzunternehmen untersagt wird, im Einzelfall genau zu prüfen sein wird, ob für ein solches ein Bedürfnis des Arbeitgebers besteht. Bei Führungskräften, die aufgrund ihrer Position regelmäßig auch über tiefer gehende Kenntnisse betriebsinterner Vorgänge außerhalb ihres eigentlichen Arbeitsgebiets verfügen, wird in der Regel ein berechtigtes Interesse des Arbeitgebers an einem unternehmensbezogenen Wettbewerbsverbot bestehen.

Hinsichtlich des örtlichen Geltungsbereichs eines Wettbewerbsverbots ist dessen Ausdehnung auf ganz Deutschland oder gar Europa besonders dann problematisch, wenn dem Arbeitnehmer hierdurch praktisch die Ausübung des erlernten Berufs verwehrt wird. Je enger das Wettbewerbsverbot gegenständlich beschränkt ist, umso weiter kann es räumlich ausgedehnt werden. Mithin wird ein bundes- oder gar europaweites Wettbewerbsverbot nur für wenige hervorragende und hochspezialisierte Arbeitnehmer in Betracht kommen, die bei bundes- oder europaweit tätigen (Spezial-) Un-

[405] BAG vom 18.2.1967, AP § 133 f GewO Nr. 19.

[406] BAG vom 18.2.1967, AP § 133 f GewO Nr. 19.

ternehmen tätig sind. Ein für das frühere Bundesgebiet vereinbarte nachvertragliche Wettbewerbsverbot kann im Einzelfall im Wege einer ergänzenden Vertragsauslegung räumlich auf das Gebiet der neuen Bundesländer ausgedehnt werden.[407]

3.10.3.3 Zeitlicher Geltungsbereich

Die zeitliche Dauer eines Wettbewerbsverbots ist durch die Regelung des § 74 a Abs. 1 Satz 3 HGB auf maximal 2 Jahre begrenzt.[408] Diese Regelung stellt eine besondere Ausformung einer unbilligen Erschwerung des Fortkommens eines Arbeitnehmers nach § 74 a Abs. 1 Satz 2 HGB dar.

Der Zeitraum von 2 Jahren beginnt mit der rechtlichen Beendigung des Arbeitsverhältnisses. Stückelungen dieses Zeitraums mit dazwischen liegenden Zeiträumen erlaubten nachvertraglichen Wettbewerbs oder auch Unterbrechungen dieses Zweijahreszeitraums, z. B. im Falle von Krankheit oder Elternzeit, sind unbeachtlich. Auf diesem Weg kann daher keine zeitliche Verlängerung eines nachvertraglichen Wettbewerbsverbots erreicht werden.

Schließt sich an ein Arbeitsverhältnis ein freies Mitarbeiterverhältnis an, so soll die Zweijahresfrist des § 74 a Abs. 1 Satz 3 HGB erst ab der Beendigung des freien Mitarbeiterverhältnisses gelten.[409] Auch dem begegnen Bedenken, denn ein nachvertragliches Wettbewerbsverbot beginnt nach § 74 a Abs. 1 Satz 3 HGB mit dem Ende des Arbeits- bzw. Dienstverhältnisses für das es vereinbart wurde. Wechselt der Arbeitnehmer nahtlos in ein freies Mitarbeiterverhältnis, so endet gleichwohl das vorausgegangene Arbeits- bzw. Dienstverhältnis. Beschäftigt der frühere Arbeitgeber den Arbeitnehmer als freien Mitarbeiter weiter, so ist vielmehr ein neues Wettbewerbsverbot zu vereinbaren. Geschieht dies nicht, so ist zu prüfen, ob der bisherige Arbeitgeber auf das nachvertragliche Wettbewerbsverbot verzichtet, wenn er den früheren Arbeitnehmer als freien Mitarbeiter weiter beschäftigt.

Ist ein nachvertragliches Wettbewerbsverbot für eine längere als eine zweijährige Dauer abgeschlossen worden, so ist dieses für den Arbeitnehmer unverbindlich. Er kann sich somit an den vereinbarten, zwei Jahre überschreitenden Geltungsbereich des nachvertraglichen Wettbewerbsver-

---

[407] LAG Berlin vom 23.6.1991, NZA 1991, 674.

[408] BAG vom 13.9.1969, AP § 611 BGB Konkurrenzklausel Nr. 24.

[409] BAG vom 16.1.1970, AP § 74 a HGB Nr. 4.

bot halten und für die vereinbarte Dauer des nachvertraglichen Wettbewerbsverbots die vereinbarte Karenzentschädigung fordern. Andererseits ist ein solches nachvertragliches Wettbewerbsverbot aber auch nicht insgesamt unverbindlich, sondern nur in dem Maße, wie dieses die zulässige Höchstdauer nach § 74 a Abs. 1 Satz 3 BGB überschreitet.[410] Der Arbeitnehmer, dem in einem solchen Fall ein Wahlrecht zusteht, ob er sich die vereinbarte Zeit an das nachvertragliche Wettbewerbsverbot hält oder nur für den in § 74 a Abs. 1 Satz 3 HGB geregelten Höchstzeitraum, braucht dieses Währecht erst nach Ablauf des in § 74 a Abs. 1 Satz 3 HGB festgelegten Höchstzeitraums auszuüben.[411]

Vielfach wird an der vollen Ausnutzung der zweijährigen Höchstdauer eines nachvertraglichen Wettbewerbsverbots gemäß § 74 a Abs. 1 Satz 3 HGB kein berechtigtes Interesse des Arbeitgebers bestehen. Dann ist das Wettbewerbsverbot nur während der angemessenen Zeitdauer verbindlich, so dass der Arbeitnehmer auch nur für diese Zeit eine Karenzentschädigung beanspruchen kann.

3.10.3.4 Prozessuale Durchsetzung einer Unverbindlichkeit

Die Beurteilung, ob ein Wettbewerbsverbot unverbindlich ist oder nicht, bereitet in der Praxis vielfach Schwierigkeiten.

Der Arbeitnehmer kann daher zu Beginn des Karenzzeitraums auf Feststellung klagen, in welchem Umfang das Wettbewerbsverbot verbindlich ist. Er kann wegen des zu seinen Gunsten bestehenden Wahlrechts aber auch dem Wettbewerbsverbot entgegenhandeln und die Reaktion des Arbeitgebers abwarten.[412]

Im Streit darum, ob gemäß § 74 a Abs. 1 Satz 2 HGB das Fortkommen des Arbeitnehmers unbillig erschwert wird und damit die Unverbindlichkeit des nachvertraglichen Wettbewerbsverbots gegeben ist, kann das Gericht lediglich über die Grenzen der Unterlassungspflicht entscheiden, nicht aber dem Arbeitnehmer eine höhere Entschädigung zusprechen.

---

[410] BAG vom 19.5.1983, BB 1984, 535; BAG vom 2.12.1966, AP § 133 f GewO Nr. 18; LAG Düsseldorf vom 4.3.1997, NZA-RR 1998, 58.

[411] LAG Düsseldorf vom 4.3.1977, NZA-RR 1998, 58.

[412] BAG vom 2.2.1968, AP § 74 HGB Nr. 22.

3.11 Unabdingbarkeit der §§ 74 ff. HGB

Nach § 75 d Satz 1 HGB kann sich der Arbeitgeber auf eine Vereinbarung, die von den Vorschriften der §§ 74 bis 75 c HGB abweicht, nicht berufen. Gemäß § 75 d Satz 2 HGB gilt dies auch für solche Vereinbarungen, die bezwecken, die gesetzlichen Vorschriften über das Mindestmaß der Entschädigung durch Verrechnungen oder auf sonstige Weise zu umgehen. Ob eine Vereinbarung für einen Arbeitnehmer nachteilig ist, ist für jede einzelne Schutzvorschrift gesondert zu prüfen; es findet keine Gesamtabwägung statt. Sinn und Zweck von § 75 d HGB ist es, das Kräfteungleichgewicht zwischen Arbeitgeber und Arbeitnehmer zu Gunsten des Arbeitnehmers auszugleichen.

Die Regelung des § 75 d HGB verhindert ein Abweichen von §§ 74 bis 75 c HGB nur während eines bestehenden Arbeitsverhältnisses, nicht aber vor seinem Beginn oder nach seiner Beendigung.

Wird zum Nachteil des Arbeitnehmers von §§ 74 bis 75 c HGB abgewichen, so ist das Wettbewerbsverbot in der Weise unverbindlich, dass sich hierauf nur der Arbeitnehmer berufen kann und diesem ein Wahlrecht erwächst, es bei dem Wettbewerbsverbot zu belassen oder sich unter Verlust der Karenzentschädigung davon zu lösen.[413]

3.12 Rechtsfolgen einer Verletzung eines nachvertraglichen Wettbewerbsverbots nach § 74 HGB

Nachvertragliche Wettbewerbsverbote sowie sich hieraus ergebende Pflichten können sowohl vom Arbeitnehmer als auch vom Arbeitgeber verletzt werden.

3.12.1 Verletzung des nachvertraglichen Wettbewerbsverbots durch den Arbeitnehmer

Verletzt der Arbeitnehmer seine Pflichten aus einem nachvertraglichen Wettbewerbsverbot, so stehen dem Arbeitgeber folgende Rechte zu:

3.12.1.1 Unterlassung von Störungen / Beseitigung von Störungen

Verstößt ein Arbeitnehmer gegen die ihn aus einem nachvertraglichen Wettbewerbsverbot nach §§ 74 ff. HGB treffenden Pflichten, so kann der

[413] BAG vom 14.7.1981, AP § 75 HGB Nr. 8.

Arbeitgeber zunächst Unterlassung der Wettbewerbstätigkeit sowie Beseitigung eventuell fortbestehender Störungen verlangen.

Wird bereits ein gerichtliches Verfahren um die Unterlassungsverpflichtung des Arbeitnehmers geführt und läuft während dessen die Karenzzeit ab, so kann der Arbeitgeber den Rechtsstreit in der Hauptsache für erledigt erklären. Er kann aber auch noch in der Revisionsinstanz zu einer Klage auf Feststellung übergehen, dass der Arbeitnehmer während der Karenzzeit zur Unterlassung wettbewerbswidriger Tätigkeiten verpflichtet gewesen war. Wegen etwaiger Schadensersatzansprüche besteht hierfür in der Regel auch ein entsprechendes Feststellungsinteresse.[414]

3.12.1.2 Vorbeugende Unterlassung

Zudem kann der Arbeitgeber eine vorbeugende Unterlassungsklage gegen den Arbeitnehmer mit dem Ziel erheben, dass zukünftiger nachvertraglicher Wettbewerb während der Dauer der Karenzzeit zu unterlassen ist. Hierzu ist es aber erforderlich, dass eine entsprechende Befürchtung des Arbeitgebers auf objektiven Umständen basiert, dass der ehemalige Arbeitnehmer das Wettbewerbsverbot nicht beachten wird.[415]

3.12.1.3 Einstweilige Verfügung

Bei akuter Gefährdung seiner Interessen kann der Arbeitgeber bei Gericht auch nach §§ 935, 940 ZPO einen Antrag auf Erlass einer einstweiligen Verfügung stellen, mit der das konkurrierende nachvertragliche Tätigwerden des Arbeitnehmers untersagt werden soll.

3.12.1.4 Verlust bzw. Rückzahlung der Karenzentschädigung

Verletzt ein Arbeitnehmer ein nachvertragliches Wettbewerbsverbot, so führt dies zum Verlust des Anspruchs auf Zahlung der ihm zustehenden Karenzentschädigung für die Dauer des Wettbewerbsverstoßes. Die nachvertragliche Wettbewerbsabrede ist ein gegenseitiger Vertrag nach §§ 320 BGB, sodass die Pflicht des Arbeitgeber zur Zahlung der Karenzentschädigung entfällt, sofern sich der Arbeitnehmer nicht mehr an seine Pflicht zur Enthaltung von Wettbewerb hält. Solange der Arbeitnehmer gegen das Wettbewerbsverbot verstößt, kann der Arbeitgeber die Einrede des nicht

---

414 BAG vom 2.2.1968, AP § 74 HGB Nr. 22.

415 LAG Baden-Württemberg vom 28.2.1986, NZA 1986, 641.

erfüllten Vertrages nach § 320 BGB erheben. Er braucht sodann keine Karenzentschädigung zu zahlen.[416]

Beachtet der Arbeitnehmer seine Verpflichtungen aus dem nachvertraglichen Wettbewerbsverbot jedoch wieder, so hat auch der Arbeitgeber wieder seiner Verpflichtung zur Zahlung von Karenzentschädigung an den Arbeitnehmer nachzukommen,[417] es sei denn, der Arbeitgeber hat zu diesem Zeitpunkt bereits den Rücktritt von der nachvertraglichen Wettbewerbsabrede erklärt.

Eine zu Unrecht gezahlte Karenzentschädigung, z. B. im Falle ihrer Vorausentrichtung durch den Arbeitgeber oder der Zahlung in Unkenntnis des Verstoßes des Arbeitnehmer gegen das nachvertragliche Wettbewerbsverbot, kann für den Zeitraum, in dem der Arbeitnehmer gegen das Wettbewerbsverbot verstoßen hat, anteilig nach § 812 BGB zurückgefordert werden.[418]

3.12.1.5 Rücktritt vom Wettbewerbsverbot

Verletzt ein Arbeitnehmer sein nachvertragliches Wettbewerbsverbot, so kann der Arbeitgeber nach § 323 Abs. 5 Satz 1 BGB von der Wettbewerbsvereinbarung zurücktreten.[419] Hiernach kann ein Gläubiger auch vom ganzen Vertrag zurücktreten, wenn der Schuldner eine Teilleistung bewirkt hat, sofern der Gläubiger an der Teilleistung kein Interesse mehr hat. Ob ein Arbeitgeber in einem solchen Fall kein Interesse mehr an der Erfüllung der nachvertraglichen Wettbewerbsabrede hat, ist regelmäßig anhand der jeweiligen Umstände des konkreten Einzelfalls zu entscheiden.

Macht der Arbeitgeber von seinem Rücktrittsrecht hingegen keinen Gebrauch, so ist er wieder zur Zahlung der Karenzentschädigung verpflichtet, sobald der Arbeitnehmer zur Einhaltung des Wettbewerbsverbots zurückkehrt.[420]

---

[416] BAG vom 5.8.1968, AP § 74 HGB Nr. 24; BAG vom 20.10.1960, AP § 74 HGB Nr. 16.

[417] BAG vom 10.9.1985, AP § 74 HGB Nr. 49.

[418] BAG vom 5.8.1968, AP § 74 HGB Nr. 24

[419] BAG vom 10.9.1985, AP § 74 HGB Nr. 49.

[420] BAG vom 10.9.1985, AP § 74 HGB Nr. 49.

Ob der Arbeitgeber bei Verstößen des Arbeitnehmers gegen das Wettbewerbsverbot während seines Ruhestands die Ruhestandsbezüge widerrufen kann, hat das BAG noch nicht abschließend entschieden.[421]

3.12.1.6 Schadensersatz wegen Nichterfüllung

Ebenso kann der Arbeitgeber von dem Arbeitnehmer, der gegen seine Pflichten aus einem nachvertraglichen Wettbewerbsverbot verstößt, nach § 280 Abs. 1 BGB Schadensersatz verlangen. Dieser Schadensersatzanspruch verlangt jedoch, dass der Arbeitnehmer nach § 276 BGB schuldhaft, also fahrlässig oder vorsätzlich, gegen das nachvertragliche Wettbewerbsverbot verstoßen hat.

Vom ersatzfähigen Schaden wird jeder Nachteil umfasst, den der Arbeitgeber aufgrund der Verletzung des nachvertraglichen Wettbewerbsverbots durch den Arbeitnehmer erleidet. Hierzu zählen z. B.:

- Der dem Arbeitgeber entgangene Gewinn nach § 252 BGB;
- Der einem Arbeitgeber durch die verbotswidrige Verletzung eines Betriebsgeheimnisses entstandene Schaden. Der Arbeitgeber kann sich in einem solchen Fall zur Schadensberechnung auf die Grundsätze der sog. Lizenzanalogie stützen[422] In diesem Fall ist als Schaden vom Arbeitnehmer zu erstatten, was der Arbeitgeber erlangt hätte, wenn er das Betriebsgeheimnis im Wege einer Lizenz an Dritte vergeben hätte.
- Die einem Arbeitgeber entstandenen Detektivkosten, sofern der Einsatz von Detektiven zur Aufklärung eines verbotswidrigen Verhaltens des Arbeitnehmers erforderlich gewesen ist.[423]

Führt der Arbeitgeber gegen den Arbeitnehmer einen gerichtlichen Rechtsstreit, ob ein Schaden entstanden ist und wie hoch sich dieser oder ein zu ersetzendes Interesse belaufe, so entscheidet das Gericht hierüber nach seiner freien Überzeugung. Das Gericht kann hiernach einen Schaden auch schätzen (§ 287 Abs. 1 ZPO).

Schadensersatzansprüche des Arbeitgebers verjähren nach §§ 195, 199 Abs. 1 BGB in 3 Jahren. Ein Rückgriff auf die kurze Verjährungsfrist des

---

[421] BAG vom 18.10.1979, AP § 1 BetrAVG Nr. 1; BAG vom 26.2.1976, AP § 242 BGB Ruhegehalt Nr. 172.

[422] BAG vom 24.6.1986, AP § 611 BGB Betriebsgeheimnis Nr. 4.

[423] BAG vom 17.9.1998, AP § 611 BGB Haftung des Arbeitnehmers Nr. 113; BAG vom 3.12.2985, BB 1987, 689.

§ 61 Abs. 2 HGB scheidet aus, da diese Regelung nur auf Ansprüche aus der Verletzung von Wettbewerbsverboten anzuwenden ist, die während eines Arbeitsverhältnisses erfolgen.[424]

3.12.1.7 Vertragsstrafe

Weiterhin kann einem Arbeitgeber gemäß §§ 75 c HGB, 340, 343 BGB auch ein Anspruch auf Zahlung einer Vertragsstrafe gegen den Arbeitnehmer zustehen, der gegen das nachvertragliche Wettbewerbsverbot verstößt. Zweck einer Vertragsstrafenregelung ist es, den Arbeitnehmer nachhaltig zur Einhaltung des Wettbewerbsverbots zu bewegen.

Vertragsstrafenregelungen mit Auszubildenden können hingegen nicht vereinbart werden. Solche sind nach § 12 Abs. 2 Nr. 2 BBiG nichtig.

Berechtigtes Interesse des Arbeitgebers an einer Vertragsstrafe

Grundsätzlich erfordert eine Vertragsstrafenregelung ein berechtigtes Interesse des Arbeitgebers.[425] Im Falle eines nachvertraglichen Wettbewerbsverbots ergibt sich dieses daraus, dass bei Verstößen gegen ein solches in der Regel nicht unerhebliche Schäden entstehen können und der Nachweis eines Schadens und seiner Höhe oftmals nur schwer zu erbringen ist.[426]

Sind Vertragsstrafenregelungen formularmäßig als Allgemeine Geschäftsbedingungen geregelt, so verstoßen solche Regelungen nicht gegen § 309 Nr. 6 BGB. Zwar sind Vertragsstrafen in Form Allgemeiner Geschäftsbedingungen nach § 309 Nr. 6 BGB unwirksam. § 309 Nr. 6 BGB erfasst aber keine Vertragsstrafen für die Nicht- oder Schlechterfüllung von Unterlassungspflichten.[427] Da Vertragsstrafenregelungen für den Fall der Verletzung von nachvertraglichen Wettbewerbsverboten darüber hinaus im Arbeitsrecht auch seit jeher verbreitet sind, zählen sie zudem zu den statthaften Besonderheiten des Arbeitsrecht i.S.d. § 310 Abs. 4 Satz 2 BGB, die den Klauselverboten nach § 309 BGB vorgehen.[428]

Schriftform

---

[424] BAG vom 11.4.2000, DB 2000, 2382.

[425] BAG vom 23.5.1984, AP § 339 BGB Nr. 9.

[426] LAG Berlin vom 22.5.1997, NZA-RR 1998, 53.

[427] LAG Baden-Württemberg vom 5.1.2005, ZIP 2005, 1292.

[428] BAG vom 4.2.2004, DB 2004, 1616.

Wird im Rahmen einer nachvertraglichen Wettbewerbsabrede eine Vertragsstrafenvereinbarung getroffen, so bedarf diese in analoger Anwendung des § 74 Abs. 1 HGB der Schriftform. Dies gilt auch dann, wenn sie separat getroffen wird und nicht bereits Bestandteil einer nachvertraglichen Wettbewerbsabrede ist.

Inhalt der Vertragsstrafenregelung

Die Regelung des Inhalts einer Vertragsstrafenregelung obliegt den Parteien. Im Falle von formularmäßig geregelten Vertragsstraferegelungen ist das Recht der Allgemeinen Geschäftsbedingungen nach §§ 305 ff. BGB zu beachten. Formularmäßige Vertragsstraferegelungen dürfen keine überraschenden Klauseln nach § 305 c Abs. 1 BGB darstellen und den Arbeitnehmer nach § 307 Abs. 1 BGB auch nicht unangemessen benachteiligen. Formularmäßige Vertragsstrafeversprechen müssen gemäß § 307 Abs. 1 Satz 2 BGB inhaltlich transparent formuliert sein. Für den Arbeitnehmer muss klar ersichtlich sein, durch welche Pflichtverletzung eine Vertragsstrafe verwirkt ein soll.[429] Bloß pauschal erfolgende Beschreibungen solcher Pflichtverletzungen, wie z. B. „gravierend", sind nicht ausreichend.[430]

Arbeitgeber und Arbeitnehmer können Vertragsstrafen selber festsetzen oder nach § 317 Abs. 1 BGB in das Ermessen eines Dritten stellen. Sie können aber nicht von vornherein die Festsetzung der Vertragsstrafe einem Gericht überlassen.[431] Eine allgemeine Richtlinie über die zulässige Höhe einer Vertragsstrafe gibt es nicht. Auch existiert kein allgemein gültiger Rechtssatz, dass zwischen einer Vertragsstrafe und einem Wettbewerbsverbot ein angemessenes Verhältnis bestehen muss. Je größer die Gefährdung des Arbeitgebers im Falle eines Wettbewerbsverstoßes sein kann, umso höher kann auch die Vertragsstrafe sein. Dabei kann es durchaus sachgerecht sein, eine kurze wettbewerbswidrige Tätigkeit mit einer hohen Vertragsstrafe zu belegen, weil der Arbeitnehmer die für ein Konkurrenzunternehmen entscheidenden Kenntnisse über den bisherigen Arbeitgeber schon in kurzer Zeit an das Konkurrenzunternehmen weitergegeben haben kann.[432] Die Höhe einer Vertragsstrafe kann sich daher daran

---

[429] BAG vom 21.4.2005, EzA § 309 BGB 2002 Nr. 3.

[430] LAG Baden-Württemberg vom 5.1.2005, ZIP 2005, 1292.

[431] BAG vom 25.9.1980, AP § 399 BGB Nr. 7

[432] BAG vom 21.5.1971, AP § 75 c HGB Nr. 1; BAG vom 26.9.1963, AP § 75 HGB Nr. 1.

orientieren, dass eine Vertragsstrafe eine fühlbare Bestrafung für den Verstoß gegen ein nachvertragliches Wettbewerbsverbot darstellen soll.[433]

Die Vertragsstrafe wird in der Regel als ein Geldbetrag vereinbart. In der Praxis haben sich Regelungen durchgesetzt, nach denen Vertragsstrafen in einem bestimmten Verhältnis zum zuletzt bezogenen Bruttomonatsgehalt des Arbeitnehmers stehen, so z. B. als ein bestimmtes Vielfaches hiervon.[434] Solche Regelungen sind sachdienlich, da sie sich dynamisch an das Gehaltsgefüge des Arbeitnehmers anpassen und somit in einem kontinuierlich angepassten Verhältnis hierzu stehen.

Regelungen, die eine Vertragsstrafe im Sinne einer Höchstbegrenzung regeln, also z. B. mit der Formulierung „bis zu“, sollen ebenfalls wirksam und im Zweifel dahin auszulegen sein, dass die Festsetzung der Vertragsstrafe dem Arbeitgeber vorbehalten bleiben soll[435]. Hiergegen bestehen jedoch Bedenken, da eine solche Regelung nicht i.S.d. § 307 Abs. 1 Satz 1 BGB transparent ist. Denn dem Arbeitnehmer wird nicht klar aufgezeigt, in welcher Höhe er bei welcher Art und Qualität eines Verstoßes gegen ein nachvertragliches Wettbewerbsverbot eine Vertragsstrafe zu zahlen hat.

Weiterhin kann auch vereinbart werden, dass eine Vertragsstrafe für jeden Fall einer Zuwiderhandlung bzw. bei Dauerverstößen gegen ein Wettbewerbsverbot für jeden Monat der Zuwiderhandlung neu verwirkt sein soll.[436]

Bei einem einmaligen Verstoß kann auch eine Teilverwirkung der Vertragsstrafe in Betracht kommen. Hat ein Arbeitnehmer während eines Teils der Karenzzeit seinem früheren Arbeitgeber vertragswidrig Konkurrenz gemacht, während eines anderen Teils der Karenzzeit jedoch das Wettbewerbsverbot eingehalten, so soll es, wenn eine vertragliche Regelung fehlt, eine Frage der Vertragsauslegung sein, ob und in welchem Umfang eine vereinbarte Vertragsstrafe verwirkt sein soll. Hat der Arbeitnehmer eine anfänglich vertragswidrige Wettbewerbstätigkeit während der Karenzzeit aufgrund einer einstweiligen Verfügung aufgegeben, ist er genau so zu

---

[433] BAG vom 1.10.1963, AP § 67 HGB Nr. 2.

[434] BAG vom 30.4.1971, AP § 340 BGB Nr. 2.

[435] BAG vom 5.2.1986, AP § 339 BGB Nr. 12; BAG vom 25.9.1980, AP § 339 BGB Nr. 7.

[436] BAG vom 26.9.1963, AP § 75 HGB Nr. 1.

behandeln, wie wenn er das wettbewerbsverbotswidrige Verhalten aus freien Stücken eingestellt hätte.[437]

Herabsetzung einer Vertragsstrafe

Hat ein Arbeitnehmer gegen ein nachvertragliches Wettbewerbsverbot verstoßen und verlangt der ehemalige Arbeitgeber eine hierfür vertraglich versprochene Vertragsstrafe, so kann der Arbeitnehmer nach § 75 c Abs. 1 Satz 2 HGB i.V.m. § 343 Abs. 1 Satz 1 BGB die gerichtliche Herabsetzung einer unverhältnismäßig hohen Vertragsstrafe beantragen.

Ist eine Vertragsstrafe überhöht, ggfs. auch erheblich überhöht, so kann eine Reduzierung nur nach § 75 c Abs. 1 Satz 2 HGB i.V.m. § 343 BGB erfolgen. Eine deutlich überhöhte Vertragsstrafe ist hingegen nicht nach § 138 BGB nichtig. Die Regelung des § 343 BGB ist gegenüber der des § 138 BGB spezieller und verdrängt daher letztere.[438]

Hat ein Arbeitnehmer eine Vertragsstrafe bereits für seinen Verstoß gegen ein nachvertragliches Wettbewerbsverbot an den Arbeitgeber entrichtet, so ist nach § 343 Abs. 1 Satz 3 BGB deren Herabsetzung ausgeschlossen.

Verwirkung der Vertragsstrafe

§ 75 c Abs. 1 HGB verweist hinsichtlich der Rechtsfolgen eines Verstoßes gegen ein nachvertragliches Wettbewerbsverbot auf § 340 BGB. Nach § 340 Abs. 1 Satz 1 BGB kann der Arbeitgeber die verwirkte Vertragsstrafe statt der Erfüllung des nachvertraglichen Wettbewerbsverbots verlangen. Gemäß § 340 Abs. 1 Satz 2 BGB kann ein Arbeitgeber, der die Vertragsstrafe verlangt, daher nicht mehr auch die Erfüllung, also die Beachtung, des nachvertraglichen Wettbewerbsverbots verlangen.

Dem Arbeitgeber steht im Falle eines Verstoßes des Arbeitnehmers gegen ein vertragsstrafenbewehrtes nachvertragliches Wettbewerbsverbot somit ein Wahlrecht zu, entweder eine Vertragsstrafe statt der Erfüllung des nachvertraglichen Wettbewerbsverbots zu verlangen oder aber weiterhin auf die Erfüllung desselben zu pochen. Ist die Vertragsstrafe für den Wettbewerbsverstoß insgesamt vereinbart und wählt der Arbeitgeber die Vertragsstrafe, so erlischt der Anspruch auf Unterlassung des Wettbewerbs für die Zukunft.[439] Ist hingegen die Vertragsstrafe für jeden Fall eines Versto-

---

[437] BAG vom 30.4.1971, AP § 340 BGB Nr. 2.

[438] LAG Baden-Württemberg vom 14.5.1963, AP § 339 BGB Nr. 2.

[439] BAG vom 16.1.1970, AP § 74 a HGB Nr. 4.

ßes gegen das Wettbewerbsverbot vereinbart und wählt der Arbeitgeber die Vertragsstrafe, so erlangt er für den jeweiligen Wettbewerbsverstoß die Vertragsstrafe, wohingegen ihm jedoch für die Zukunft der Anspruch auf Unterlassung des Wettbewerbs erhalten bleibt.[440]

3.12.1.8 Auskunft

Schließlich steht dem Arbeitgeber gegen den das Wettbewerbsverbot verletzenden Arbeitnehmer gemäß § 242 BGB ein Anspruch auf Auskunft über den Namen des neuen Arbeitgebers, Geschäftszweck des Konkurrenzunternehmens sowie Art und Umfang seiner nachvertraglichen wettbewerbswidrigen Tätigkeit bzw. Beschäftigung zu. Dies setzt voraus, dass der Arbeitnehmer durch sein Verhalten begründeten Anlass zu der Annahme gegeben hat bzw. gibt, dass er nach seinem Ausscheiden beim Arbeitgeber gegen das nachvertragliche Wettbewerbsverbot verstößt oder verstoßen werde.[441]

3.12.2 Verletzung des nachvertraglichen Wettbewerbsverbots durch den Arbeitgeber

Verletzt der Arbeitgeber eine nachvertragliche Wettbewerbsvereinbarung, so stehen dem Arbeitnehmer folgende Rechte zu:

3.12.2.1 Zahlung der Karenzentschädigung

Zahlt der Arbeitgeber entgegen seiner Verpflichtung aus der nachvertraglichen Wettbewerbsabrede keine Karenzentschädigung, kann der Arbeitnehmer gegen den Arbeitgeber Klage auf Zahlung der nicht entrichteten Karenzentschädigung erheben. Eine nachvertragliche Wettbewerbsvereinbarung stellt einen gegenseitigen Vertrag zwischen dem Arbeitgeber und dem Arbeitnehmer dar.[442] Aufgrund dessen stehen die Zahlung einer Karenzentschädigung durch den Arbeitgeber sowie das Unterlassen von nachvertraglichem Wettbewerb durch den Arbeitnehmer im sog. Synallagma des gegenseitigen Vertrages.[443]

---

[440] BAG vom 26.1.1973, AP § 75 c HGB Nr. 4.

[441] BAG vom 27.9.1988, AP § 611 Konkurrenzklausel Nr. 35; BAG vom 22.4.1967, AP § 242 BGB Auskunftspflicht Nr. 12.

[442] BAG vom 23.11.2004, AP § 74 HGB Nr. 75.

[443] BAG vom 5.8.1968, AP § 74 HGB Nr. 24; BAG vom 20.10.1960, AP § 74 HGB Nr. 16.

3.12.2.2 Ersatz des Verzugsschadens

Neben dem Anspruch auf Zahlung der Karenzentschädigung steht dem Arbeitnehmer zusätzlich auch ein Schadensersatzanspruch wegen des arbeitgeberseitigen Verzugs mit der Zahlung der Karenzentschädigung zu.

Zahlt der Arbeitgeber die dem Arbeitnehmer zustehende Karenzentschädigung nicht, so kommt der Arbeitgeber ohne Mahnung in Verzug. Die in § 74 b Abs. 1 HGB geregelte Fälligkeit der Karenzentschädigung ist nach dem Kalender bestimmt, so dass es einer Mahnung nach § 286 Abs. 2 Nr. 2 BGB nicht bedarf.

Der Arbeitgeber, der sich mit der Zahlung der Karenzentschädigung in Verzug befindet, hat dem Arbeitnehmer daher als Schadensersatz den Verzugszins nach §§ 286, 288 Abs. 1 BGB in Höhe von 5 Prozentpunkten über dem jeweiligen Basiszinssatz zu zahlen.

Des Weiteren ist der Arbeitgeber in diesem Fall aber auch verpflichtet, dem Arbeitnehmer nach § 286 BGB weitere Verzugsschäden zu ersetzen, die dem Arbeitnehmer wegen des Zahlungsverzugs des Arbeitgebers entstehen.

3.12.2.3 Rücktritt vom Wettbewerbsverbot

Zahlt der Arbeitgeber entgegen seiner Verpflichtung keine Karenzentschädigung, so kann der Arbeitnehmer dem Arbeitgeber diesbezüglich gemäß § 323 Abs. 1 BGB eine angemessene Nachfrist, in der Regel ca. 2 bis 3 Wochen, setzen. Zahlt der Arbeitgeber binnen dieser Nachfrist (immer noch) nicht, so kann der Arbeitnehmer vom Wettbewerbsverbot zurücktreten, so dass er in seiner wirtschaftlichen und beruflichen Betätigung wieder frei wird.[444]

In diesem Fall kann der Arbeitnehmer zugleich auch nach §§ 323 Abs. 1, 325 BGB Schadensersatz gegenüber dem Arbeitgeber geltend machen.

---

[444] LAG Hamm vom 5.1.1995, DB 1995, 1871.

4 Nachvertragliche Wettbewerbsverbote in der Insolvenz

Sämtliche nach dem 01.01.1999 eröffneten Insolvenzverfahren fallen ausschließlich unter den Anwendungsbereich der InsO vom 05.10.1994.[445] Die bisherige KO, die durch die InsO ersetzt wurde, findet auf Insolvenzverfahren, die ab dem 01.01.1999 eröffnet wurden bzw. werden, keinerlei Anwendung mehr.

Für nachvertragliche Wettbewerbsverbote in der Insolvenz gibt es einige Besonderheiten, die zu beachten sind:

4.1 Fortgeltung nachvertraglicher Wettbewerbsverbote

Grundsätzlich ändert ein Insolvenzverfahren nichts an einem vereinbarten nachvertraglichen Wettbewerbsverbot, gleich ob ein Insolvenzverfahren noch während eines bestehenden Arbeitsverhältnisses eröffnet wird oder erst nach den dessen Beendigung, also während des in die Tat umgesetzten andauernden nachvertraglichen Wettbewerbsverbots während der Karenz..

4.2 Karenzentschädigung

Anders als noch in der KO sind in der InsO für den Fall einer Insolvenz des Arbeitgebers keine Insolvenzvorrechte mehr für Arbeitnehmeransprüche geregelt. Eine Karenzentschädigung, die aufgrund der Insolvenz eines Arbeitgebers nicht mehr gezahlt wird, stellt daher eine normale Insolvenzforderung des Arbeitnehmers dar.

4.3 Nachvertragliche Wettbewerbsverbote und Insolvenzgeld

Rückständige Forderungen des Arbeitnehmers auf Zahlung von Arbeitsentgelt stellen seit dem Inkrafttreten der InsO lediglich noch einfache Insolvenzforderungen nach § 38 InsO dar. Als Ausgleich wurde deswegen das sog. Insolvenzgeld gemäß §§ 183 ff. SGB III geschaffen. Hat der insolvente Arbeitgeber vor der Eröffnung der Insolvenz über das Vermögen seines Unternehmens keine Arbeitsentgelte mehr gezahlt, so wird diese

---

[445] BGBl. I, S. 2866.

Einbuße für die letzten drei Monate vor der Eröffnung des Insolvenzverfahrens durch das Insolvenzgeld ausgeglichen.

Umstritten ist jedoch, ob auch Ansprüche eines Arbeitnehmers auf Zahlung rückständiger Karenzentschädigung im Rahmen des Insolvenzgelds Berücksichtigung finden, ob also auch Ansprüche auf Zahlung von Insolvenzgeld wegen rückständiger Karenzentschädigung bestehen.

Die Bundesagentur für Arbeit lehnt in Ziff. 1 (1) zu § 184 SGB III InsG-DA die Einbeziehung rückständiger Karenzentschädigungen in das Insolvenzgeld ausdrücklich ab. § 183 Abs. 1 Satz 3 SGB III spricht davon, dass zu den Ansprüchen auf Arbeitsentgelt, für die Insolvenzgeld gewährt wird, alle Ansprüche auf Bezüge aus dem Arbeitsverhältnis gehören. Karenzentschädigungen werden jedoch nicht als Bezüge aus dem Arbeitsverhältnis gezahlt, sondern als Gegenleistung für die zukünftige Unterlassung von Wettbewerb gegenüber dem bisherigen Arbeitgeber für die Dauer eines nachvertraglichen Wettbewerbsverbots. In der Literatur gibt es jedoch Stimmen, die die Einbeziehung von rückständigen Karenzentschädigungen in das Insolvenzgeld bejahen.

4.4 Lossagungsrecht in der Insolvenz

Aus der InsO ergeben sich des Weiteren Modifikationen hinsichtlich der Möglichkeiten, sich in der Insolvenz von einem nachvertraglichen Wettbewerbsverbot zu lösen.

4.4.1 Lossagungsrecht

Zur Beantwortung der Frage, ob die Lossagungsrechte des § 75 HGB auch in der Insolvenz des Arbeitgebers gelten, ist zu unterscheiden:

Ist ein Insolvenzverfahren eröffnet worden und besteht zu diesem Zeitpunkt das Arbeitsverhältnis, für das eine nachvertragliche Wettbewerbsabrede abgeschlossen wurde, noch, so gelten die Lossagungsrechte gemäß § 75 HGB für beide Parteien des nachvertraglichen Wettbewerbsverbots unverändert fort. Für den Arbeitgeber nimmt in diesem Fall der Insolvenzverwalter als Partei Kraft Amtes die Lossagungsrechte nach § 75 HGB wahr.

Ist hingegen ein Insolvenzverfahren eröffnet worden und besteht zu diesem Zeitpunkt das Arbeitsverhältnis nicht mehr, sondern befindet sich der Arbeitnehmer zu diesem Zeitpunkt bereits in einem andauernden nachvertraglichen Wettbewerbsverbot, so spielen die Lossagungsrechte nach § 75 HGB keine Rolle mehr.

4.4.2 Wahlrecht des Insolvenzverwalters

§ 103 InsO sieht ein dem § 17 KO nachgebildetes Walrecht des Insolvenzverwalters vor.

Nach § 103 Abs. 1 InsO kann ein Insolvenzverwalter einen gegenseitigen Vertrag anstelle des Gesamtschuldners erfüllen und dann auch die Erfüllung vom anderen Teil verlangen. Lehnt ein Insolvenzverwalter dies jedoch nach § 103 Abs. 2 Satz 1 InsO ab, kann der andere Teil eine Forderung wegen dieser Nichterfüllung nur als Insolvenzgläubiger geltend machen. Der Insolvenzverwalter kann nach § 103 Abs. 2 Satz 2 InsO zur Ausübung seines Wahlrechts vom anderen Teil aufgefordert werden.

4.4.2.1 Ausübung des Wahlrechts

Dieses Wahlrecht des Insolvenzverwalters nach § 103 InsO steht dem Insolvenzverwalter – unabhängig von den Lossagungsrechten nach § 75 HGB – auch für nachvertragliche Wettbewerbsverbote als gegenseitige Verträge zu.

Somit kann der Insolvenzverwalter wählen, ob er an einem nachvertraglichen Wettbewerbsverbot festhalten will, oder ob er dieses ablehnt. Für die Ausübung des Wahlrechts des Insolvenzverwalters nach § 103 InsO laufen keinerlei Fristen, auch dann nicht, wenn das Arbeitsverhältnis erst nach der Eröffnung des Insolvenzverfahrens endet und das nachvertragliche Wettbewerbsverbot in Kraft tritt. Der Arbeitnehmer kann jedoch dem Insolvenzverwalter, um Klarheit und Gewissheit zu erlangen, nach § 103 Abs. 2 Satz 2 InsO zur Ausübung seines Wahlrechts auffordern. Erklärt der Insolvenzverwalter dann nicht unverzüglich, dass er die Erfüllung des nachvertraglichen Wettbewerbsverbots vom Arbeitnehmer verlange, so kann er sich hierauf nicht mehr berufen. Für den Arbeitnehmer wird das nachvertragliche Wettbewerbsverbot sodann unverbindlich. Dem Schweigen des Insolvenzverwalters kommt daher ein Erklärungsinhalt zu.

4.4.2.2 Konsequenzen der Ausübung des Wahlrechts

Der Insolvenzverwalter kann daher von seinem Wahlrecht nach § 103 InsO Gebrauch machen, unabhängig davon, ob bei Eröffnung des Insolvenzverfahrens das nachvertragliche Wettbewerbsverbot bereits läuft oder nicht. Ebenso kann ein Insolvenzverwalter von seinem Wahlrecht nach § 103 InsO Gebrauch machen, wenn er ein Arbeitsverhältnis erst nach der Eröffnung des Insolvenzverfahrens nach § 113 InsO kündigt und hierdurch ein nachvertragliches Wettbewerbsverbot erst nach Eröffnung eines Insolvenzverfahrens zu laufen beginnt.

Hat der der Insolvenzverwalter die Erfüllung des nachvertraglichen Wettbewerbsverbots gewählt, so hat der Arbeitnehmer dieses zu befolgen. Sämtliche nach Eröffnung des Insolvenzverfahrens fällig werdenden Karenzentschädigungsraten stellen in diesem Fall Masseverbindlichkeiten nach § 55 Abs. 1 Nr. 2 InsO dar. Nach Art. 104 EG InsO gelten die Vorschriften der InsO auch für Rechtsverhältnisse, die vor Inkrafttreten der InsO am 01.01.1999 begründet worden sind, weshalb das Walrecht des Insolvenzverwalters nach § 103 InsO auch für Wettbewerbsverbote aus der Zeit vor dem 01.01.1999 gilt, sofern die Insolvenz nach dem 01.01.1999 eingetreten ist. Wählt der Insolvenzverwalter die Erfüllung des nachvertraglichen Wettbewerbsverbots, so muss der Arbeitnehmer dieses befolgen. Ein Wahlrecht nach § 103 InsO steht ihm nicht zu. Sollte aber die Insolvenzmasse voraussichtlich nicht für die Erfüllung der Forderungen des Arbeitnehmers auf Zahlung von Karenzentschädigungen ausreichend sein, erwächst dem Arbeitnehmer ein außerordentliches Kündigungsrecht und im Falle der Ausübung desselben ein Schadensersatzanspruch in analoger Anwendung von § 113 Abs. 1 Satz 3 InsO.

Hat der Insolvenzverwalter hingegen die Erfüllung des nachvertraglichen Wettbewerbsverbots nach § 103 InsO abgelehnt, so verliert der Arbeitnehmer seinen Anspruch auf Zahlung von Karenzentschädigung. Deswegen bzw. stattdessen steht ihm aber ein Schadensersatzanspruch wegen der Nichterfüllung der nachvertraglichen Wettbewerbsabrede nach § 280 BGB i.V.m. § 103 Abs. 2 Satz 1 InsO, zu, der als einfache Insolvenzforderung nach § 38 InsO zu behandeln ist.

4.4.2.3 Begründung eines nachvertraglichen Wettbewerbsverbots nach Eröffnung des Insolvenzverfahrens

Wird erst nach der Eröffnung eines Insolvenzverfahrens zwischen einem Insolvenzverwalter und einem Arbeitnehmer des Gemeinschuldners ein nachvertragliches Wettbewerbsverbot begründet, so kann sich der Insolvenzverwalter nicht auf § 103 InsO berufen. Ihm stehen in diesem Fall lediglich die Lossagungsrechte nach § 75 HGB zu.

5 Nachvertragliche Wettbewerbsverbote im Betriebsübergang

Nicht abschließend geklärt ist es, wie mit nachvertraglichen Wettbewerbsverboten im Rahmen von (Teil-) Betriebsübergängen nach § 613 a BGB zu verfahren ist.

Zu unterscheiden sind dabei zwei Fallgestaltungen: Zum einen diejenige, in der ein andauerndes Arbeitsverhältnis infolge eines Betriebsübergangs auf den Betriebsnachfolger übergeht, ein hierfür abgeschlossenes nachvertragliches Wettbewerbsverbot also noch nicht zu laufen begonnen und Rechtswirkungen entfaltet hat. Zum anderen diejenige, in der ein Arbeitsverhältnis im Zeitpunkt des Betriebsübergangs bereits beendet ist, ein hierfür abgeschlossenes nachvertragliches Wettbewerbsverbot in diesem Zeitpunkt also bereits für die Dauer der Karenz zu laufen begonnen hat.

5.1 Betriebsübergang während eines andauernden Arbeitsverhältnisses

Geht ein andauerndes Arbeitsverhältnis im Wege eines Betriebsübergangs gemäß § 613 a BGB auf den Betriebsnachfolger über und haben die Arbeitsvertragsparteien eine nachvertragliche Wettbewerbsabrede abgeschlossen, ist deren rechtliches Schicksal klar.

5.1.1 Übergang des nachvertraglichen Wettbewerbsverbots

Der Übernehmer eines Betriebs tritt nicht nur in die Hauptleistungspflichten des auf ihn übergehenden Arbeitsverhältnisses ein, sondern auch in dessen Nebenabreden. Zu diesen Nebenabreden eines Arbeitsverhältnisses gehört nach ganz herrschender Meinung auch ein nachvertragliches Wettbewerbsverbot, gleich ob dieses im Arbeitsvertrag selber oder aber in separaten Urkunden vereinbart ist.

Erfolgt ein Betriebsübergang i.S.d. § 613 a BGB während eines bestehenden Arbeitsverhältnisses, so tritt der neue Betriebsinhaber daher gemäß § 613 a Abs. 1 BGB auch in die Rechte und Pflichten aus dem Wettbewerbsverbot ein, dieses geht wie das Arbeitsverhältnis auf ihn über. Die entsprechenden Rechte und Pflichten des Betriebsveräußerers erlöschen.

Dies gilt solange, wie das übergehende Arbeitsverhältnis im Zeitpunkt des Betriebsübergangs noch nicht rechtlich beendet ist. Dass es ggfs. gekündigt ist, ist unerheblich, solange die Kündigungsfrist im Zeitpunkt des

Betriebsübergangs noch nicht abgelaufen ist. Denn während des Laufs der Kündigungsfrist besteht das Arbeitsverhältnis fort.

5.1.2 Inhalt des nachvertraglichen Wettbewerbsverbots nach einem Betriebsübergang

Geht ein nachvertragliches Wettbewerbsverbot aufgrund eines Betriebsübergangs i.S.d. § 613 a BGB auf einen Betriebserwerber über, so kann sich dessen Reichweite bzw. Umfang erweitern oder verringern.

5.1.2.1 Tätigkeitsbezogenes nachvertragliches Wettbewerbsverbot

Geht ein tätigkeitsbezogenes nachvertragliches Wettbewerbsverbot auf einen Betriebserwerber nach § 613 a BGB über, so verändert sich dessen inhaltliche Reichweite bzw. Umfang infolge des Betriebsübergangs nicht.

5.1.2.2 Unternehmensbezogenes nachvertragliches Wettbewerbsverbot

Geht ein unternehmensbezogenes nachvertragliches Wettbewerbsverbot im Wege eines Betriebsübergangs nach § 613 a BGB auf einen Betriebserwerber über, so ändert sich dieses inhaltlich entsprechend der Art und Weise des Unternehmens des Betriebserwerbers.

Nach einem erfolgten Betriebsübergang hat der Arbeitnehmer nunmehr gegenüber dem Betriebserwerber als seinem neuen Arbeitgeber nachvertraglichen Wettbewerb zu unterlassen. Gegenüber seinem bisherigen Arbeitgeber, dem Betriebsveräußerer, darf er nunmehr nachvertraglichen Wettbewerb betreiben.

5.1.2.3 Unverbindliches nachvertragliches Wettbewerbsverbot

Der Fortbestand des nachvertraglichen Wettbewerbsverbots gegenüber dem Betriebserwerber setzt aber stets voraus, dass dem Betriebserwerber ein berechtigtes geschäftliches Interesse i.S.d. § 74 a Abs. 1 HGB an dem nachvertraglichen Wettbewerbsverbot zusteht.[446]

Steht dem Betriebserwerber ein solches zu, so bleibt das übergegangene nachvertragliche Wettbewerbsverbot verbindlich, auch wenn dem Betriebsveräußerer ein berechtigtes geschäftliches Interesse i.S.d § 74 a ABs.

---

[446] BAG vom 26.9.1963, AP § 74 a HGB Nr. 1.

1 HGB gefehlt hatte. Fehlt es dem Betriebserwerber hingegen an einem berechtigen geschäftlichen Interesse an dem übergegangenen nachvertraglichen Wettbewerbsverbot, so wird dieses unverbindlich.

5.1.3 Widerspruch des Arbeitnehmers

Widerspricht ein Arbeitnehmer einem Betriebsübergang nach § 613 a Abs. 6 BGB, so hat dies zur Folge, dass sein Arbeitsverhältnis mit dem bisherigen Betriebsinhaber bestehen bleibt und nicht auf den Betriebserwerber übergeht[447].

Aufgrund eines solchen Widerspruchs bleibt aber nicht nur das Arbeitsverhältnis des Arbeitnehmers mit seinem bisherigen Arbeitgeber, dem Betriebsveräußerer, bestehen, sondern auch sein nachvertragliches Wettbewerbsverbot mit ihm. Denn aufgrund des Widerspruchs geht auch das nachvertragliche Wettbewerbsverbot nicht auf den Betriebserwerber über, auch nicht separat.

Nach einem erklärten Widerspruch hat der Betriebsveräußerer in aller Regel keine Verwendung mehr für den widersprechenden Arbeitnehmer, sodass dessen Arbeitsverhältnis betriebsbedingt gekündigt werden kann. Geschieht dies, kann sich der Arbeitnehmer hingegen nach § 75 Abs. 2 HGB vom nachvertraglichen Wettbewerbsverbot lösen.

Weiterhin dürfte ein Betriebsveräußerer nach einem erklärten Widerspruch gemäß § 74 a Abs. 1 HGB auch kein berechtigtes geschäftliches Interesse mehr an dem nachvertraglichen Wettbewerbsverbot haben. Denn dieser hat seinen Betrieb bzw. Betriebsteil schließlich an den Betriebserwerber veräußert, sodass der Betriebsveräußerer alleine deshalb an einem nachvertraglichen Wettbewerbsverbot kein Interesse mehr haben dürfte. Das nachvertragliche Wettbewerbsverbot wird in diesem Fall unverbindlich.

5.2 Betriebsübergang nach einem beendetem Arbeitsverhältnis

Streitig und bislang nicht höchstrichterlich entschieden ist das Schicksal eines nachvertraglichen Wettbewerbsverbots nach einem erfolgten Betriebsübergang nach § 613 a BGB, wenn ein Arbeitsverhältnis zwischen dem Betriebsveräußerer und einem Arbeitnehmer bereits beendet ist und ein nachvertragliches Wettbewerbsverbot während der Karenz andauert.

---

[447] BAG vom 30.10.1986, AP § 613 a BGB Nr. 55.

Ist das Arbeitsverhältnis im Zeitpunkt eines Betriebsübergangs bereits beendet, so tritt der neue Betriebsinhaber gemäß § 613 a BGB weder in die Rechte und Pflichten aus dem Arbeitsverhältnis noch in die aus einem nachvertraglichen Wettbewerbsverbot ein. Eintreten kann man nur in solche Schuldverhältnisse, die im Zeitpunkt eines Betriebsübergangs noch bestehen. Schuldner der Karenzentschädigung bleibt der frühere Arbeitgeber.

Ein Übergang eines nachvertraglichen Wettbewerbsverbots mit einem bereits ausgeschiedenen Arbeitnehmer auf den Betriebserwerber gemäß § 613 a BGB scheidet daher grundsätzlich aus.[448]

Eine analoge Anwendung von § 613 a BGB auf einen solchen Fall kommt ebenfalls nicht in Betracht. Für eine Analogie spräche zwar die Betriebsbezogenheit des nachvertraglichen Wettbewerbsverbots, das gerade für den übergegangenen Betrieb (-steil) vereinbart wurde. Dieses Argument kann jedoch nicht überzeugen. Denn eine Analogie verlangt, dass verschiedene Sachverhalte weitestgehend deckungsgleich sind. Die Interessen sowohl des Arbeitnehmers als auch des Betriebsveräußerers sind hingegen so verschieden, dass sie in der Regel nicht zuverlässig ermittelt werden können.

5.3 Übergang des nachvertraglichen Wettbewerbsverbots und dreiseitiger Vertrag

Soll ein nachvertragliches Wettbewerbsverbot eines Arbeitnehmers auf einen anderen (neuen) Arbeitgeber übergehen, so bietet sich sowohl im Falle eines beendeten Arbeitsverhältnisses als auch im Falle eines andauernden Arbeitsverhältnisses der Weg des sog. dreiseitigen Vertrages an, der zwischen dem Arbeitnehmer sowie dem neuen und dem alten Arbeitgeber geschlossen wird.

5.3.1 Beendetes Arbeitsverhältnis

Ein nachvertragliches Wettbewerbsverbot eines bereits ausgeschiedenen Arbeitnehmers kann im Wege eines dreiseitigen Vertrages auf einen Betriebserwerber übergehen, obgleich ein Übergang des Arbeitsverhältnisses aufgrund seiner Beendigung nach § 613 a BGB ausscheidet.

Ein solcher dreiseitiger Vertrag regelt den Übergang einer nachvertraglichen Wettbewerbsabrede und somit den zeitgleichen Übergang der sich

---

[448] LAG Frankfurt am Main vom 3.5.1993, NZA 1994, 1033.

aus ihr herleitenden Rechte und Pflichten. Zugleich wird durch einen solchen auch der zeitgleiche Austausch der entsprechenden Gläubiger und Schuldner dieser nachvertraglichen Wettbewerbsabrede herbeigeführt.

In einem solchen Fall verlangt der Übergang des nachvertraglichen Wettbewerbsverbots nicht, dass die Formvorschrift der §§ 74 Abs. 1 HGB, 126 BGB erneut vom Übernehmer beachtet wird.[449] Auch die Übertragungsvereinbarung an sich bedarf nicht der Form der §§ 74 Abs. 1 HGB, 126 BGB. Denn bei dem übergehenden nachvertraglichen Wettbewerbsverbot handelt es sich nicht um ein neues, sondern um das bereits bestehende ursprüngliche Wettbewerbsverbot.

5.3.2 Andauerndes Arbeitsverhältnis

Auch ein nachvertragliches Wettbewerbsverbot kann im Wege eines dreiseitigen Vertrages auf einen anderen (neuen) Arbeitgeber übergehen, sofern das noch andauernde Arbeitsverhältnis in diesem Weg übergeht und kein Fall eines Betriebsübergangs nach § 613 a BGB gegeben ist. In einem solchen dreiseitigen Vertrag werden also beide Schuldverhältnisse, das Arbeitsverhältnis und die nachvertragliche Wettbewerbsabrede, auf einen anderen (neuen) Arbeitgeber übertragen.

Inhalt eines solchen dreiseitigen Vertrages ist der zeitgleiche Übergang der Rechte und Pflichten nicht nur aus dem Arbeitsverhältnis, sondern auch aus der nachvertraglichen Wettbewerbsabrede und somit auch der Austausch der entsprechenden Gläubiger und Schuldner beider Schuldverhältnisse. Auch hier bedarf der Übergang des nachvertraglichen Wettbewerbsverbots nicht der erneuten Beachtung der in §§ 74 Abs. 1 HGB, 126 BGB geregelten Schriftform, da es sich bei dem übergehenden nachvertraglichen Wettbewerbsverbot nicht um ein neues, sondern um das bereits bestehende ursprüngliche Wettbewerbsverbot handelt.

Es ist jedoch zu prüfen, ob tatsächlich ein entsprechender dreiseitiger Vertrag geschlossen wird, oder ob das bisherige Arbeitsverhältnis nicht lediglich durch einen Aufhebungsvertrag beendet und ein neues mit dem anderen (neuen) Arbeitgeber begründet wird. Ist letzteres der Fall, so bedarf es des Neuabschlusses eines nachvertraglichen Wettbewerbsverbotes nach § 74 Abs. 1 HGB unter Beachtung der Formvorschriften der §§ 74 Abs. 1 HGB, 126 BGB.[450] Denn in diesem Fall endet das bisherige Ar-

---

[449] BAG vom 24.10.1972, AP § 74 HGB Nr. 31.

[450] LAG Hamm vom 8.2.2001, LAGE § 74 HGB Nr. 17.

beitsverhältnis, sodass im neu begründeten Arbeitsverhältnis das bisherige nachvertragliche Wettbewerbsverbot nicht fortdauert. War zwischen dem bisherigen Arbeitgeber und seinem Arbeitnehmer ein wirksames nachvertragliches Wettbewerbsverbot vereinbart worden, so verbietet es dem Arbeitnehmer nunmehr nachvertraglichen Wettbewerb zu seinem bisherigen Arbeitgeber im vereinbarten Umfang. Dies hat der Arbeitnehmer bei der Begründung eines neuen Arbeitsverhältnisses zu berücksichtigen, um sich hierdurch nicht in Wettbewerb mit seinem bisherigen Arbeitgeber zu setzen.

6 Nachvertragliche Wettbewerbsverbote im Umwandlungsrecht

Nachvertragliche Wettbewerbsverbote erfahren je nach Art einer durchgeführten Umwandlung unterschiedliche Schicksale. Es ist wie folgt zu differenzieren:

6.1 Formwechselnde Umwandlung

Im Wege einer formwechselnden Umwandlung gemäß §§ 1 Abs. 1 Nr. 4, 190 ff. UmwG kann ein Rechtsträger durch Formwechsel eine andere Rechtsform erhalten.

Im Falle einer formwechselnden Umwandlung bleibt die (Personen-) Identität des sich in seiner Form umwandelnden Unternehmens erhalten. Seine Identität ändert sich durch diese Umwandlung nicht. Man spricht auch von Personenidentität.

Dies hat für ein nachvertragliches Wettbewerbsverbot, das zwischen einem formwechselnden Arbeitgeber und seinem Arbeitnehmer vereinbart wurde, zur Folge, dass dieses unberührt und unverändert erhalten bleibt und fort gilt. Dies geschieht unabhängig davon, ob eine formwechselnde Umwandlung während eines noch andauernden Arbeitsverhältnisses erfolgt oder aber erst nach Beendigung des Arbeitsverhältnisses, also zu Zeiten eines dann in Kraft getretenen und andauernden nachvertraglichen Wettbewerbsverbots. Denn in beiden Fällen bleibt der Arbeitgeber als (juristische) Person trotz des Wechsels seiner Rechtsform unverändert, also identisch, erhalten und somit auch als Vertragspartner des Arbeitnehmers.

6.2 Umwandlung in Form einer Verschmelzung, Spaltung oder Vermögensübertragung

Erfolgt eine Umwandlung hingegen in Form einer Verschmelzung, einer Spaltung oder einer Vermögensübertragung gemäß §§ 1 Abs. 1 Nr. 1 bis 3, 39 ff., 123 ff., 178 ff. UmwG, so bedeutet dies, dass die Person des umgewandelten Rechtsträgers und somit seine Identität nicht erhalten bleibt. Der sich umwandelnde Rechtsträger erlischt.

Nach § 324 UmwG bleibt § 613 a Abs. 1, 4 bis 6 BGB durch die Wirkungen der Eintragung einer Verschmelzung, Spaltung oder Vermögensübertragung in das Handelsregister unberührt. Dies bedeutet, dass § 613 a BGB, der die Auswirkungen eines Betriebsübergangs auf Arbeitsverhältnisse regelt, als speziellere Vorschrift den Vorschriften des UmwG vorgeht, allerdings nur, soweit der Anwendungsbereich des § 613 a BGB reicht. Außerhalb des Anwendungsbereichs von § 613 a BGB gelten die umwandlungsrechtlichen Vorschriften.

Für ein nachvertragliches Wettbewerbsverbot bedeutet dies:

Wird von der Umwandlung des Arbeitgebers in Form einer Verschmelzung, Spaltung oder Vermögensübertragung ein noch andauerndes Arbeitsverhältnis erfasst, so geht dieses nach §§ 324 UmwG, 613 a BGB einschließlich eines nachvertraglichen Wettbewerbsverbots mit allen Rechten und Pflichten auf den übernehmenden Rechtsträger über.

Erfolgt die Umwandlung in Form einer Verschmelzung, Spaltung oder Vermögensübertragung hingegen zu einem Zeitpunkt, in dem das Arbeitsverhältnis bereits beendet und ein nachvertragliches Wettbewerbsverbot in Vollzug gesetzt ist, so kommt § 613 a BGB nicht zur Geltung. Vielmehr ist in diesem Fall auf umwandlungsrechtliche Vorschriften zurückzugreifen, so z. B. auf § 20 UmwG. Hiernach gehen sämtliche Rechtsverhältnisse des untergehenden auf den übernehmenden Rechtsträger über. Dies gilt auch für ein nachvertragliches Wettbewerbsverbot eines bereits ausgeschiedenen Arbeitnehmers, das in einem solchen Fall vollumfänglich mit allen Rechten und Pflichten auf den übernehmenden Rechtsträger übergeht. Hier unterscheidet sich mithin die Rechtslage im Falle einer Umwandlung in Form einer Verschmelzung, Spaltung oder Vermögensübertragung von der eines Betriebsübergangs nach § 613 a BGB. Geht ein nachvertragliches Wettbewerbsverbot auf diese Weise auf einen übernehmenden Rechtsträger über, so richtet sich dessen inhaltliche Reichweite vom Zeitpunkt eines solchen Übergangs nach den Umständen bei dem übernehmenden Rechträger.

7 Nachvertragliche Wettbewerbsverbote im Sozialversicherungsrecht

Nachvertragliche Wettbewerbsverbote haben in der Regel nur eine geringe sozialversicherungsrechtliche Relevanz.

7.1 Arbeitslosenversicherung

Ein nachvertragliches Wettbewerbsverbot zeigt im Bereich der Arbeitslosenversicherung kaum Relevanz.

7.1.1 Arbeitslosengeld

Der Anspruch des Arbeitnehmers auf Zahlung Arbeitslosengeld wird durch die Vereinbarung eines Wettbewerbsverbots nicht berührt.

7.1.1.1 Anspruch auf Arbeitslosengeld und nachvertragliches Wettbewerbsverbot

Gemäß § 118 Abs. 1 SGB III haben Arbeitnehmer Anspruch auf Zahlung von Arbeitslosengeld, wenn sie arbeitslos sind, sich bei der Agentur für Arbeit arbeitslos gemeldet und die Anwartschaftszeit erfüllt haben. Neben der Arbeitslosigkeit setzt § 119 Abs. 5 SGB III zusätzlich für den Bezug von Arbeitslosengeld voraus, dass der arbeitslose Arbeitnehmer auch für die Vermittlungsbemühungen der Agentur für Arbeit zur Verfügung steht. Nach § 119 Abs. 5 Nr. 1 SGB III ist dies der Fall, wenn ein Arbeitsloser eine versicherungspflichtige, mindestens 15 Stunden wöchentlich umfassende und zumutbare Beschäftigung unter den üblichen Bedingungen des für ihn in Betracht kommenden Arbeitsmarktes ausüben kann und darf.

Verfügbar i.S.d. §§ 118, 119 SGB III ist aber auch derjenige Arbeitslose, der aufgrund eines nachvertraglichen Wettbewerbsverbots für die Dauer von bis zu 2 Jahren in bestimmten Branchen Tätigkeiten nicht aufnehmen darf. Denn während der Dauer eines nachvertraglichen Wettbewerbsverbots braucht ein Arbeitsloser lediglich bereit zu sein, solche Beschäftigungen anzunehmen, die er trotz seiner Verpflichtungen aus der Wettbewerbsabrede ausüben darf. Diese Art der („subjektiven") Verfügbarkeit ist aber auch bei einem Arbeitslosen gegeben, der einem nachvertraglichen Wettbewerbsverbot unterliegt.[451] Das rechtliche „Dürfen" i.S.d § 119 Abs. 5 Nr. 1 SGB III wird durch ein nachvertragliches Wettbewerbsverbot nicht

[451] BSG vom 9.2.1995, EzA § 100 AFG Nr. 1.

eliminiert. Dies bedeutet, dass die Arbeitsfähigkeit des Arbeitnehmers nicht durch ein nachvertragliches Wettbewerbsverbot aufgehoben wird. Ein nachvertragliches Wettbewerbsverbot gilt als schuldrechtliche Verpflichtung nur zwischen seinen Parteien, nur dem Arbeitgeber gegenüber ist ein Arbeitnehmer aufgrund einer solchen Wettbewerbsabrede daher zur Unterlassung von nachvertraglichem Wettbewerb verpflichtet. Eine solche vertragliche Verpflichtung steht dem „Dürfen" i.S.d. § 119 Abs. 5 Nr. 1 SGB III nicht entgegen, solange der arbeitslose Arbeitnehmer bereit ist, sich unter Hinnahme etwaiger Folgen einer Verletzung eines nachvertraglichen Wettbewerbsverbots über dessen Bindung hinwegzusetzen, dieses also zu missachten.[452]

7.1.1.2 Kein Ruhen des Anspruches auf Arbeitslosengeld

Nach § 143 a Abs. 1 Satz 1 SGB III ruht der Anspruch auf Arbeitslosengeld, wenn ein Arbeitsloser wegen der Beendigung seines Arbeitsverhältnisses eine Abfindung oder Entschädigung oder eine ähnliche Leistung (Entlassungsentschädigung) erhalten oder zu beanspruchen hat und das Arbeitsverhältnis ohne Einhaltung einer der ordentlichen Kündigungsfrist des Arbeitgebers entsprechenden Frist beendet worden ist. Ein solches Ruhen dauert vom Ende des Arbeitsverhältnisses an bis zu dem Tag, an dem das Arbeitsverhältnis bei Einhaltung dieser Frist geendet hätte.

Zu solchen Entlassungsentschädigungen nach § 143 a Abs. 1 Satz 1 SGB III gehören jedoch Karenzentschädigungen, die wegen eines nachvertraglichen Wettbewerbsverbots nach § 74 HGB Abs. 1 HGB gezahlt werden, nicht. Denn Karenzentschädigungen nach § 74 Abs. 2 HGB werden nicht wegen der Beendigung des Arbeitsverhältnisses gezahlt, wie z. B. eine Abfindung. Sie werden vielmehr für die zukünftige und die Dauer des nachvertraglichen Wettbewerbsverbots ausmachende Unterlassung von Wettbewerb gegenüber dem bisherigen Arbeitgeber gezahlt. Sie stellen daher eine vertraglich geregelte Gegenleistung für ein solches Unterlassen dar. Karenzentschädigungen nach § 74 Abs. 2 HGB führen somit nicht zu einem Ruhen des Anspruchs auf Arbeitslodengeld nach § 143 a SGB III.

Etwas anderes kann nur dann gelten, wenn – wie bei Abfindungen auch – in einer Karenzentschädigung zugleich auch verdeckt Arbeitsentgelt ausgezahlt wird.

---

[452] BSG vom 5.2.1998, SGb 19999, 85.

7.1.2 Erstattungspflicht des Arbeitgebers

Bezog ein arbeitsloser Arbeitnehmer, mit dem ein nachvertragliches Wettbewerbsverbot nach § 74 Abs. 1 HGB vereinbart wurde, nach der Beendigung seines Arbeitsverhältnisses eine Karenzentschädigung i.S.d. § 74 Abs. 2 HGB, so konnte dessen ehemaliger Arbeitgeber zur Erstattung des an den Arbeitnehmers gezahlten Arbeitslosengelds herangezogen werden. Es sind dabei die Rechtslagen bis zum 31.12.2003 und in der Zeit danach zu unterscheiden.

7.1.2.1 Erstattungspflicht des Arbeitgebers bis zum 31.12.2003 nach § 148 SGB III

Der Agentur für Arbeit stand bis zum 31.12.2003 gemäß dem bis dahin geltenden § 148 SGB III a. F. ein Erstattungsanspruch gegen einen Arbeitgeber in Höhe von 30% des an dessen ehemaligen Arbeitnehmer gezahlten Arbeitslodengelds zu, das diesem für die Zeit eines vereinbarten nachvertraglichen Wettbewerbsverbots gezahlt worden ist. Maßgeblich war ausschließlich, dass der Arbeitnehmer aufgrund eines nachvertraglichen Wettbewerbsverbots dem Arbeitsmarkt nicht oder nicht mehr voll zur Verfügung stehen konnte. Die Erstattungspflicht des Arbeitgebers nach § 148 AGB III a. F. wurde dabei nicht nur durch eine arbeitgerbseitige Kündigung des Arbeitsverhältnisses ausgelöst, sondern auch durch eine arbeitnehmerseitig erklärte Kündigung.[453]

§ 148 SGB III a. F. galt sowohl für nachvertragliche Wettbewerbsverbote, die während eines bestehenden Arbeitsverhältnisses vereinbart wurden, als auch für solche, die erst nach der Beendigung eines Arbeitsverhältnisses einvernehmlich abgeschlossen wurden.[454]

Arbeitgeber i.S.d. § 148 SGB III a. F. war derjenige, der das Direktionsrecht ausüben konnte bzw. mit dem das Beschäftigungsverhältnis bestand. Erstattungspflichtig war jeder Arbeitgeber mit dem ein nachvertragliches Wettbewerbsverbot vereinbart wurde, wobei dies nicht nur der letzte zu sein brauchte.

---

[453] BSG vom 28.6.1990, NZA 1990, 920; BSG vom 9.8.1990, NZA 1991, 159.

[454] BSG vom 28.6.1990, NZA 1990, 920.

Arbeitslose i.S.d. § 148 SGB III a. F. konnten sowohl Arbeitnehmer als auch arbeitslosengeldberechtigte Dienstnehmer sein, so z. B. ein Fremdgeschäftsführer einer GmbH.[455]

Selbst für die Fälle unwirksamer nachvertraglicher Wettbewerbsverbote trat die Erstattungspflicht des Arbeitgebers gemäß § 148 SGB III a. F. ein, sofern sich die Parteien des nachvertraglichen Wettbewerbsverbots an dieses Verbot gehalten haben. So war ein Arbeitgeber u. a. auch bei klar erkennbarer Nichtigkeit des Wettbewerbsverbots zur Erstattung des an seinen bisherigen Arbeitnehmer gezahlten Arbeitslosengeldes verpflichtet, wenn er trotz Belehrung durch die Arbeitsverwaltung über die Nichtigkeit dieses nachvertraglichen Wettbewerbsverbots auf dessen Einhaltung bestand und der Arbeitnehmer sich im Hinblick auf die Gefahr eines Rechtsstreits mit seinem ehemaligen Arbeitgeber an das nichtige Wettbewerbsverbot hielt.[456]

Die Erstattungspflicht des Arbeitgebers setzte auch nicht die Ursächlichkeit der Beschränkung der beruflichen Tätigkeit durch das nachvertragliche Wettbewerbsverbot für die Arbeitslosigkeit des Arbeitnehmers voraus.[457]

Von der Erstattungspflicht des Arbeitgebers nach § 148 SGB III a. F. wurde alles das umfasst, was die seinerzeitige Bundesanstalt für Arbeit tatsächlich an Arbeitslosengeldern erbracht hatte, aber nicht mehr als das, was sie rechtmäßigerweise an Arbeitslosengeld zu erbringen hatte. Nach § 148 Abs. 2 SGB III a. F. umfasste die Erstattungspflicht des Arbeitgebers auch die auf die Leistung von Arbeitslosengeld entfallenden Beiträge zur Kranken-, Pflege- und Rentenversicherung.[458]

7.1.2.2 Keine Erstattungspflicht des Arbeitgebers mehr ab dem 01.01.2004

Durch das Dritte Gesetz für moderne Dienstleistungen am Arbeitsmarkt vom 23.12.2003 wurde § 148 SGB III und sein Vorgänger, § 128 a AFG, mit Wirkung zum 01.01.2004 aufgehoben. Somit entfällt seit dem 01.01.2004 die bisherige Erstattungspflicht eines Arbeitgebers nach § 148

---

[455] BSG vom 9.8.1990, NJW 1991, 862.

[456] BSG vom 27.4.1989, AP § 128 a AFG Nr. 2.

[457] BSG vom 9.11.1989, NZA 1990, 541; BSG vom 24.9.1992, NZS 1993, 117.

[458] BSG vom 21.7.1992, NZA 1993, 719.

SGB III. Seine Begründung findet dies darin, dass einem erheblichen Arbeitsaufwand in der Arbeitsverwaltung eine nur geringe Anzahl an Erstattungsfällen nach § 148 SGB III a. F. gegenüber gestanden habe.

7.2 Karenzentschädigung

Auch Karenzentschädigungen ziehen grundsätzlich keine besonderen sozialversicherungspflichtigen Konsequenzen nach sich.

7.2.1 Keine Sozialversicherungspflichtigkeit einer Karenzentschädigung

Gemäß § 14 SGB IV ist lediglich Arbeitsentgelt sozialversicherungspflichtig. Karenzentschädigungen hingegen gehören nicht zum Arbeitsentgelt i,S.d. § 14 SGB IV, sodass für sie keine Sozialabgaben abgeführt werden müssen.

Seinen Grund findet dies darin, dass sich Arbeitsentgelte in zeitlicher Hinsicht einer sozialversicherungspflichtigen Beschäftigung zuordnen lassen müssen, also auf die Zeit eines Beschäftigungsverhältnisses und einer Sozialversicherungspflicht zu entfallen haben. Karenzentschädigungen hingegen werden für die nachvertragliche Unterlassung von Wettbewerb, also für eine Beschränkung der gewerblichen Tätigkeiten nach der Beendigung eines Arbeitsverhältnisses, gezahlt, sodass eine Zuordnung zu (bereits beendeten) sozialversicherungspflichtigen Beschäftigungsverhältnissen ausscheidet. Sie stellen keine Vergütung für Dienste aus dem bereits beendeten Beschäftigungsverhältnis dar. Vielmehr schaffen sie Ersatz dafür, dass zukünftige Beschäftigungsmöglichkeiten bei anderen mit dem bisherigen Arbeitgeber konkurrierenden Arbeitgebern entfallen.

7.2.2 Keine Anrechnung einer Karenzentschädigung auf das Arbeitslosengeld

Bezieht ein Arbeitnehmer aufgrund eines nachvertraglichen Wettbewerbsverbots eine Karenzentschädigung, wird diese nicht auf das Arbeitslosengeld angerechnet.[459]

Gemäß § 141 SGB III können anderweitige Einkünfte nur dann auf das Arbeitslosengeld angerechnet werden, wenn diese Einkünfte aus einem Beschäftigungsverhältnis herrühren. Karenzentschädigungen stellen aber keine Einkunft aus einem Beschäftigungsverhältnis dar. Denn das Be-

---

[459] BAG vom 25.6.1985, AP § 74 c HGB Nr. 11.

schäftigungsverhältnis, für das die nachvertragliche Wettbewerbsabrede vereinbart wurde, hat bereits sein Ende gefunden. Karenzentschädigungen stellen vielmehr eine Gegenleistung für das Unterlassen von zukünftigem Wettbewerb dar und nicht eine Gegenleistung für eine Tätigkeit aus einem Beschäftigungsverhältnis.

7.2.3 Anrechenbarkeit einer Karenzentschädigung bei vorgezogener Altersrente

Gerade bei älteren Arbeitnehmern, mit denen ein nachvertragliches Wettbewerbsverbot vereinbart wurde, stellt sich die Frage, ob diese im Falle einer Beendigung ihres Arbeitsverhältnisses vor der Regelaltersgrenze Altersrente beziehen können, oder aber ob eine an sie ausgezahlte Karenzentschädigung einem solchen Bezug von vorgezogener Altersrente entgegensteht. In der Praxis finden sich häufig Fälle, in denen älteren Arbeitnehmern in „Altersrentennähe" das Arbeitsverhältnis gekündigt wird, wenn ein nahtloser Übergang zumindest in die vorgezogene Altersrente möglich ist.

Seit dem 01.01.2008 haben in der gesetzlichen Rentenversicherung versicherte Personen gemäß § 35 SGB VI Anspruch auf die sog. Regelaltersrente, wenn sie die Regelaltersgrenze erreicht und die allgemeine Wartezeit erfüllt haben. Die Regelaltersgrenze wird mit der Vollendung des 67ten Lebensjahrs erreicht.

Gemäß § 34 Abs. 2 SGB VI besteht ein Anspruch auf Altersrente vor Vollendung des 67. Lebensjahrs aber nur dann, wenn bestimmte Hinzuverdienstgrenzen durch die in der gesetzlichen Rentenversicherung versicherte Person nicht überschritten werden.

Karenzentschädigungen nach § 74 Abs. 2 HGB stellen jedoch keinen Hinzuverdienst dar, der für Hinzuverdienstgrenzen i.S.d. § 34 Abs. 2 SGB VI maßgeblich wäre. Dies lässt sich damit begründen, dass Karenzentschädigungen kein Entgelt für Tätigkeiten aus dem beendeten Arbeitsverhältnis darstellen. Sie entschädigen vielmehr die Unterlassung einer zukünftigen wettbewerblichen Tätigkeit. Dabei ist es auch unbeachtlich, ob diese Karenzentschädigung aus einem Beschäftigungsverhältnis herrührt, das bei Beginn des vorgezogenen Bezugs von Altersrente bereits beendet war oder aber erst während eines solchen endet.

8 Nachvertragliche Wettbewerbsverbote im Steuerrecht

Nachvertragliche Wettbewerbsverbote können auch in steuerlicher Hinsicht Auswirkungen nach sich ziehen. Dabei ist zu unterscheiden, ob der Arbeitnehmer eine Karenzentschädigung wegen des Unterlassens von nachvertraglichem Wettbewerb erhält, oder ob er verpflichtet ist, wegen eines Verstoßes gegen das ihn treffende nachvertragliche Wettbewerbsverbot eine Vertragsstrafe zu zahlen.

8.1 Karenzentschädigung

Erhält der Arbeitnehmer wegen eines nachvertraglichen Wettbewerbsverbots eine Karenzentschädigung, so ist zu differenzieren:

8.1.1 Karenzentschädigung und Lohnsteuer

Zahlt der Arbeitgeber an den Arbeitnehmer aufgrund eines nachvertraglichen Wettbewerbsverbots nach § 74 HGB eine Karenzentschädigung für die Nichtausübung einer nichtselbständigen Tätigkeit, so stellt eine solche grundsätzlich Arbeitslohn aus nichtselbständiger Tätigkeit dar. Dieser ist wie Arbeitsentgelt zu versteuern.[460]

Aufgrund dessen sind Karenzentschädigungen gemäß § 2 Abs. 2 Nr. 4 LStDV der Lohnsteuer unterworfen. Dies gilt auch dann, wenn der Arbeitgeber die Karenzentschädigung ins Ausland überweist.[461] Wird aber an einen bisherigen ausländischen Arbeitnehmer eine Karenzentschädigung gezahlt, weil er im Ausland Wettbewerbshandlungen unterlässt, soll diese Karenzentschädigung nicht dem Lohnsteuerabzug unterworfen sein, da in einem solchen Fall keine Entsendung nach § 38 Abs. 1 Satz 2 EStG vorliege.[462]

Erhält der Arbeitnehmer hingegen für das nachvertragliche Unterlassen von Wettbewerb „Entschädigungen“ von Dritten, die gegen das Interesse

---

[460] LAG Hamm vom 1.7.1987, LAGE § 74 HGB Nr. 3; BFH vom 13.2.1987, BStBl II 1987, 386.

[461] FG Hamburg vom 21.1.1975, EFG 1975, 242.

[462] FG Baden-Württemberg vom 22.9.1983, EFG 1984, 183.

des Arbeitgebers gerichtet sind, so z. B. Bestechungs- bzw. Abwerbegelder, so stellten diese „Entschädigungen“ keinen Arbeitslohn dar.[463]

8.1.2 Karenzentschädigung und Umsatzsteuer

Werden Karenzentschädigungen für das nachvertragliche Unterlassen von Wettbewerb gegenüber dem bisherigen Arbeitgeber gezahlt, so sind diese nicht umsatzsteuerpflichtig, auch dann nicht, wenn sich der Arbeitnehmer nach der Beendigung des Arbeitsverhältnisses selbständig macht.[464]

Zwar können nach § 3 Abs. 9 UStG auch solche Leistungen umsatzsteuerpflichtig sein, die in einem Unterlassen bestehen. Nach § 1 UStG sind aber nur solche Leistungen umsatzsteuerpflichtig, die ein Unternehmer im Rahmen seines Unternehmens erbringt. Die Unterlassung von Wettbewerb stellt jedoch zum einen keine Leistung des Arbeitnehmers als Unternehmer dar, auch wenn dieser sich zwischenzeitlich selbständig gemacht haben sollte. Diese Unterlassung obliegt dem Arbeitnehmer vielmehr als Privatperson. Zum anderen ist die nachvertragliche Unterlassung von Wettbewerb keine Leistung die der mittlerweile selbständige Arbeitnehmer in seinem Unternehmen erbringt. Denn sein Unternehmen verfolgt gerade einen anderen Zweck, als den, für den er aufgrund des nachvertraglichen Wettbewerbsverbots „gesperrt“ ist.

8.1.3 Ermäßigter Steuersatz nach §§ 24, 34 EStG

Zweck der §§ 24, 4 EStG ist nicht die Besserstellung von Steuerpflichtigen, die Entschädigungen erhalten, sondern die Vermeidung von Nachteilen bei der Besteuerung, die aufgrund der Steuerprogression entstehen können.

Nach §§ 24, 34 EStG unterliegen bestimmte Entschädigungen nur dem halben Steuersatz (sog. „Fünftelungsregelung“). Dies gilt z. B. nach § 24 Nr. 1 b) EStG für Entschädigungen, die für die Aufgabe oder Nichtausübung einer Tätigkeit gezahlt werden. Hierunter kann auch eine Karenzentschädigung als Entschädigung für die Nichtausübung einer Tätigkeit nach der Beendigung eines Arbeitsverhältnisses fallen, nämlich für das Unterlassen von Wettbewerb nach der Beendigung eines Arbeitsverhältnisses. So kann auch eine bereits im Arbeitsvertrag zwischen dem Arbeitgeber und seinem Arbeitnehmer vereinbarte Karenzentschädigung für ein nach-

---

[463] BFH vom 26.1.2000, BStBl II 2000, 396.

[464] A. A. LAG Hamm vom 1.7.1987, LAGE § 74 HGB Nr. 3.

vertragliches Wettbewerbsverbot vom Anwendungsbereich der §§ 24 Nr. 1 b), 34 EStG erfasst werden. Dabei soll es unmaßgeblich sein, ob von Anfang an eine Einmalzahlung vereinbart war oder ob zunächst die Zahlung von Raten vorgesehen und erst später eine Einmalzahlung der Karenzentschädigung vereinbart wurde.

Die Rechtsprechung geht zutreffend davon aus, dass Entschädigungen für die Nichtausübung einer Tätigkeit nach § 24 Nr. 1 b) EStG nicht auf einer vom Arbeitsvertrag unabhängigen Rechtsgrundlage beruhen müssen.[465] Denn solche Entschädigungen stellen eine Gegenleistung für die Nichtausübung einer Tätigkeit das, die auf einer einvernehmlichen Vereinbarung zwischen dem Arbeitgeber und dem Arbeitnehmer beruhen,[466] z. B. auf einem nachvertraglichen Wettbewerbsverbot nach § 74 HGB und einer darin enthaltenen Karenzentschädigung gemäß § 74 Abs. 2 HGB.

Wird im Zusammenhang mit der Beendigung eines Arbeitsverhältnisses eine Entschädigung für ein umfassendes Wettbewerbsverbot gezahlt, ist dies auch dann eine begünstigte Entschädigung nach § 24 Nr. 1 b) EStG, wenn unklar ist, zu welcher Einkunftsart die Tätigkeit geführt hätte, die nunmehr aufgrund des nachvertraglichen Wettbewerbsverbots unterlassen wird.[467]

Bestehen Zweifel an der Versteuerung einer Karenzentschädigung, so kann dessen Besteuerung vorab durch eine Anrufungsauskunft beim zuständigen Finanzamt nach § 42 e EStG geklärt werden.

8.2 Vertragsstrafe

Ist der Arbeitnehmer verpflichtet, wegen eines Verstoßes gegen das nachvertragliche Wettbewerbsverbot eine Vertragsstrafe zu zahlen, so hat diese keine lohnsteuerliche Auswirkung. Sie kann aber ggfs. als Werbungskosten abgesetzt werden.[468]

---

[465] BDH vom 16.3.1993, DB 1993, 1269; BFH vom 13.2.1987, BStBl II 1987, 386.

[466] BFH vom 16.3.1993, DB 1993, 1269.

[467] BFH vom 12.6.1996, BStBl II 1996, 516

[468] FG Münster vom 2.7.1981, EFG 1982, 181.

Stichwortverzeichnis

Abänderung des Wettbewerbsverbotes 23
Abfindung.................................. 140
Abfindungen.............................. 147
Abgeltung der Karenzentschädigung 172
Abhängig Beschäftigte 3
Abmahnung 50
Abschluss der Wettbewerbsabrede 105
Abschluss des nachvertraglichen Wettbewerbsverbots bei Begründung des Arbeitsverhältnisses 109
Abschluss des nachvertraglichen Wettbewerbsverbots bei Weiterbeschäftigung 112
Abschluss des nachvertraglichen Wettbewerbsverbots in einem Aufhebungsvertrag................ 111
Abschluss des nachvertraglichen Wettbewerbsverbots in einem gerichtlichen Vergleich 112
Abschluss des nachvertraglichen Wettbewerbsverbots nach Beendigung des Arbeitsverhältnisses 110
Abschluss des nachvertraglichen Wettbewerbsverbots vor Begründung des Arbeitsverhältnisses 108
Abschluss des nachvertraglichen Wettbewerbsverbots während des Arbeitsverhältnisses 110
Abschluss eines Arbeitsvertrags 126
Abschluss eines Gesellschaftsvertrages............ 18
Abwerbung von Kunden........ 19, 23
Abwerbung von Mitarbeitern 19
Abwicklungsvertrag 101
Allgemeine Geschäftsbedingung.. 3, 105
Anbieten von Waren und Dienstleistungen...................... 23
Anderweitiger Erwerb 151
Anmeldung zum Handelsregister 126
Anmieten von Geschäftsräumen. 18, 126
Anrechnung anderweitigen Erwerbs 150
Anrechnungsgrenze 167
Anstellung von Arbeitnehmern.. 126
Anwerbung von Mitarbeitern....... 18
Arbeitgeber............................. 6, 74
Arbeitgeberseitige Kündigung 7
Arbeitnehmer.......................... 4, 70
Arbeitnehmerähnliche Personen .. 71
Arbeitnehmererfindungen.......... 146
Arbeitnehmerseitige Kündigung 9
Arbeitslosengeld 156, 212
Arbeitslosenversicherung 212
Arbeitslosmeldung.................... 162
Architekten 7
Ärzte 7
Aufhebung des Arbeitsverhältnisses 98
Aufhebung des nachvertraglichen Wettbewerbsverbots 97
Aufhebungsvertrag 10
Aufklärungskosten....................... 39
Aufnahme von Krediten 18
Aufwandsentschädigungen........ 147
Aus- und Weiterbildung 161
Ausgleichsklausel 99
Aushändigung........................... 117
Auskunft 198
Auskunft und Nachweis anderweitigen Erwerbs.......... 163
Auskunft und Rechnungslegung.. 47
Ausscheiden aus dem Erwerbsleben 163
Ausschluss 174, 175
Ausschluss des Eintrittsrechts...... 44
Außerordentliche arbeitgeberseitige Kündigung........................... 7, 81
Außerordentliche arbeitnehmerseitige Kündigung 9, 86
Außerordentliche Kündigung 51

Ausübung des Eintrittsrechts........42
Ausübung des Wahlrechts............36
Auszubildende..........................5, 72
Bankgeschäfte 18
Bedingtes Wettbewerbsverbot....183
Befristetes Arbeitsverhältnis 91
Begriff des nachvertraglichen Wettbewerbsverbots.................65
Berechnung der Karenzentschädigung.............148
berechtigtes geschäftliches Interesse 186
Berechtigtes Interesse des Arbeitgebers an einer Vertragsstrafe.........................194
berufliche Tätigkeit....................125
Berufsausbildungsverhältnis ...5, 67, 179
Beseitigung von Störungen 190
Betreiben eines Handelsgewerbes 14, 15
Betrieb eines Handelsgewerbes durch Dritte..............................17
betriebliche Altersversorgung 146
Betriebsübergang..........25, 204, 206
Betriebsvereinbarung 69
Beweislast 31, 33
Bewerbung 126, 184
Dauer nachvertraglicher Wettbewerbsverbote 137
Dienstherr....................................74
Dienstnehmer 71
dreiseitiger Vertrag.....................207
Ehrenwort..................................180
Eides Statt 180
Eigenkündigung 184
Einheitlichkeit des Wahlrechts.....37
Einkünfte auf organ- oder gesellschaftsrechtlicher Grundlage 155
Einkünfte aus dem beendeten Arbeitsverhältnis...................152
Einkünfte aus der betrieblichen Altersversorgung...................158
Einkünfte aus Nebentätigkeiten..159
Einkünfte aus selbständiger Tätigkeit...............................154
Einkünfte aus unselbständiger Tätigkeit 153
Einkünfte ohne Tätigkeit 155
Einladungen................................ 23
Einstweilige Verfügung 191
Eintrittsrecht 35, 44, 45
Eintrittsrecht des Arbeitgebers ... 32, 42
Einwilligung 28
Einwilligung des Arbeitgebers ... 27, 52
Einwilligungsfiktion 30
Einzelkaufmännischer Betrieb eines Handelsgewerbes 15
Einzelvertragliche Vereinbarungen 3
Elektronische Form 115
Elternzeit 11
Entgangener Gewinn 38
Erfindungen.............................. 137
Erledigungsklausel 99
Ermäßigter Steuersatz................ 219
faktisches Arbeitsverhältnis....... 108
Fälligkeit des Auskunftsanspruchs 166
Fälligkeit einer Karenzentschädigung 173
Fehlende Karenzentschädigung. 176
Feststehende Vergütungsbestandteile 148
Fiktion der Einwilligung.............. 29
Fiktiver anderweitiger Erwerb... 159
Finanzielle Unterstützung............ 22
Form des nachvertraglichen Wettbewerbsverbots............. 113
Formwechselnde Umwandlung . 210
Forschungsergebnisse........ 126, 137
Franchiseverträge 18, 126
freie Berufe............................... 127
freie Dienstnehmer 6
Freie Mitarbeiter.......................... 71
Freigabeklauseln....................... 184
Freistellung................................. 10
Freiwillige Leistungen............... 144
Gebrauch machen 184
geistiges Eigentum 39
Genehmigung einer Wettbewerbshandlung............. 31

Geringbesoldete 181
Gesamtunverbindlichkeit 182
Gesamturkunde 114
Geschäfte im eigenen oder fremden Namen 20
Geschäfte machen 19
Geschäfte ohne unmittelbare Gewinnerzielungsabsicht 23
Geschäfte zwischen Arbeitnehmer und Arbeitgeber 17
Geschäftemachen 19
Geschäftemachen auf gleicher geschäftlicher Ebene 21
Geschäftemachen des Arbeitnehmers 12
Geschäftemachen ohne spekulative Elemente 22
Geschäftemachen zwischen Arbeitnehmer und Arbeitgeber 21
Geschäftspartner des Arbeitnehmers 41
Gesellschaft 23
Gesellschafter einer Personenhandelsgesellschaft 16
Gesetzliche Verbote nachvertraglichen Wettbewerbs 60
Gewerbeordnung 63
gewerbliche Arbeitnehmer 4
gewerbliche Schutzrechte 126
gewerbliche Tätigkeit 125
Gewinnerzielungsabsicht 20
Gute Sitten 75
Handels- oder Versicherungsvertreter 6
Handelsgewerbe 14
Handelsvertreter 72
Handlungsbevollmächtigte 4
Handlungsgehilfe 3, 62, 63, 70
Heimarbeiter 73
Hemmung 58
Herabsetzung einer Vertragsstrafe 197
Höhe der Karenzentschädigung 141
Inhaltlicher Geltungsbereich 12, 124
Insolvenz 200
Insolvenzgeld 200
Internet-Domäne 18
Kapitalmäßige Beteiligungen an Wettbewerbsunternehmen 134
Karenzentschädigung 139, 200, 216, 218
Kauf von Waren 18
kaufmännische Angestellte 62, 63
Kaufmännische Angestellte 2, 3
Kenntnis des Arbeitgebers 54
Kenntnis Dritter 54
Kindererziehung 162
Kollektivrechtliche nachvertragliche Wettbewerbsverbote 115, 120
Konkurrenz im Konzern 13
Konkurrenzunternehmen 132
Konkurrenzverhältnis 12
Konzernunternehmen 131
Kopie 114
Kunden- bzw. Lieferantenanschriften 136
Kunden- bzw. Mandantenschutzklauseln 133
Kündigung des Arbeitsverhältnisses 50, 77
Kürzung der Vergütung 49
laufende Gehaltsbestandteile 142
Legaldefinition des Wettbewerbsverbots 65
Leiharbeitnehmer 180
Lizenzanalogie 39
Lohnsteuer 218
Lossagung 78, 89, 91
Lossagung des Arbeitgebers 85
Lossagung durch den Arbeitgeber 82
Lossagung durch den Arbeitnehmer 78, 87
Lossagungsrecht in der Insolvenz 201
Mängel mit der Folge einer Gesamtunverbindlichkeit 181
Mängel mit der Folge einer Teilunverbindlichkeit 185
Mängel mit Nichtigkeitsfolge 178
Mängel nachvertraglicher Wettbewerbsverbote 178
Marke 18
Minderjährigkeit 179

nachvertragliche Wettbewerbsfreiheit 59
Naturalrestitution 86
Nicht abhängig Beschäftigte 6
Nichtiges nachvertragliches Wettbewerbsverbot 107
Nichtigkeit 178
Ordentliche arbeitgeberseitige Kündigung 7, 78
Ordentliche arbeitnehmerseitige Kündigung 9, 86
Ordentliche Kündigung 50
Organmitglied 74
Persönlicher Geltungsbereich 3, 53, 70
Praktikanten 5, 6, 73
Prinzipal 6
Prokuristen 4
quasi-nachvertragliches Wettbewerbsverbot 8, 85
Räumlicher Geltungsbereich 103
Räumlicher Geltungsbereich nachvertraglicher Wettbewerbsverbote 139
Rechtsanwälte 7
Rechtsfolgen eines Formverstoßes 121
Rechtsnatur des nachvertraglichen Wettbewerbsverbots 105
Rechtsnatur einer Karenzentschädigung 139
Rechtsquellen 2, 62
Rechtswahl 70
Richtlinien nach § 28 Abs. 2 SprAuG 69
Rücknahme der Einwilligung 30
Rücktritt vom Wettbewerbsverbot 192, 199
Rückzahlung der Karenzentschädigung 191
Ruhen des Arbeitsverhältnisses 11
Ruhestandsbezüge 193
Ruhestandsverhältnis 12, 102
Rundschreiben 126
Sachleistungen 142
Schadensersatz 8, 32, 35, 37, 41, 85, 90
Schadensersatz wegen Nichterfüllung 193
Schadensschätzung 40
Scheinselbständige 71
Schriftform 92, 113, 179, 194
Schweige- bzw. Geheimhaltungspflicht 136
Selbständigkeit 161
Sonstige Arbeitnehmer 2
Soziale Leistungen 143
Sozialleistungen 156
Sozialversicherungsrecht 212
sozialversicherungsrechtliche Abgaben 143
Spaltung 210
Sperrabreden 67
Spesen 147
Steuerberater 7
Steuern 143
Steuerrecht 218
Strohmänner 17, 21
Tarifverträge 68
Tätigkeitsbezogenes nachvertragliches Wettbewerbsverbot 103, 129, 205
Teilverzicht 93
Teilzeit 4, 11
Telefax 114
Treuepflicht 2
Übergang des Arbeitsverhältnisses 26
Umsatzsteuer 219
Umwandlung 210
Umwandlungsrecht 210
Umzug 168
Unabdingbarkeit 190
Unbillige Erschwerung des Fortkommens 187
Unterlassung des Wettbewerbs 46
Unterlassung von Störungen 190
Unternehmensbezogenes nachvertragliches Wettbewerbsverbot 104, 205
Unzureichende Karenzentschädigung 177
Urlaubsabgeltung 147
Urlaubsgeld 145

Variable Vergütungsbestandteile149
Verfall 174, 175
Verjährung..........52, 55, 57, 58, 174
Verjährungsfrist............................ 53
Verletzung der Formvorschriften
.... 179
Verletzung des nachvertraglichen Wettbewerbsverbots durch den Arbeitgeber 198
Verletzung des nachvertraglichen Wettbewerbsverbots durch den Arbeitnehmer 190
Verletzung des Wettbewerbsverbots
.... 31
Vermögensübertragung 210
Verpflichtung eines Dritten 180
Verschmelzung.......................... 210
Verschulden................................. 32
Versorgungszusage.................... 173
Verstoß gegen das Wettbewerbsverbot 32
Verstoß gegen die guten Sitten.. 181
Vertragsbruch 19
Vertragsfreiheit.............................. 3
Vertragsstrafe 50, 68, 194, 220
Vertragsstrafenregelung 195
Vertragswidriges Verhalten des Arbeitgebers............................ 87
Vertragswidriges Verhalten des Arbeitnehmers.......................... 82
Vertretungsorgane 6, 16
Verwirkung der Vertragsstrafe .. 197
Verzicht auf Anrechnung........... 170
Verzicht des Arbeitgebers 92
Verzichtserklärung92, 93, 94, 95, 97
Verzugsschaden......................... 199
Volontäre 5, 6, 73
Vorbereitungshandlungen.... 17, 126
Vorbeugende Unterlassung........ 191
Vorfühlen bei Kunden 23
Vorstellungsgespräche................. 18
Vorvertrag.................................. 184
Wahlrecht 35, 36
Wahlrecht des Arbeitgebers......... 85
Wahlrecht des Arbeitnehmers...... 89
Wahlrecht des Insolvenzverwalters
.... 202
wechselnden Bezüge.................. 149
Weiterbeschäftigung............ 10, 162
Werbung 19
Wettbewerbssituation 20
Wettbewerbsverbote während des Arbeitsverhältnisses 2
Widerspruch des Arbeitnehmers. 27, 206
Wirtschaftsprüfer 7
Zeitlicher Geltungsbereich7, 76, 188
Zeitpunkt des Abschlusses eines nachvertraglichen Wettbewerbsverbots 108
Zeitpunkt für die Bestimmung des Umfangs des Wettbewerbsverbots 24
Zulässigkeit nachvertraglicher Wettbewerbsverbote 61
Zusage einer Karenzentschädigung
.... 140

Pulte

Das deutsche Arbeitsrecht

Kompaktwissen für die Praxis

In erster Linie will das Arbeitsrecht die Rechtsbeziehungen zwischen Arbeitgeber und Arbeitnehmer - den Parteien des Arbeitsrechts - und deren Organisationen und Interessenvertretern regeln. Darüber hinaus dient es dem besonderen Schutz aller in abhängiger Tätigkeit stehender Personen. Im Vordergrund des Arbeitslebens steht der Mensch mit seiner persönlichen Arbeitsleistung.

Der Titel vermittelt kompakt und übersichtlich die vielseitigen Facetten des Arbeitsrechts. Von der Einstellung über die Durchführung bis zur Beendigung des Arbeitsverhältnisses werden alle Aspekte dargestellt, die in einem Arbeitsleben auftreten können. Aber auch die kollektivrechtliche Seite Betriebsverfassung, Tarifordnung, Streikrecht, das Arbeitsschutzrecht und das arbeitsgerichtliche Verfahren sind in die Darstellung aufgenommen worden.

Das Buch aus der Reihe „Kompaktwissen für die Praxis" bietet sich somit sowohl zum Studium als auch für die praktische Orientierung als ein bedeutsames Hilfsmittel an.

ISBN 978-3-941388-00-0 Preis der Printausgabe: 19,80 €

Bontrup, Hansen

Personalmanagement

Kompaktwissen für die Praxis

Das Buch Personalmanagement ist eine Aufsatzsammlung von prominenten WissenschaftlerInnen und PraktikerInnen.

Neben Fragen der Personalplanung und des Personal- controllings werden das Problemfeld der Führung im Unternehmen sowie die Theorie und Praxis aktueller Manage- mentkonzepte zur Modernisierung der Arbeitsorganisation angesprochen. Weitere Aufsätze beschäftigen sich mit einem internationalen Vergleich der Arbeitszeitorganisation im Betrieb und mit der theoretischen Analyse des Arbeitsentgeltes in Form eines volks- und betriebswirtschaftlichen Diskurses.

Den Abschluss des Buches bildet ein Beitrag zur Unternehmenskultur, Partizipation und Mitbestimmung.

Die vorgelegte Aufsatzsammlung eignet sich sowohl für Studierende der Wirtschaftswissenschaft mit den Schwer- punkten Arbeitsökonomie und Personalbetriebswirtschafts- lehre als auch für Praktiker im Bereich des Personal- management sowie für unternehmerische und betriebliche Mitbestimmungsträger.

ISBN 978-3-941388-17-8 Preis der Printausgabe: 19,80 €

www.vprm.de